帝王将相的38种活法

艾公子 著

台海出版社

图书在版编目（CIP）数据

帝王将相的38种活法 / 艾公子著. -- 北京：台海出版社，2022.2
ISBN 978-7-5168-3190-8

Ⅰ.①帝… Ⅱ.①艾… Ⅲ.①中国历史—通俗读物 Ⅳ.① K209

中国版本图书馆 CIP 数据核字（2022）第 016774 号

帝王将相的38种活法

著　　者：艾公子	
出 版 人：蔡　旭	封面设计：主语设计
责任编辑：曹任云	

出版发行：台海出版社
地　　址：北京市东城区景山东街 20 号　邮政编码：100009
电　　话：010-64041652（发行，邮购）
传　　真：010-84045799（总编室）
网　　址：www.taimeng.org.cn/thcbs/default.htm
E-mail：thcbs@126.com

经　　销：全国各地新华书店
印　　刷：天津旭丰源印刷有限公司
本书如有破损、缺页、装订错误，请与本社联系调换

开　　本：880 毫米 × 1230 毫米　1/32
字　　数：312 千字　　　　　　印　张：13
版　　次：2022 年 2 月第 1 版　印　次：2022 年 3 月第 1 次印刷
书　　号：ISBN 978-7-5168-3190-8

定　　价：75.00 元

版权所有　　翻印必究

自序

只做他人人生的旁观者

关注历史中的人,尤其是那些有影响力的人,对于我们读懂历史的真相,有很大的裨益。这就是我们这本书要重写帝王将相史的主要原因。

人性是复杂的。我们唯一能够厘定的,是他人墓碑上最简短的信息——姓名与生卒年,仅此而已。在生与死之间,充斥着无数的侧面,像是一面面镜子交互对照着。

我们始终只是他人人生的旁观者。

从秦到清,时代、境遇、使命,通通在变,本书中写到的人物有的把握住自己的人生,有的失去了唾手可得的东西,有的则被裹挟着前行,还有的在前所未有的巨变中修炼灵魂……他们的活法,无形中构成了一部微缩的中国史——毕竟,大部分人走向人生终点的时候,只留下一声呜咽,而他们却留下一声巨响。

本书作者艾公子，系微信公众号"最爱历史"创作团队的集体笔名。三名作者分别是郑焕坚、吴润凯和陈恩发。谢谢我们的第一批读者，他们在"最爱历史"阅读了本书的部分内容，并提出一些宝贵的修改意见。另外，书中部分篇目曾在《同舟共进》《青年文摘》《意林》《廉政瞭望》等杂志刊载，谨致谢忱。

是为序。

艾公子

2021 年 7 月 2 日于广州

目录

001

一 王朝开拓者：没有一步路是轻松走来的

秦始皇的最后十一年：迷信、暴虐与功业 / 003

马上取天下的汉光武帝，终以柔道治天下 / 014

赵匡胤称帝：一根擀面杖打出来的新朝代？ / 024

史上最强征服者，影响世界八百年 / 032

朱元璋为什么"爱杀"功臣 / 042

053

二 功过谁论？守业更比创业难

汉武帝：在位五十四年，影响中国两千年 / 055

汉宣帝：唯一坐过牢的皇帝 / 065

唐玄宗的最后六年：权力、爱情和尊严都没了 / 080

唐宣宗："高仿"唐太宗的那个人 / 092

朱瞻基：给明朝埋了一颗雷 / 102

中国最后的"和尚"皇帝：心比天高，奈何难敌命运 / 112

守成之君嘉庆帝：从英明伟大到一事无成 / 122

131

三　变局已至，谁是最后的赢家

南越王赵佗：构建一个百年王国　　　　　　　　　　　/ 133

慕容垂：巅峰即毁灭　　　　　　　　　　　　　　　/ 144

苻坚：生不逢时的乱世君主　　　　　　　　　　　　/ 154

相似的轮回，二十三年后再次上演　　　　　　　　　/ 167

北齐之亡，亡于高氏家族的疯癫　　　　　　　　　　/ 176

陈霸先：被遗忘的一代霸主　　　　　　　　　　　　/ 192

他死后二十五年，隋朝横空出世　　　　　　　　　　/ 202

他计划用三十年平天下，可老天只给了五年半　　　　/ 214

自封宇宙大将军，史上仅此一人　　　　　　　　　　/ 225

235

四　时也，命也，寂寞身后事

楚霸王为什么必须死？　　　　　　　　　　　　　　/ 237

用仁义道德立身的传奇人物　　　　　　　　　　　　/ 250

大清真正的末代皇帝，死于1861年　　　　　　　　　/ 259

末代皇帝溥仪：一个找不到自己的人　　　　　　　　/ 269

283

五　"打工人"的自我修养

大汉第一相：我是如何活下来的　　　　　　　　　　/ 285

大唐第一名将：李靖　　　　　　　　　　　　　　　/ 293

胡林翼：被严重低估的晚清猛人　　　　　　　　　　/ 298

孙承宗：晚明一滴孤星英雄泪　　　　　　　　　　　/ 309

319

六　懂得掩饰锋芒，方得长久

平定七国之乱的第一功臣，为何绝食而死　　/ 321

谢安：一生风流，难逃猜忌　　/ 330

独孤信：以一己之力撑起家族崛起　　/ 343

鳌拜：皇权的牺牲品　　/ 351

361

七　民族脊梁：有能力，更要有风骨

范仲淹：文能写红一座楼，武能镇住一个国　　/ 363

文天祥：大宋最后的风骨　　/ 371

大明第一硬骨头之死　　/ 378

他死了，明朝才算亡了　　/ 384

最后一个状元：人越老，骨头越硬　　/ 389

参考文献　　/ 398

一

王朝开拓者：
没有一步路是轻松走来的

秦始皇的最后十一年：迷信、暴虐与功业

1

灭六国后，秦始皇唯一恐惧的是死亡。

一天，又一名刺客来到了咸阳宫。

他是一位流浪的音乐家，因擅长击筑（一种形似琴的弦乐器）而得到秦始皇的召见。

朝中大臣认出了这个神秘来客。原来，他是朝廷追捕多年的逃犯高渐离。

高渐离是荆轲的至交好友。

当年嬴政躲过荆轲的刺杀后，对其亲友下了追杀令。

高渐离逃亡，隐姓埋名在一家店打工。店主人偶然间发现了高渐离的击筑技艺，让他表演。高渐离取出匣中尘封的乐器，演奏了一曲悲壮凄美的燕歌，听者无不落泪。

之后，高渐离以无名乐手的身份再次引人瞩目。

秦始皇知道来者是高渐离后，仍爱惜其才，舍不得杀他，命人熏瞎他的眼睛，留在身边演奏，以为这样就安全了。

高渐离进一步接近秦始皇，在双目失明的情况下，他将铅藏于筑中，企图寻机砸死皇帝，但行刺时失手，没能击中。

风萧萧兮易水寒，高渐离曾与荆轲唱和诀别，而今，这位壮士也倒在了距离秦始皇咫尺之遥的地方。

从此之后，秦始皇再也不敢接近六国之人。

秦始皇最怕的是死，而世间欲杀其者，何止高渐离一人。

汉初三杰之一的张良，出身韩国贵族，年轻时也曾在秦始皇东巡路上设伏刺杀，因秦始皇早有防备，偷偷换了车驾而没能成功。张良趁乱逃离现场，从此销声匿迹，直到秦末农民起义才再次出山，辅佐刘邦建立大汉王朝。

还有一次，秦始皇换上便服，与几名武士在夜里出行，遇到了一伙强盗。当时情况十分危急，幸亏保镖厉害，才杀退了强盗。之后二十天，秦始皇下令在关中追捕逃犯，严厉整顿治安问题。

遭遇这么多次刺杀后，秦始皇更加怕死。

在秦始皇生命的最后十一年里，他最纠结的便是生与死的千古难题，他最惦记的，也许是永不可能寻得的长生之药。

2

秦王政二十六年（前221年），39岁的嬴政派秦军兵临齐国境内，秦国最后一个对手齐王建被迫投降。至此，六国灭，嬴政踌躇满志地高坐于咸阳宫中。

嬴政想将秦王这个名号改改，丞相王绾、廷尉李斯等人商议后，上奏说："当年五帝的领土不过千里，诸侯并未全受其控制。秦王兴正义之师平定天下，设置郡县，法令一统，这是亘古未有之事，五帝都没法跟您比。古代有天皇、地皇、泰皇，泰皇最高大上，王应当改称'泰皇'。另外，天子发布的政令改称为'制书'或'诏书'，自称改为'朕'。"

嬴政以此不太满意，只采纳了一半，他将"泰"字去掉，与上古五帝的"帝"号合并，自封"皇帝"。

此后两千多年中国历朝历代最高统治者的称号，就此诞生。

嬴政建立了一个空前庞大的国家，他自封为皇帝，同时废了谥号，并改叫始皇帝，"后世以计数，二世、三世至于万世，传之无穷"。

但不可一世的秦始皇，内心深处仍埋藏着对死亡的恐惧。

"夫天地者，万物之逆旅也；光阴者，百代之过客也。"人的一生与天地山川相比，实在短暂无常。完成统一大业的秦始皇，享尽了人间的荣华富贵，却唯独无法逃避死亡，这一忧虑，驱使他追寻永生的幻梦。

3

秦始皇统一六国后，为人津津乐道的事之一，是他在生命的最后十一年，进行了五次出巡，最后还死在巡游路上。

当然，秦始皇巡游的目的是"东抚东土""威服海内"，这也是一种树立威望的行为。

秦始皇二十八年（前219年），即灭六国后的第三年，秦始皇第二次出巡，向东到了泰山，召集齐、鲁儒生七十余人登上山顶进行封禅大典，并立石颂德，证明自己当上皇帝是受命于天。

此次出巡，秦始皇还有"意外收获"，他在齐地遇到了一个叫徐福（一作"徐巿"）的方士。

徐福对皇帝说：你给我一笔钱，我带着人坐船出海，给你找长生不老药。

据说，渤海之中有蓬莱、方丈、瀛洲三座仙山，远远望去虚无缥缈，山上宫殿为黄金白银建造，禽兽草木皆为白色，一旦有人走近，仙山就消失无踪。最诱人的是，仙山之上，"诸仙人及不死之药皆在焉"。

这个传说从战国时期就已流行，齐威王、燕昭王等都曾派人寻访仙山，把仙药炒作得越来越火。

实际上，齐地靠海，航海者有时会看到海市蜃楼，古人无法解释这一现象，才演变成了三仙山的传说。

秦始皇却信了徐福的话，派出数千童男童女，掏钱给他造船，让他入海求仙。徐福这一走就是九年，其间杳无音讯。

可秦始皇对仙药一直念念不忘，还把其自称"朕"改成了"真人"，下诏说：我仰慕得道的真人，以后我就自称真人了。

徐福走后，秦始皇任用了一批方士为他求仙问药，如卢生、侯生、石生、韩终等，这些人都从始皇那里捞了一大笔钱。

读史书，会发现秦始皇最后几年的许多举措，都与求仙问药有关。

秦始皇三十二年（前215年），秦始皇第四次出巡，东临碣石而归，深得其信任的方士卢生给他带来了一本图录（关于图谶符命的书）。

书中有一句惊人的谶语——"亡秦者，胡也"。

这个"亡秦"的"胡"会是谁呢？

秦始皇最先想到北方的匈奴，他们是国家长期以来的边患。秦始皇此次出巡，主要巡视的就是北方边地。于是，他即命大将蒙恬率领三十万大军北击匈奴，并召集民夫修建万里长城。

燕人卢生没能找到长生之药，他的一句谶语，却让秦始皇大动干戈。

蒙恬率军到达边境后，为抗击南下阴山、河套地区的匈奴立下赫赫战功，仅用四年就带领军民修筑了万里长城。

事实上，秦长城并非全是秦朝时修建的。

春秋战国时期，列国已经开始修筑长城。蒙恬通过增修战国时期的长城，构建了一道西起临洮（今甘肃岷县），东到辽东的防御工程，其中西段原为秦昭襄王时修筑的长城，而中东段原本是赵、燕两国的长城。

这道防线对中原农耕民族抵御北方游牧民族的入侵有突出的贡献，但也加重了百姓的苦难，砖石之间，尽是血泪。

秦代有一首民谣："生男慎勿举，生女哺用脯，不见长城下，尸骸相支拄。"

这是说，生了男孩不要养活，生了女孩要好生抚养，君不见长城之下，是无数尸骨在支撑。中国古代重男轻女，可当时的人们宁愿多生女孩，也不愿男孩长大了去服苦役。

北击匈奴三年后，秦始皇再次因方士的一番话下达了残暴的政令，但这一次，是方士惹怒了他。

秦始皇三十五年（前212年），实行焚书令之后，方士卢生、侯生等愈发惧怕秦始皇。他们本来就只会骗人，根本找不到仙药，担心总有一天自己也会倒大霉。

卢生与侯生聚在一起议论秦始皇，说这人刚愎自用、专任刑杀，自从兼并天下后就以为自古以来无人能比得上自己，朝中虽然有博士七十人，其实都是摆设，全是他一人说了算，没有人敢跟他提不同意见，只有执行严刑峻法的狱吏能得到他的信任。

这两个方士还说，长此以往，上位者听不到不同意见而日益骄横，下位者为了博取信任，只会欺骗皇帝，这样国家迟早要完。

这一番话，很快传到了秦始皇耳中。秦始皇下令追捕时，他们已不知逃到何处。

恼羞成怒的秦始皇将气撒在自己曾经最信任的方士身上，说：韩终说好给我求仙药，却不辞而别；徐福从我这里得到的资费数以万计，也没找到仙药；卢生接受我的巨额赏赐，如今还诽谤我。

秦始皇指责京城咸阳诸生"或为妖言以乱黔首"，这是极其严重的罪名。

既然搜捕不到卢、侯二生，秦始皇就拿咸阳的诸生（包括方士、儒生等）开刀，经过审讯，牵扯出四百六十人，将他们尽数坑杀，以威慑天下人。

这就是臭名昭著的"坑儒"事件。

这一事件造成了秦始皇长子扶苏与父亲的决裂。

在得知诸生将被处死后，扶苏对秦始皇说，天下刚刚平定，远方百姓尚未宾服，诸生中有不少是诵读孔子经书的读书人，如此用重典加以惩罚，恐怕会引发天下的不安，请三思。

秦始皇不听，把扶苏贬出咸阳，赶到上郡（今陕西北部）给蒙恬当监军。

4

嬴政并未放弃寻仙问药的幻想。

秦始皇三十七年（前210年），秦始皇最后一次出巡。来到齐地，多年未见的徐福突然现身，秦始皇并未治他的罪，还召见了他，向他打听仙药的下落。

徐福知道秦始皇求仙心切，他对皇帝说："蓬莱山上的药已经找到，但是海上有大鱼经常添乱，因此臣无法上山，希望陛下派一些神箭手给我。以后再遇到大鱼，我以弓弩射杀，就可能得到仙药。"

秦始皇喜出望外，又给徐福拨了款，让他再次出海求药。史载，孔武有力的秦始皇还亲自操作弓弩，在芝罘（今山东烟台）射杀了一条大鱼，为徐福的船只保驾护航。

关于徐福的结局众说纷纭，《史记·淮南衡山列传》记载，他第二次出航，载着五谷种子，带着三千童男童女和多名工匠，漂泊到了海外一块辽阔的土地上，从此自立为王，再未回朝。还有一些人认为，他最后到达的是日本。总之，长生不老药没音信了。

古代的皇帝大都迷信天象，偏偏在此前一年，出现了"荧惑守心"的天象。

"荧惑"指火星，当火星运动到了天蝎座中被称为"心宿"的三颗星附近，并停留时，就称作"荧惑守心"。

古人认为，"荧惑守心"的寓意极不吉利。心宿中的三颗星分别代表皇帝与皇子，是争夺皇权的象征，表示帝王恐有亡故之祸。

这种天象，对既贪恋权力又迷信神仙的秦始皇而言，真是太可怕了。

另外，据史书记载，这一年还发生了两件怪事。

先是一颗陨石掉落到了东郡（治所在今河南濮阳），人们上前观察时，发现陨石上刻着字——"始皇帝死而地分"。

陨石坠地不是大事，但这句话问题就大了。

秦始皇大为震惊，派人到东郡逐户排查，看是谁刻了这行字，结果无人承认。秦始皇当即下令，处死了陨石周围所有的人家，并焚毁了这块刻字的石头，此事才就此作罢。

不久后，另一件诡异的事让秦始皇惊出一身冷汗。

这年秋天，一个使者经过华阴，被一个手持玉璧的人拦住，对方说："请你替我把这块玉璧送给滈池君。"临别前，他还对使者说了一句莫名其妙的话："今年祖龙死。"

使者回到咸阳，就跟秦始皇汇报此事。

秦始皇命人对此事进行占卜，得出的结果是"游、徙吉"，也就是只有出巡和迁徙百姓才能逢凶化吉。于是，秦始皇下令迁移三万户人家到榆中、北河地区，并给每户人家赐一级爵位。

之后，秦始皇踏上了人生的最后一段旅途。

这次巡游历时十个月之久，秦始皇带上幼子胡亥同行，让右丞相冯去疾为首的一帮大臣留守咸阳，左丞相李斯、上卿蒙毅与中车府令赵高等随行。

行至平原津（今山东境内），秦始皇得了重病。

《史记》中在此处写的是"至平原津而病"，古文中的"病"与现代汉语中的"病"概念不同，古文中较轻的病症称为"疾"，只有得重病才称作"病"。可见，秦始皇当时的身体情况不太妙。

秦始皇一如既往的迷信，他再次进行占卜，结果显示是北方的山鬼作祟。嬴政的心腹大臣蒙毅因此被紧急派往各地名山祭祀，为皇帝祈求消灾。

如此一来，赵高有了可乘之机。赵高曾教皇子胡亥书法、法令，并掌握皇帝符节、印玺，是秦始皇很信任的大臣之一。他决定利用职权之便，为自己捞取最大的政治资本。

随着秦始皇的车驾渡过黄河，他的病情急遽恶化，一向害怕死亡的他，终于不得不承认人固有一死，在病危时命赵高草拟诏书，安排身后事。

这道诏书的具体内容已不得而知，只知其中有一句，命长子扶苏"以兵属蒙恬，与丧会咸阳而葬"，即让扶苏回咸阳主持丧事，蒙恬留守北方。

但这道关键的诏书，却被赵高伙同李斯扣压下来，之后，他们共同拥立胡亥继位。这一扑朔迷离的遗诏事件，史称"沙丘之谋"。

在沙丘平台（在今河北广宗），秦始皇结束了与死神的搏斗，50岁时撒手人寰。此时距他统一天下，自封皇帝，只过去了十一年的时光。

从来就没有神仙，一个人死了，就归于尘土，什么都没了。

5

无论是生前，还是身后，秦始皇都是一个无比复杂的人物。

鲜有人会质疑秦始皇震古烁今的功业。

嬴政少年即位，继承秦孝公以来六位秦国国君的创业成果，为东周以来列国纷争的乱世画下句号，建立了大一统的中央集权国家。

他废分封、行郡县、统一度量衡、修驰道、修长城、实行"书同文，车同轨"，每一个举措都是顺应历史大势的正确抉择。

在灭六国后，秦军北征匈奴、南平百越，将国家版图延伸到前所未有的宽度，如秦始皇东巡泰山刻石所说："六合之内，皇帝之土，西涉流沙，南尽北户，东有东海，北过大夏，人迹所至，无不臣者。"

秦始皇兼并六国后，十分勤政，据说他用秤砣称量公文的重量，每天一定要批阅一百二十斤公文才休息。

秦始皇陵修了三十九年，前前后后用了七十万人力。

民工加班加点还没修完皇陵，秦始皇三十五年（前212年），又动用民力，开始修建另一个空前绝后的工程——阿房宫。这个宛如仙境一般的宫殿，直到秦朝灭亡也没建成，仅前殿就有十一个足球场那么大，放在今日也堪称超级工程。

葛剑雄教授统计，秦朝统一时人口大约为三千万。而李开元教授根据史料推算，秦朝为建设工程、南征北战、后勤保障调集的劳动力，不下一千万。

全国三分之一的人口被派去服徭役，钱粮还得跟上，于是秦朝向老百姓征收了二十倍于古的田租赋税。在秦始皇的暴政下，国家逐渐走向失控。

在秦始皇死后一年揭竿而起的陈胜、吴广，都不过是一介平民，地位远远比不上六国的名门望族。他们只是因担心误期被判刑才铤而走险选择起兵,却吹响了反秦的号角,掀起全国的起义浪潮,原因正是在于大秦尽失民心。

陈胜与吴广在起义前的会议上说:"天下苦秦久矣!"

刘邦起兵反秦时,为沛县父老乡亲送去的一封帛书上也是写着:"天下苦秦久矣!"

6

即便如此,汉高祖刘邦仍继承了秦始皇的制度,并自诩为秦始皇的继承人。

刘邦年轻时,不过是家乡沛县的一介亭长。有一次到咸阳服徭役,看到秦始皇的车马出行,他不禁发出感慨:"嗟乎,大丈夫当如此也!"

刘邦打败项羽,开创大汉王朝后,延续秦朝的政治制度,并在临死之前,下了一道派守墓人祭祀前代君王的诏书,其中说道:"秦始皇帝、楚隐王陈涉、魏安釐王、齐缗王、赵悼襄王皆绝无后,予守冢各十家,秦皇帝二十家,魏公子无忌五家。"

在刘邦的安排下,秦始皇及其后代祭祀的待遇远远高于其他国君。

汉朝君臣在多次总结秦朝二世灭亡的教训时,也不忘审视秦始皇统一天下的功绩。

司马迁在《史记》中对秦始皇的评价,也表明了这种态度,他引用贾谊《过秦论》的原文说:"及至始皇,奋六世之余烈,振长策而御宇内,吞二周而亡诸侯,履至尊而制六合,执敲扑而鞭笞天下,威振四海。"但他也批判了秦始皇灭六国后骄傲自满,一错再错,为秦朝速亡埋下祸根。

但从秦始皇对死亡的畏惧来看,千古一帝其实也是一个凡人而已。

赵高与李斯决定拥立胡亥后，为了掩人耳目，没有立刻起驾回京，而是秘不发丧，载着秦始皇的尸体，沿原定的路线继续巡游。大队人马绕道最北边的九原（今内蒙古包头），再走秦直道（秦始皇为联结关中平原与河套地区修建的通道）赶回咸阳，而后才向天下宣告，始皇帝已驾崩。

当时正值夏季，秦始皇的尸体早已腐烂发臭，为了掩盖这股味道，赵高等人拉来了几车臭鲍鱼"以乱其臭"。

在几车臭烘烘鲍鱼的陪伴下，始皇帝的尸体被运回了咸阳。

一个华丽而残酷的时代，就此走向落幕。

马上取天下的汉光武帝,终以柔道治天下

建武十七年(41年),汉光武帝刘秀走上了人生巅峰。

在一次宴会上,刘秀和同族宗亲举杯畅饮。

看着他长大的伯母婶娘们趁着酒酣耳热之际,聊起刘秀的童年趣事。

其中一人说:"文叔(刘秀字)年少时谨慎老实,与人打交道也不懂殷勤应酬,只知待人坦率柔和,不承想如今竟然能当上皇帝!"

刘秀一听,大笑道:"我治理天下,也要推行柔和之道(吾理天下,亦欲以柔道行之)。"

从一介没落贵族到一代中兴雄主,刘秀始终以柔道善待文臣武将和天下百姓。

1

建武十二年(36年),大司马吴汉平定蜀地,东汉的统一大业宣告完成。

坐天下未必比打天下容易。历经多年乱世纷扰,如今另一个棘手问题摆在刘秀面前,那就是如何处置开国功臣。

鸟尽弓藏,兔死狗烹。元老宿将都知道,朝堂之上比沙场更为凶险,毕竟当年汉高祖刘邦就曾剪灭过一批开国功臣,尤其是功勋卓著的异姓诸侯王。

与刘邦一样，刘秀手下也聚集了一大批杰出人才，包括后世熟知的云台二十八将、三十二名臣。他的"创业团队"成分更为复杂，历史学者朱绍侯将其分为四类。

一是亲属集团，包括刘秀的妹夫李通、姐夫邓晨等。

这些功臣早在刘縯、刘秀兄弟起兵前就已经参与筹划工作，有"首创大谋"之功，是同吃"一锅饭"的老战友，还有血浓于水的亲情维系。

二是南阳、颍川家乡集团，如刘秀的老同学邓禹，南阳人贾复、马武，颍川人祭遵，等等。

这些人都是刘秀的老乡，有的参加过绿林军，有的是刘縯、刘秀兄弟所率舂陵军的"老班底"，都是反莽联军的骨干。很多人还曾和刘秀一起参加过那场震天下于一战的昆阳之战。

三是河北集团，包括吴汉、耿弇等。

这批功臣都不是刘秀的嫡系成员，而是他领兵北渡黄河，在河北壮大事业时拉拢的人才。刘秀称其为自己的"北道主人"，是他南下统一天下的关键力量。为取得河北豪强的信任，刘秀还迎娶了出身当地名门望族的郭圣通。

四是河西集团，以窦融为首，原是割据一方的地方军阀，直到刘秀称帝，与陇西隗嚣、蜀地公孙述作战时，才带兵来投，助刘秀一臂之力。

天下初定，百废待兴，若换某些开国之君，早已磨刀霍霍向功臣，而刘秀却想着怎样才能让大家吃好喝好，过上幸福快乐的日子。

2

建武十三年（37年），吴汉征蜀凯旋，刘秀设宴犒赏将士，并大封功臣。

此次受封者多达三百六十五人，其中邓禹为高密侯，食邑四县；李通为固始侯；贾复为胶东侯，食邑六县。

此前，有一次刘秀封赏功臣，博士丁恭就曾提出异议，说："以往分封诸侯，封地不过百里，以此形成强干弱枝的局面。如今陛下封功臣四县，不合法制。"

刘秀听后，不以为然。"自古以来，都是因为无道才亡国，还没听说过由于功臣封地多而亡国的。"

其实，刘秀早已想好功臣的"退休方案"，便是"高秩厚礼，允答元功"，即用优厚的俸禄和隆重的礼仪来回报功臣，并削夺其权力。

在大封功臣的同一年，刘秀罢左、右将军，转而采用"偃干戈，修文德""去甲兵，敦儒学"的政治路线。这是一个信号，是刘秀对功臣们的"友善提醒"。

东汉的开国功臣皆非不明事理之人，得知刘秀有意收缴权力，纷纷主动交出兵权。

手握重兵的邓禹、贾复深知，刘秀不愿身在洛阳的功臣对他形成威胁，于是上交兵权，从此在家研究儒家经典。

邓禹有十三个儿子，他让他们各自研习一门技艺，专心治学，各尽其才，不许他们做纨绔子弟，整日不务正业。家中的一切开支则全部取自封地收入，没有通过任何不法渠道盈利，更不曾以功臣的身份肆意妄为。

随着邓禹、贾复放下兵权，耿弇等征战四方的名将也交出大将军、将军印信绶带，离开京城安享晚年生活。从此，不再过问政事，只有在加以"特进"（非正式官名，为引见之称，朝会时位仅次于三公）之衔后才定期进京参加朝会。

汉光武帝一朝，封侯的开国功臣中只有高密侯邓禹、固始侯李通、胶东侯贾复三人曾和朝中大臣一起议论国事，其余功臣都安然无恙地退隐，"保其福禄，无诛谴者"。

3

刘秀收回兵权的举措也曾引起一些功臣恐慌，到后来才知是虚惊一场，其中就包括窦融。

正如前文所说，窦融不是刘秀的嫡系旧臣，他一度经营河西五郡以据境自保，直到建武五年（29年）才献地归汉。

刘秀大封功臣后，将窦融由冀州牧改封为大司空。大司空位列三公，窦融此番扶摇直上，正当春风得意之时，却愁得茶饭不思。

窦融自知不是刘秀的元功宿将，功劳也比不上其他大将军，每次朝会都表现得十分谦卑，其神情和言辞一点儿都不像曾经割据一方的军阀。

刘秀见窦融态度如此谦逊，反而更加厚待他。

刘秀脸上笑嘻嘻的，也不怀恶意。

窦融内心却仍惶恐不安，几次上书辞职，并对刘秀说："臣的儿子早晚都在研读儒家经典。臣不让他学习天文，也不许他研究谶纬之学，只希望他恭敬怕事，恂恂守道，而不希望他有任何才能。"

言外之意是我一家都是老实人，陛下就高抬贵手吧。

之后，窦融为辞官三番五次请求单独晋见刘秀，都被刘秀拒绝。

有一次朝会结束，窦融独自一人在席间徘徊。刘秀知道他又要谈辞职，就命左右赶紧催他回家去。

几天后，刘秀又见到窦融，就对他说："我知道你又来提辞职，归还封地，所以才让左右告诉你，天气热，暂且回去纳凉。今日相见，应当谈论其他事,不准再说辞职。"

从此之后,窦融就不再提辞职的事情。光武一朝,窦融满门显贵,深得刘秀信任,自然也没有遭到诛灭。

4

一天,刘秀将尚健在的开国功臣请到宫中,大摆筵席,喝酒聊天。老臣们兴致很高,举杯开怀大笑,畅谈旧事,从昆阳之战聊到收编铜马,从平灭赤眉说到得陇望蜀。

酒过三巡,刘秀看着大家的醉态,说:"假如诸位生活在太平盛世,没有这番机遇,你们自认为能做到什么官爵?来,都说一说。"

邓禹率先发言:"臣自幼学习儒家经典,可以在南阳郡中当个文学博士。"

刘秀笑道:"高密侯太谦虚了,以你的志向和学问,至少也可以做个功曹。"功曹只是郡守或县令的佐吏,刘秀这句话其实也有几分调侃的意思。

邓禹说完,其余功臣一一回答,场面一片和谐。轮到杨虚侯马武发言时,在场的功臣们都十分期待。

马武绿林军出身,是刘秀手下的一员猛将。他为人任气使性,醉酒时经常在御前折辱同列,说话无所顾忌。每次马武喝醉,刘秀总觉得又好笑又好气,故意逗他说话,以此取乐。

马武一听刘秀发问,大大咧咧地说:"臣剽悍勇武,可以做都尉,督捕盗贼。"

刘秀听完连连摇头,笑说:"你只要不做盗贼,到亭长那里自首,也就可以了。"众人听了,都捧腹大笑,马武这才知道刘秀又拿自己开玩笑,只好跟着傻笑。

从这段君臣对话中，可看出刘秀与功臣们既是君臣，也是好友。在经过多年出生入死、征战四方后，他们仍如最初起兵时那样其乐融融。

对此，王夫之曾赞叹道："光武终不任将帅以宰辅，诸将亦各安于鞗鞈而不欲与于鼎铉。呜呼，意深远矣！故三代以下，君臣交尽其美，惟东汉为盛焉。"

这是说，刘秀不任命开国将帅为辅政大臣，而这些开国功臣也都安于现状而不做非分之想。自古以来，开国君臣之间保持这样善始善终的美好关系，只有东汉做得最好。

5

刘秀一方面"鉴前事之违，存矫枉之志"，吸取前朝经验教训，不任命功臣为重臣；另一方面又"退功臣而进文吏"，任用一大批懂得治国安民之术和封建典章制度的文人儒士治理国家。

刘秀礼贤下士，为招揽人才不怕拒绝，多次求索。拒绝他的名士中，最著名的当属严光。

严光，字子陵，是天下闻名的高士。刘秀贫贱时曾与他游学长安，有一段同窗之谊。

乱世之中，刘秀起兵，匡扶汉室，严光隐居，更名改姓。等到刘秀称帝，严光早已不知下落。于是，刘秀命画工绘成画像，四处寻访。

苦等多年，终于有人上报："齐地有一男子，披羊裘垂钓于泽中，似乎就是严子陵。"

刘秀大喜过望，急忙遣使者携带礼品前去邀请。朝廷使者来往多次，严光才答应进京见刘秀。

严光进宫后，刘秀与他论道，回忆往事，一连数日。

故人相见，百感交集，刘秀问严光："朕与昔日相比如何？"

严光回答道:"陛下胜似往日。"

刘秀一听,抚掌大笑,之后拉着严光一同在南宫寝卧歇息。

严光坦然酣睡,无所顾忌,睡到一半竟把脚放到了刘秀的腹上,刘秀却始终以礼相待,不曾发怒。

相聚多日,刘秀愈发佩服严光的才华,要封他为谏议大夫。严光再三推辞,不辞而别,从此在富春山中躬耕垂钓。刘秀也不再勉强,严光去世后,他命当地政府赐钱百万、谷千斛将其安葬。

严光以其高风亮节闻名后世。宋代范仲淹作《严先生祠堂记》,其中就有一句"云山苍苍,江水泱泱,先生之风,山高水长"。

但是,严子陵的高尚节操,离不开刘秀的成全。

6

刘秀不仅对严光这样的世外高人礼遇有加,更以柔道厚待恪尽职守的直臣,而对阿谀奉承的小人嗤之以鼻。

郅恽,早年在江夏一带以教书为生。刘秀"退功臣而进文吏",郅恽正赶上当地推举孝廉,被拜为上东城门候,也就是都城洛阳一个城门的门官。

刘秀平生没什么不良爱好,就是喜欢打猎。有一次,刘秀到洛阳郊外打猎,一时兴起,玩到晚上才回城,那时城门都已关闭。

刘秀曾颁布一条法令:都城到二更后紧闭城门,任何人都不准打开,违令者依法论处。

这道法令把刘秀自己"坑"了。到了郅恽所把守的城门,刘秀下令打开城门接驾。郅恽不为所动,继续紧闭城门。

刘秀以为郅恽不认识自己,就命左右随从到城门前与其交涉,见他仍不相信,就亲自策马立于桥前。不料郅恽依旧闭门不开,还对着城下大喊:"夜里看不清楚,按朝廷的规矩不能打开城门。"

刘秀无奈之下,只好从另一个城门入城。这一回,门官一听说是皇帝御驾,二话不说就打开城门接驾。

这事儿还没完,隔天郅恽就上了一道奏章:"从前文王不敢玩乐游猎,因为他时时刻刻忧心老百姓。可是陛下却沉迷于山林游猎,夜以继日地游玩,这对江山社稷会有什么影响呢?如果陛下不能以此为戒,臣下实在担忧。"

从文字内容来看,郅恽显然知道昨晚城门外的人是刘秀。

前一晚,刘秀在城门外耽搁许久,觉都没睡好,第二天看到这道奏章,竟然也不发怒,反而感慨这个守门小官是个铁面无私的贤臣。

刘秀将郅恽请来。一番交谈后,发现此人果然才能出众,便赏赐郅恽布帛一百匹,让他担任太子的老师。至于那天夜里放刘秀入城的门官,则被贬出京城。

汉光武帝一朝,因敢言直谏、秉公执法而得罪刘秀的人,刘秀也经常不追究。

董宣不畏权贵,当街惩处公主家中杀人犯法的奴仆,得罪了刘秀的姐姐湖阳公主。

公主找刘秀告状,董宣因此差点被乱棍打死在殿上。可当刘秀得知事情原委后,当即放过董宣,只要其向公主磕头谢罪。

董宣宁死不从,刘秀只好命人将这个"强项令"拉出去,并赐其三十万赏钱。

祭遵曾被刘秀任命为军市令,协助掌管军纪。刘秀的侍卫因私取库府黄金,触犯军法,被祭遵处死。

刘秀得知后勃然大怒,好在身边主簿提醒,才想起祭遵是依法办事。于是赦免了祭遵先斩后奏的罪名,反而让他担任刺奸将军,授予其监督诸将的权力。

7

刘秀不仅以柔道待众臣,更以柔道待天下百姓。

他曾目睹王莽之乱后"野谷旅生,麻菽尤盛,野蚕成茧,被于山阜"的凄凉景象,称帝后更是时时不忘生活艰苦的老百姓。

西汉末年以来,大量社会劳动力沦为奴婢,刘秀深知其害。从建武二年(26年)到建武十四年(38年),他下达关于释放奴婢的九道诏令,宣布:"民有嫁妻卖子欲归父母者,恣听之。敢拘执,论如律。"

因此,大量奴婢返归田园。为更进一步减少剥削,刘秀实行轻徭薄赋,改为三十税一,山林川泽不再征收"假税"(出租、借贷所征的税)。

为了抚平战后创伤,恢复生产,刘秀体恤民情,尤其对农业极为重视,对农民柔和宽待。

建武十九年(43年)秋,刘秀南巡路过汝南郡南顿县,设酒宴赏赐当地官员,并下令免除南顿县田租一年。

当地人居然还不满足,趋前叩头说:"陛下的父亲曾在这里居住,陛下也熟悉此地,每次来都给我们很多赏赐。请陛下免南顿县田租十年吧。"

面对如此"得寸进尺"的乡亲父老,刘秀非但没有生气,反而和他们"讨价还价"。"治理天下责任重大,我经常担心不能胜任,一天天地过还担心出问题,怎敢预期十年之久呢?"

南顿县官民就说:"陛下就是舍不得减免,何以讲得这样谦逊呢?"

刘秀仍然一脸和气,放声大笑,之后就把免租的期限加了一年。

刘秀以柔道待人,却严于律己。每逢清晨上朝,到下午才肯罢休。

他曾多次请公卿大臣入宫讨论经书义理,直到半夜才休息。

太子刘庄(汉明帝)不忍心看父亲太操劳,进谏道:"陛下有禹汤之明,而失黄老养性之福,愿颐爱精神,优游自宁。"

刘秀摆摆手,说:"我自乐此,不为疲也。"

中元二年(57年),常年为国事操劳的刘秀病倒在洛阳南宫,从此再也没能站起来。

一向提倡薄葬的刘秀在遗诏中说:"朕无益百姓,皆如孝文皇帝制度,务从约省。刺史、二千石长吏皆无离城郭,无遣吏及因邮奏。"

在生命的最后一刻,刘秀仍牵挂他的国家、大臣和百姓。他只希望国泰民安,不求有人为他痛哭流涕,歌功颂德。

想当年,刘秀与宗亲宴饮,坦言:"吾理天下,亦欲以柔道行之。"

日后,刘秀成功兑现了这个承诺。这个马上取天下的汉光武帝,终以柔道治天下。

赵匡胤称帝：一根擀面杖打出来的新朝代？

1

后周显德七年（960年），正月初二，作为后周大将的赵匡胤，被一则到处谣传的消息，搞得有点惶恐不安。

此前一天的大年初一，不知道从哪里传来的消息，说契丹联合北汉再次南下进攻后周，慌乱之下，后周朝廷急忙命令赵匡胤领兵出战，因为当时赵匡胤是后周两大军队系统之一殿前司的最高统帅：殿前都点检。

尽管事前已经做了大量准备，然而消息还是走漏了出去，开封城里到处传言："出军之日，当立点检（赵匡胤）为天子。"

正值新年，开封城里的老百姓被这则传言吓得到处逃命，整个开封城里人心惶惶，然而诡异的是，好像已经被封锁了消息的后周朝廷却毫无反应，貌似对开封城里的大骚动毫不知情。

后周朝廷毫无反应，赵匡胤自己却被吓了个半死。

惶恐不安的赵匡胤马上叫来家里人一起商量，说："外面的传言如此厉害，怎么办才好啊？"

赵匡胤的姐姐当时正在厨房里，她听到后铁青着脸，拿着个擀面杖出来打了一下赵匡胤，说："大丈夫临大事，行不行自己决定！不要来家里吓女人！"

对此，北宋史学家司马光在《涑水纪闻》中说，赵匡胤在被打后，若有所思，"默然出"。

临走前，赵匡胤将家里人全部隐藏到开封城中的封禅寺，以免失败罹祸，因为他决定要干大事了。

2

赵匡胤被姐姐拿擀面杖打的两天后，后周显德七年（960年）正月初四早上，赵匡胤在离开封城不远处的陈桥驿（今河南封丘东南陈桥镇），发起了一场被后世称为"陈桥兵变"的政变，随后迅速回师开封，逼迫8岁的后周恭帝柴宗训"禅让"帝位，演出了中国历史上的一出"禅让"大剧。

关于这个事件，《宋史》等书说的是这天早上，喝了酒还没完全醒的赵匡胤，是在稀里糊涂之中，被将士们拿着一件不知道从哪里搞来的"黄袍"，强行逼迫当皇帝的。

事情没这么简单吧？

事情确实不简单，对此，赵匡胤早已密谋了许久。

要夺权，首先要掌握禁军。

在后周世宗柴荣时期，后周拥有侍卫亲军司、殿前司两大军队系统，而当时，赵匡胤只是殿前司的副将：殿前都指挥使；而当时的殿前司主将殿前都点检，是后周太祖郭威的驸马张永德——如何才能取而代之当上主将，真正掌握其中一支禁军呢？

机会很快到来了。

显德六年（959年）六月，后周世宗柴荣病重，就在这时，柴荣不知道从哪里听到一则传言，说"点检做天子"。此时，作为禁军大将的张永德兵强马壮，而后周太子柴宗训却只有7岁，于是，临死前几天,柴荣下令撤掉张永德的殿前都点检职务,改命赵匡胤接管殿前司这支禁军。

四天后,显德六年(959年)六月十九日,39岁的柴荣病逝。

在一个来路不明、不知道由谁制造的传言的帮助下,赵匡胤作为最大的受益者,顺利得到了"殿前都点检"这个禁军大将职务。

此时,赵匡胤只有33岁。

3

前面已经说过,后周时期,为了防止禁军掌控国家命脉,军队被分为侍卫亲军司、殿前司两大系统,后周世宗柴荣临死前,赵匡胤通过一则广泛流传的传言,顺利当上了殿前都点检,掌控了殿前司这支军队。

然而还有一支军队,侍卫亲军司怎么办?

当时,作为柴荣的皇后,后周恭帝柴宗训的母亲符太后还有一个身份。她有个亲姐妹,是赵匡胤的弟弟赵光义的妻子。

在符太后看来,赵匡胤是后党、外戚成员,掌控禁军,她心里比较踏实;在赵匡胤一党的撺掇运作下,不久,侍卫亲军司的最高统帅、始终效忠后周的侍卫马步军都指挥使李重进,却被外派到扬州,做了淮南节度使。

在曲线运作,调走自己最大的军事对手后,赵匡胤又在侍卫亲军司中将"自己人"高怀德运作成侍卫亲军司马军都指挥使;另外一个"自己人"张令铎,则被任命为侍卫亲军司步军都指挥使。如此一来,尽管名义上的侍卫亲军司最高统帅仍然是外派扬州的淮南节度使兼侍卫亲军司马步军都指挥使的李重进,实际上的指挥权却已经落到了赵匡胤的"自己人"手中。

不知不觉,在后周世宗柴荣死后半年,被符太后视为外戚和亲信的赵匡胤，已然隐秘掌控了后周帝国的两支军队。

4

说起来，赵匡胤的祖父赵敬，曾经当过五代十国时期后唐的营州、蓟州、涿州等三州刺史；赵匡胤的父亲赵弘殷，则长期在后周的侍卫亲军司担任高级将领，为儿子赵匡胤留下了深厚的人脉。陈桥兵变四年前的956年，58岁的赵弘殷在军中病逝，死后还被后周世宗柴荣追赠为武清军节度使、太尉。

所以，后周帝国的军队系统中，到处都是赵弘殷和赵匡胤父子的人脉，而作为儿子的赵匡胤，在后周的军队中，还加入了一个连他在内，号称"义社十兄弟"的组织。

"义社十兄弟"，指的是赵匡胤、杨光义、石守信、李继勋、王审琦、刘庆义、刘守忠、刘廷让、韩重赟、王政忠十人，在他们年轻还是低级军官时搞的一个结拜组织。后来，这些人有的成长为后周朝廷的高级军官。

到"陈桥兵变"前，赵匡胤的"义社兄弟"石守信已经是殿前司的第三号人物：殿前都指挥使；另外一位"义社兄弟"王审琦则是殿前司的第四号人物殿前都虞候；而赵匡胤的其他"义社兄弟"们，则分散在后周的各个军队系统中，担任着大大小小的职务。

如此一来，整个后周，说起来，军队系统中，上上下下、大大小小，都有赵匡胤的人。

5

尽管筹谋已久，但发动兵变前，赵匡胤还是有点忐忑。这不，回到本文开头，底下那些小兵就管不住自己的嘴，把个"出军之日，当立点检为天子"的话传得整个开封城人尽皆知。除了蒙在鼓里的符太后和小娃娃后周恭帝，开封城里的老百姓已经掀起了一场大逃亡，搞得赵匡胤心里惶恐不安，这才有了被他的姐姐用擀面杖敲打"训斥"的事。

说起来，赵匡胤一家对这场"兵变"早已了然于胸。"陈桥兵变"成功后，赵匡胤的母亲、荣升为太后的杜氏说了一句很有名的话："吾儿素有大志，今果然。"

后周显德七年（960年）正月初一，一个诡异的消息从后周前线传来，说契丹联合北汉南下，军情紧急（后来事实表明，应该是假消息），请求大将、殿前都点检赵匡胤立马带兵出征，慌成一团的后周朝廷随即传令整军出兵。

说起来，符太后和后周朝廷的重臣们忘记了十年前发生的一件事。

那是后汉隐帝乾祐三年（950年），当时，枢密使郭威也是以契丹入侵的名义，趁机掌控军队发动兵变，建立了后周的。时间才过了十年，随着后周太祖郭威、后周世宗柴荣的相继去世，孤儿寡母的后周小朝廷，已然忘记了后周如何得以建立的"大事"了。

以军情紧急掌控大权后，后周显德七年（960年）正月初二，赵匡胤先是以他的副手、殿前副都点检慕容延钊作为前锋，整军出发离开开封城。当时，与殿前司的第三号人物石守信、第四号人物王审琦不同，殿前司二号人物慕容延钊虽然跟赵匡胤关系不错，但他并不知晓赵匡胤的兵变计划，所以赵匡胤将他打发走远一点，以免妨碍"大事"。

新年的第三天，正月初三，赵匡胤整军出发了，当晚，他就带兵抵达了陈桥驿。

这天傍晚，有一个自称懂得天文的军士苗训先是大叫起来，说你们看你们看，"日下复有一日"哦。原来，那会儿刚好日晕，但经苗训这么一说，似乎天机有变，大太阳要吞掉小太阳了！

于是乎，将士们开始"相与聚谋"，说这不对啊，要变天了哦！

然后，正月初四凌晨，赵匡胤的弟弟赵光义、家臣赵普等一帮子人马涌进了赵匡胤的军帐，把一件事先准备好的黄袍披在了赵匡胤身上，然后跪下，大声喊起了万岁。

晕晕乎乎，还没完全"酒醒"的赵匡胤，跟手下们约法三章，说：你们不要随便杀人，不要随便抢劫，这样子我才能当你们的皇帝。

将士们大声说：一定一定。

6

在宋代史学家的渲染中，"陈桥兵变"似乎一呼百应，属于一个完全没有前期准备工作的突发事件。但司马光有意无意记下了赵匡胤挨姐姐训打"点拨"的事。

正月初四日，在陈桥驿黄袍加身当天，赵匡胤带着大军杀回了开封城。

然而在开封城陈桥门值班的两位警备队长陆、乔二人（史书没有记下详细名字，仅留姓氏），在开封城几日来的异动中，已感觉到了不对，他们拒绝为赵匡胤打开城门，并与赵匡胤的部队形成对峙；赵匡胤也没有强行攻打，而是指挥部队绕路到封丘门进入开封城，在那里，赵匡胤的亲信打开了城门。

当时，作为后周两大军队系统之一的侍卫亲军司的"二把手"、马步军副都指挥使韩通正在皇宫内，听说赵匡胤兵变入城的消息后，忠于后周朝廷的韩通在仓促之中，立马带着少数亲兵出城迎战，没想到却被赵匡胤的内应、"义社兄弟"石守信派兵伏击。韩通随后冲出重围，并马上派人搜捕赵匡胤的家属，没想到的是，赵匡胤的前锋王彦昇已杀入开封城中，随后，韩通及其三个儿子全部被杀。

而在听说皇宫已经沦陷后，守卫陈桥门的陆、乔两位警备队长，不甘心投降赵匡胤，双双选择了上吊自杀，为后周殉国。

至此，开封城中微弱的敢于抵抗的军事力量，已全部消失。

7

"陈桥兵变"当天，赵匡胤随即杀进开封皇宫。对于这场突如其来的兵变，宰相范质在愤怒之中，紧紧抓住次相王溥的手，指甲几乎将王溥掐出血来。范质不顾生命危险，大声质问赵匡胤，赵匡胤的部下罗彦瑰拔出剑，厉声威胁范质等人说："三军无主，众将议立检点（赵匡胤）为天子，再有异言者斩！"

范质"颇诮让太祖，且不肯拜"，但被吓得面如土色的次相王溥，随即跪拜起了赵匡胤。

赵匡胤随后强行逼迫后周恭帝马上退位"禅让"。开封皇宫内杀气腾腾，翰林学士陶毂从怀中掏出逼迫后周恭帝"禅让"的"禅文"，恭恭敬敬进献给赵匡胤审阅，然后转身交给了范质等人。

"陈桥兵变"第二天，赵匡胤正式将后周国号更改为宋，并改年号为建隆。至此，宋朝正式建立。

赵匡胤夺权后，后周世宗柴荣还活着的四个儿子，后周恭帝柴宗训在被迫"禅位"后，被降格为郑王，十三年后去世，年仅21岁，无子。

"陈桥兵变"后两年，柴荣的另外一个儿子、年仅10岁的柴熙谨去世。

而柴荣的另两个儿子：柴熙让、柴熙诲，按照北宋史学家、编撰《新五代史》的欧阳修的说法是："不知其所终。"

至此，柴荣家族的血脉，从史书中"消失"了。

对于后世所谓宋朝皇家厚待柴氏后人，封其后人为世袭崇义公、宣义郎的记载，从血脉上来说，他们其实并非柴荣的嫡系子孙；因为真实的柴荣子孙，早已在历史上或夭折或"消失"了。

赵匡胤想不到的是，"陈桥兵变"后十六年，即976年，他自己也会在一场诡异的大雪之后离奇暴亡；而他仅存的两个儿子赵德昭和赵德芳，一个自杀，一个离奇暴死。

史上最强征服者，影响世界八百年

成吉思汗本名孛儿只斤·铁木真，9岁那年，他的父亲也速该死了。

也速该是乞颜部的一名首领，他带着儿子铁木真沿着斡难河去另一个部落求亲，回来的路上遇上了一群塔塔儿部勇士在野餐。

蒙古人一向豪爽，又或许是因为刚给儿子定下亲事，也速该心情比较好，他不顾两族恩怨，与塔塔儿部的敌人一起喝酒吃肉。但塔塔儿部认出了这个孛儿只斤家族的猛将，知道他曾经杀死他们不少弟兄，于是偷偷在也速该的食物里下毒。

吃完这顿饭，也速该因中毒而撒手人寰，留下了两个寡妇和七个不满10岁的孩子。

在经历年幼丧父之痛后，铁木真又经历了流离失所之苦、妻子被劫之耻、兄弟反目之仇等种种挫折与痛苦，最终成长为成吉思汗。

他是13世纪最可怕的征服者，也是一个苦尽甘来的人。

1

在蒙古高原，斡难河的源头，流传着蒙古人祖先的传说。

神话中，苍狼与白鹿结合生下了一个儿子，他在神灵长生天的庇佑下成长，他的后代以狩猎与游牧为生。恶劣的环境铸就了他们粗犷的外形，他们在无边浩瀚的草原上驰骋纵横。

出生于 1162 年的铁木真，幼时就嗅到了草原上血腥残酷的气息。

阴谋、背叛与劫掠交织在一起，酝酿着一出出悲剧。

铁木真崛起于草原之前，各部落如同一盘散沙，仇杀不断，还没有统一蒙古的概念。铁木真的一个追随者后来回忆道，当时的蒙古诸部互相攻击，人不安生，没有一处安宁之地。

同时，金朝皇帝为了阻止蒙古各部统一，采取了打压措施。铁木真所在部落的一位祖先俺巴孩汗，因与塔塔儿部发生冲突，被仇敌抓捕后献给金朝。金朝用惨无人道的酷刑折磨俺巴孩汗，将他钉死在了木驴上。

俺巴孩汗临死前向女真人发了一个毒誓："我的子侄众多，他们复仇时一定会让你们战栗。"

在当时，谁也不会将这个预言放在心上，可能只会轻蔑地说一声："就这？"

多年后，蒙古人却在成吉思汗的带领下蹂躏金人，以鲜血祭奠俺巴孩汗的亡灵。

年幼的铁木真失去父亲，他成了一个流浪者，只能在绝望中求生存。

铁木真的母亲诃额仑是也速该掳掠而来的女人，在丈夫死后，她本来应该由同族的其他男人收继，如果也速该与另一个妻子所生的儿子年龄足够大，也可以成为她的丈夫。但在当时，没有男人愿意收留诃额仑和她的孩子。

不久后，铁木真与母亲得到消息，他们不再是这个氏族的一员了。由于家里失去顶梁柱，在分配食物时，同族的长辈直接忽视了诃额仑一家。族人沿着斡难河向夏季的牧场迁移时，诃额仑母子被抛弃在原地，无人问津。

史书记载，一个出身低微的老人站了出来为诃额仑一家鸣不平，抗议同族人的所作所为。不到10岁的铁木真，却亲眼看到，无情的族人转身离开时，将这个善良的老人刺死。

没有人天生喜好杀戮，正是这样的成长经历，塑造了征服者的性格。

这个家庭并没有因此消亡。

诃额仑是一个坚强的女性，为了养活孩子，她卷起裙摆，日夜奔波，采拾野果为食，挖掘草根充饥。铁木真学会磨兽骨作为利器，制作木箭，并捕捉鼠类作为食物。

随着孩子年龄渐长，他们获取的猎物也越来越大。就这样，铁木真与家人们艰难地活了下来。

2

悲惨的童年，让铁木真知道了草原上的残酷规则。

在白手起家的"创业"过程中，帮助铁木真的，是他的好兄弟与义父。

另一个强大的部落，札达兰部常驻扎在斡难河沿岸，靠近铁木真所在的乞颜部，其中有一个叫札木合的少年，与铁木真建立了亲密的友谊。

铁木真与札木合相识后，经常一起打猎、钓鱼，在结冰的河上嬉戏，在马背上练习射箭。他们两次歃血为盟，结为安答（义兄弟），誓言彼此永不相忘。为了表示对友人的忠诚，两个孩子交换了礼物，札木合送给铁木真一个雄獐的指骨，而铁木真给札木合的是一块嵌有小片铜块的宝物。第二年，他们如草原上一代代的猎人一样交换了箭头，这是成年人之间结盟的象征。

后来，札木合成为札达兰部的首领，他与铁木真的誓约，成为二人重要的政治资本。

铁木真16岁那年，迎娶了未婚妻孛儿帖，这是其父生前为他定下的亲事。

按照当时的风俗，铁木真要准备一份与妻子嫁妆同等价值的礼物送给自己的父亲。由于父亲早亡，铁木真决定将一件黑貂皮外套带给他父亲的挚友——克烈部的首领聂斯脱里。

克烈部生活在蒙古高原中部最肥沃的草原上，聂斯脱里年轻时与铁木真的父亲也速该结为安答，并肩作战，并推翻克烈部的前任首领，夺取了汗位。

聂斯脱里后来被金朝封为"王"，一些史书称之为"王汗"。

王汗听说了朋友一家遭受的磨难，爽快地收下铁木真的礼物，也就是认他为义子。于是，铁木真与克烈部也结成了联盟。

《蒙古秘史》等史书记载，此时的铁木真，更倾向于成为一个部落的领导者，并没有统一各部的野心。

然而，一场意外将铁木真推向了他人生中的第一场战争。

一天清晨，蔑儿乞部的一伙强盗闯入铁木真的营地，掳走了铁木真的新婚妻子和其他几个女眷。铁木真在慌乱中骑马逃走，躲入黎明前的黑暗中。

铁木真面临着人生的关键抉择。如果不夺回妻子，他将一辈子蒙受屈辱，可他孤身一人，如何与蔑儿乞部为敌？

铁木真想起了自己的义父与兄弟。

铁木真来到克烈部的营地，告诉义父王汗："蔑儿乞人把我的妻子掳走了，请您发兵助我。"

王汗毫不犹豫地答应了铁木真的请求，说："你的父亲曾经帮助过我，我一直把他的恩情记在心间。现在正是我实现诺言的时候，我马上发兵帮你抢回孛儿帖。"

铁木真派人给札木合送去口信："兄弟，我的妻子被人夺走了，你怎么为我雪恨？"

札木合当即给了回信："铁木真安答的家中被洗劫一空，爱妻被夺，我心肝俱裂。我们应该消灭蔑儿乞部，救出孛儿帖。"

他们为这场对蔑儿乞部的联合作战集结了四万多人的军队，由札木合指挥。在义父与兄弟的大力相助下，联军铁骑杀掠无度，战利品堆积如山。

这是铁木真参与的第一场军事袭击。

大胜之后的他无心过问战果，只想与妻子团聚，他在乱军中声嘶力竭地呼喊孛儿帖的名字。在找到妻子后，他告诉札木合："我要找的人已经找到了，不要追击穷寇，就在这里安营扎寨吧。"

孛儿帖与铁木真破镜重圆后，发现自己怀孕了，她在几个月后生下长子术赤。这个名字，意思是"客人"。

很多学者认为，尽管术赤长大后得到父亲重用，但铁木真始终怀疑，他不是自己的亲生儿子，而是流着蔑儿乞部人的血。

也有一些学者指出，铁木真为长子取这个名字，是为了表示，他们一家人是札木合的客人。

铁木真夺回妻子后，带着他的族人投靠札木合，他们为庆贺结盟宴饮狂欢，札木合与铁木真更是共被而眠，亲密无间。

多年后叱咤风云的征服者，也有一段寄人篱下的岁月。但正是在这场战役后，铁木真开启了统一蒙古各部的征途，而他的对手，包括札木合与王汗。

3

12世纪末,蒙古各部独霸一方,声势渐起。在金人与周边民族的压制下,蒙古人融为一体已是大势所趋,唯一悬而未决的问题是,谁将成为领导者。

在当时的青年才俊中,札木合比铁木真更有威望,一些部落也唯他马首是瞻。

到了1189年,之前已在战争中证明自己的铁木真,得到其父亲旧部的支持,在乞颜部贵族的推举下成为首领,由此有了自己的"创业"班底。日后威震四方的蒙古军名将博尔术、速不台等,也在此时投入铁木真麾下。

札木合对铁木真的事业发展却颇为忌惮,他只是把铁木真当作自己的小老弟,可他的这位安答偏偏不想久居人下。

这样的兄弟情,注定不会长久。

此前铁木真投靠札木合时,有一次,他们要拆除冬季营地,向其他牧场迁徙。

札木合与铁木真如往常一样并驾齐驱,走在队伍的最前方。那天,札木合却突然跟铁木真说了一句:"我们依山扎营,可以让牧马人住在帐庐里;我们近河安寨,牧羊人饮食方便。"

铁木真回家向母亲、妻子讲述这一情形。他们都感觉到,铁木真与札木合的关系已经破裂。

札木合的意思,是他本人要带着马匹到靠近山坡的地方安营扎寨,他的权力就像牧马人一样,而铁木真应该带着羊,到河边建立另一个营地,当个牧羊娃。

从此,铁木真离开了札木合。

兄弟之间的分裂后来发展成为历时二十年的战争，几乎与铁木真统一蒙古的过程相始终，并逐渐把所有蒙古人卷入其中。

最初，铁木真的势力难以与札木合抗衡。

1190年，就在铁木真被推举为乞颜部首领的第二年，札木合的一个同族在一次抢夺铁木真所部牲畜的袭击中被杀，札木合以复仇为名，召集部下攻打铁木真。铁木真将所属三万人分为十三部迎敌，双方交战于斡难河上游。

在这场被后世称为"十三翼之战"的战役中，铁木真惨败，军营被冲垮，无数部下被俘。

愤怒的札木合不顾往日情谊，对铁木真的部下展开了极其残忍的报复。他砍下了一名对方将领的头，将其首级系在自己的马尾上，这是马最污秽的部位，以此羞辱死者。札木合还用七十口大锅烹煮年轻的男性战俘，将他们活活烹杀。

在这场胜利后，札木合确实让人们对他心生恐惧，但他对战俘的暴虐，也加深了旧贵族与底层民众之间的矛盾，蒙古的老百姓更加同情与支持战败的铁木真。

札木合赢了此战，却失了人心。

与之相反，从小历经磨难的铁木真，再次在逆境中站了起来。

铁木真之后削弱了乞颜部旧贵族的势力，随同王汗攻打塔塔儿部，又收服了主儿勤部，消灭了泰赤乌部，逐渐夺取了蒙古高原东部地区。

在十三翼之战的十一年后，他再次与札木合狭路相逢。这一次，他击溃了以札木合为首的十二部联盟军。

随着铁木真的实力壮大，克烈部的王汗与他的联盟也走向破裂。

1202年，铁木真向王汗提出亲上加亲，请求由长子术赤娶王汗的孙女为妻，同时把自己的一个女儿嫁给王汗的孙子。

王汗的儿子桑昆却对铁木真日益强大感到不满,坚决反对这门亲事,说:"我的女儿如果嫁到他家,只能站在门后做妾婢,仰看坐在正位的主人。他的女儿如果嫁到我家,是坐在正位上做主子,俯视站在门后的妾婢们。"这两门亲事,都没能谈成。

铁木真听到这话,知道他与札木合的悲剧,即将发生在他与义父之间。

统一各部的战争,最终只有一个结果,就是出现唯一的领袖,带领蒙古人走向巅峰。

王汗与铁木真反目成仇后,铁木真又遭遇了一场大败。

《史集》记载,王汗大军与铁木真的军队交战时,由于克烈部军队人多,铁木真抵挡不住,便退却了,当他后退时,大部分士兵已离开了他。

铁木真狼狈不堪,败走班朱尼河畔,身边只剩下十九人,只能射野马为食,汲浑水以饮。史载,铁木真舀起浑浊的河水,与追随者们指天为誓:"使我克定大业,当与诸人同甘苦,苟渝此言,有如河水!"

1203年秋天,铁木真集结军队,对王汗展开复仇,突袭克烈部,彻底击溃了自己的义父,夺得了蒙古草原的霸权。

他的义父在逃跑途中被哨兵所杀,几个公主成了铁木真的儿媳妇,狂妄的桑昆流落到今新疆库车一带靠抢劫为生,被擒获后处死。

王汗死了,札木合也败了。

在最后一次输给铁木真后,札木合向西北逃跑,身边只有五个那可儿(门户奴隶)。这五个人将他绑了起来,押送给铁木真。

札木合临死前对铁木真说:"我若不死,只怕安答你夜里睡不着觉,白天不能安心……在这一生中,义兄弟与我二人的名声,从日出之地到日落之地,人人皆知。"

4

克烈部灭亡三年后，草原上不再有蔑儿乞部、札达兰部和塔塔儿部等松散的部落，这些部落已经臣服于同一个男人，变成了一个统一的民族——蒙古族。

1206年，铁木真在斡难河上游召开"忽里台"（部落和各部联盟的议事会），被推为"成吉思汗"，一手缔造了蒙古帝国。

为什么是成吉思汗？

成吉思汗开创的帝国是世界历史上疆域最辽阔的游牧民族帝国，延续了农耕民族与游牧民族的古老战争。

但与以往的游牧征服者不同，成吉思汗的军队实现了空前的纪律性，完成了从部落制到帝国制的转变。

铁木真对境内所有牧民进行整编，建立千户制，实行生产组织、行政组织、军事组织为一体的政权体制，所有适龄男丁平时从事生产，战时投入战斗。

《元史》记载，蒙古帝国"家有男子，十五以上、七十以下，无众寡尽签为兵"，"上马则备战斗，下马则屯聚牧养"。

在消灭塔塔儿诸部时，铁木真颁布军令，规定统一指挥，不许将士各自抢夺战利品："战胜敌人时，不可贪财。战胜了敌人，那些财物都是我们的，我们共同分配。如果被敌人打退，退到最初冲出去的原阵地，就要反攻；不反攻者，处斩。"

这道军令的颁布也具有重大意义，主要是针对部落战争时期掠夺财物与军马随意进退的弊端。

斡难河大会后，象征着至高权力的九斿白纛，迎着蒙古高原的烈风高高飘扬，而这仅仅是开始。

1208年，金朝使臣带来了金章宗去世的消息，并向蒙古人递交诏书，新任皇帝是卫王完颜永济。

成吉思汗在帐外接见使臣，问道："刚即位的皇帝是谁？"

使臣告诉他，是卫王。

成吉思汗不屑一顾，说："我以为中原能做皇帝的都是人中龙凤，这种庸懦之才也能做皇帝吗？怎么能拜这样的人呢？"说罢，扬鞭策马而去。

在生命的最后二十年，成吉思汗南下攻金，几次大战歼灭金军精锐，对华北进行一番扫荡，使"河朔为墟，荡然无统"；他进军中亚、西亚，灭了强盛一时的花剌子模，蒙古军穿过今阿塞拜疆、格鲁吉亚、俄罗斯境内，一直打到里海。

长期以来在宋、辽和金之间周旋，立国已近二百年的西夏，也被成吉思汗下了最后通牒。

成吉思汗征讨花剌子模时，曾经叫西夏一起，却被拒绝了，西夏的大臣还对蒙古使臣冷笑道："兵力不足，哪里有资格做大汗呢！"

1226年，65岁的成吉思汗发出了人生最后一怒，率领大军进攻西夏。

次年，成吉思汗在与西夏王朝的战争中去世。

5

铁木真之死是一个谜，就连他的葬地也不为人知。

成吉思汗死后葬在了蒙古高原的一个山谷——起辇谷里。史载，有一次铁木真出去打猎，发现这里长着一棵孤独的大树，于是下马静坐许久，并对近臣说："这个地方，就作为我的葬地吧，我和我的子孙就葬在这里。"

如今，成吉思汗的埋葬之地已经辨认不出。

朱元璋为什么"爱杀"功臣

在父亲朱元璋连续多年、大规模屠杀功臣后,太子朱标终于看不下去了。

这是洪武二十三年(1390年)。朱元璋连续利用胡惟庸案、空印案、郭桓案屠杀功臣、官员十多万人后,这一年,宰相李善长一门七十多人也被下令全部斩杀。对此,接受儒家教育长大的太子朱标规劝父亲朱元璋说:"陛下诛杀过多,恐怕会伤了和气。"

朱元璋听后默默不语。第二天,他把太子叫去,指着放在地上的一根长满刺的荆棘,让朱标捡起来。

太子朱标怕扎手,犹豫着不知如何下手。

这时朱元璋才慢慢开了口,说:"我是怕你不好拿,为你剥光了刺,再给你,难道不好吗?现在我杀的人,都是对国家社稷有危险的人,除掉他们,对你是很有好处的。"

在朱元璋看来,太子性格文弱,所以他血洗英才荟萃的功臣集团,在某种程度上,也是在为孱弱的后代接班铺平道路。

1

起初,他可不是这么说的。

在1368年建立大明帝国后,非常推崇《孙子兵法》的朱元璋曾将兵术权谋斥为卑劣之术。他经常对臣子们公开说:"用仁者无敌,恃术者必亡。"

然而,在持续多年的大规模屠戮功臣行动展开后,他却改变了口吻说:"奈何胡元以宽而失,朕收平中国,非猛不可!"

在朱元璋看来,大明建国之初,蒙古人残余的北元势力仍然虎视眈眈,在辽东、西北以及云南等地对明朝形成夹峙之势,所以他仍然需要利用群臣。等到北元势力逐渐被扫清后,他开始觉得,他当初赖以起家的淮西功臣集团,很碍眼了。

朱元璋祖籍本是沛国相县,与汉高祖刘邦所在的丰县同属今天的徐州市。由于家境贫寒,到了朱元璋的祖父辈时,举家一再迁徙。而朱元璋则是出生在濠州(今安徽凤阳),在亲兄弟和堂兄弟中排行第八。他起初连正式的名字都没有,父亲只是给他随便起了个名字叫朱重八。至于取名朱元璋,那已经是参加起义军以后的事儿了。

朱元璋小时候给地主放过牛。在父母和大哥由于饥荒和瘟疫相继死亡后,他又被迫当了和尚谋食。寺中无粮,他甚至当了三年乞丐,流浪四方。后来,在亲自撰写的回忆这段流亡生涯的文章《皇陵碑》中,他动情地说:"朝望突烟而急进,暮投古寺以趋跄,仰穹崖崔嵬而倚碧,听猿啼夜月而凄凉。魂悠悠而觅父母无有,志落魄而佒佯。西风鹤唳,俄淅沥以飞霜。身如蓬逐风而不止,心滚滚乎沸汤。"

1352年,25岁的朱元璋在儿时小伙伴汤和的劝说下投奔红巾军,由此开始了他驰骋一生的军事生涯。由于出生于淮河流域,因此朱元璋的功臣集团多为淮西人。建立明朝后,洪武三年(1370年),他封赏李善长、徐达、常茂(常遇春之子)、李文忠、邓愈、冯胜等六人为公爵,这六人全部为淮人。另外,他又封侯爵三十人,其中绝大部分也是淮人。对此,当时的诗歌描述说:"马上短衣多楚客,城中高髻半淮人。"

然而，辅佐自己起家的"淮西勋贵"们仗着自己劳苦功高，常曝出掠夺民田、贪赃枉法等行为。朱元璋特意命令工部铸造铁榜告诫功臣集团："不以功大而有骄心，不以爵隆而有怠心，故能享有荣盛，延及后世。"

对于起家自社会最底层，当过牧童、和尚和乞丐的朱元璋来说，他对于权贵集团有着本能的敏感。鉴于元朝末年社会豪强并起、欺凌百姓以致亡国的教训，他一直保有警惕。

于是，在光复北京，随后又相继平定西北和辽东，基本扫荡北元的势力后，觉得功臣们已经无甚大用的朱元璋开始下手了。

2

洪武十三年（1380年），决定对功臣集团先发制人的朱元璋，突然以图谋不轨的罪名，将宰相胡惟庸诛杀，并屠灭三族、诛杀其"党羽"共一万五千多人。

早已告老还乡的宋濂本来与胡惟庸八竿子都打不着，可偏偏宋濂的孙子宋慎与胡惟庸关系密切，朱元璋一怒之下，意欲诛杀宋濂，将他逮捕至京城。

与朱元璋一同起自寒微的马皇后劝告朱元璋说："民间百姓尚且懂得对老师以礼相待，何况宋濂早已致仕（退休）多年，与朝堂已无瓜葛，久居乡里，为何要杀他？"但朱元璋坚持不肯赦免宋濂。

到了吃饭时，马皇后故意不沾酒肉，朱元璋觉得奇怪就问为什么。马皇后回答说："宋先生要死了，我是在为他祈福。"朱元璋至此才动了不杀之心。

另外，平时为人文弱的太子朱标挺身而出，为自己的老师宋濂进行

"死谏"，以投河自尽为要挟，朱元璋这才宣称放过宋濂，但将其全家流放到茂州（在今四川北部）。年老多病、经不起长途颠簸的宋濂，最终死在了流放路上。

诛杀胡惟庸后，朱元璋马上宣布取消中书省，废除当时已经存在了一千多年的宰相制度，并宣布由其本人直接管辖六部。由此，在中国历史上能起到制衡皇权作用的相权被废除。同时，他又将原来统管军事的大都督府拆分为中、左、右、前、后等共五军都督府，通过分权牢牢控制军队。将政权和军权牢牢掌握于皇帝一人之手，使得中国的帝制在朱元璋以后开始走向集权巅峰。

为了管控功臣集团和整个王朝，朱元璋还宣布设置锦衣卫，并由其亲自控制，四处侦察官员的举动。对此，朱元璋不无得意地说："有此数人，譬如恶犬，则人怕。"

通过革除相权、掌控军队以及制造特务统治，朱元璋的皇权越发巩固。然而，他对功臣集团还是不放心。

诛杀胡惟庸等功臣整整十年后，洪武二十三年（1390年），朱元璋又兴起党狱，宣布将当时已经77岁的前任功臣宰相、韩国公李善长一门七十多人，以及猛将陆仲亨、唐胜宗等一大批功臣宿将，以协助胡惟庸造反等名义全部诛杀。整个胡惟庸案前后历时十多年，"词所连及坐诛者三万余人"。

李善长被杀后第二年，虞部郎中王国用上书《论韩国公冤事状》，公开为李善长叫冤。王国用说，李善长与陛下出生入死，生前封韩国公，位极人臣，并且还是皇帝的亲家（李善长的儿子娶了朱元璋的长女临安公主），如果说他自己图谋不轨还说得过去，但说他要帮助胡惟庸造反，实在太荒谬，难以服众，请求陛下以此为戒，不要再行杀戮。

王国用本是抱着必死的信念上书的，不知朱元璋是否一时良心发现，竟然没有发怒。

朱元璋自己心里也明白，整个胡惟庸案前后所诛杀的功臣集团及连坐的三万多人，其实基本都是一些"莫须有"的罪名，只是为了巩固自家的天下。

3

大明建国初期，朱元璋与功臣集团也有过一段"温馨岁月"。

在历经十六年的征战后，1368年，41岁的朱元璋登基称帝。起初，他与功臣们的关系还算融洽。洪武初年，每当有功臣去世，朱元璋就感伤不已。鄂国公常遇春死后，朱元璋就亲到棺材前祭奠。大都督府同知康茂才在陕州病逝后，朱元璋"亲为文祭之"。卫国公邓愈死后，朱元璋下令辍朝三日。

但是，随着年龄的增长，朱元璋越来越冷酷。

应该说，年轻时长期紧张的战斗生活，使得他种下了阴冷残酷的种子。到了晚年，随着国事的烦冗劳累，他的身体每况愈下，当上皇帝不久后就患"心不宁"症，即心跳过速的病症，甚至常发高烧，"每心火炎上，喜怒不常"。心里一烦，早期对待功臣和部属的那种忍让和细心，便开始消失。

传说中，有一次微服私访，当听到有个老妇人在路边与人交谈，竟然将"皇帝"称呼为"老头"后，朱元璋一回到宫中，立刻下令将老妇人及当地人全部杀光，并说："张士诚死后，当地人至今还叫他'张王'，但对朕竟然大胆叫'老头'，真叫人活活气杀。"

对待身边的嫔妃，朱元璋也是动辄杀戮。鲁王的母亲郭宁妃、唐王的母亲李贤妃、伊王的母亲葛丽妃因为触怒朱元璋，被同时处死。朱元璋下令将三人的尸体用同一个大筐装了，埋在南京的太平门外。后来怒气消除打算以棺木入殓三人，挖出尸体时却发现早已腐烂无法辨认，只得勉强立了三个坟墓，以致后来唐王悄悄祭奠，都不知道自己的母亲究竟是哪个坟墓。

后来，楚王的生母胡充妃由于被怀疑堕胎，也被朱元璋暴怒之下斩杀，"投其尸城外"。楚王哭着请求将母亲尸体带回下葬，朱元璋只下令给了一条胡充妃生前用过的衣带。楚王只能带着衣带回到封国，为母亲做了个衣冠冢。

在诛杀胡惟庸、废除宰相制度后，尽管将政权独揽，但这也造成了一个严重后果，就是给朱元璋带来了海量的工作。根据史书记载，仅洪武十八年（1385年）九月十四日至二十一日，这八天时间里，朱元璋就审批阅览了内外诸司奏札共一千六百六十件，处理国事计三千三百九十一件，平均每天要批阅奏札两百多件，处理国事四百多件。

明朝的官僚集团在杀戮压顶的高压政策下，普遍不愿担责。因为既然所有的事情都是皇帝说了算，那么官员又有什么责任呢？

将政务的最终审决几乎全部揽到了自己头上，这也使得朱元璋逐渐不堪重负。临死前几年，他就对身边的侍臣说："今朕年老，精力已倦。"

洪武二十五年（1392年），太子朱标病死，年仅38岁。接班人的突然死亡，让王朝再掀腥风血雨。

4

朱标去世这一年，朱元璋已经65岁。他所剩时日已经无多，而朱标的儿子、皇孙朱允炆这时才16岁。为了接班人的江山巩固，朱元璋觉得，他有必要继续为后代"开路"。

在朱元璋看来，尾大不掉的功臣集团将是后代子孙的隐患。他先是将以胡惟庸、李善长为首的文人功臣集团连带其宗族、下属共三万多人全部斩杀，而武将功臣集团此前之所以还没大规模清除，是因为蒙古人残存的北元势力仍然还在，他仍然需要猛将们为他卖命。

但是到了明朝建国十九年后，洪武二十年（1387年），宋国公冯胜、颍国公傅友德、永昌侯蓝玉等率军二十万人最终平定了辽东。洪武二十一年（1388年），蓝玉又带兵远袭捕鱼儿海（今贝加尔湖附近）的北元朝廷，并俘虏了元主脱古思帖木儿的次子地保奴、故太子必里秃妃等王侯贵族共三千多人，以及北元朝廷的宝玺、图书、金银印章等，给予了北元朝廷以毁灭性打击。

看到北元势力已经被击垮，朱元璋掂量着，武将集团们也没什么利用价值了。他开始寻思着下手的机会，太子朱标的病逝，更加使他觉得，如果不在有生之年加速铲除剩下的武将功臣集团，那么他年幼的皇长孙也将很"危险"。

于是，太子朱标死后次年，朱元璋以"谋逆"的罪名将大将军蓝玉以及景川侯曹震、鹤庆侯张翼、舳舻侯朱寿、定远侯王弼、东莞伯何荣、吏部尚书詹徽、户部侍郎傅友文等人全部处死，前后"族诛者万五千人"，几乎将整个明朝的开国武将集团杀了个精光。

至此，在前后将文臣和武将两个开国功臣集团及其家族、下属共四万五千多人全部斩杀后，明朝的"元功宿将相继尽矣"。

《明书》中记载："（朱元璋）藉诸功臣以取天下，及天下既定，即尽举取天下之人而尽杀之，其残忍实千古所未有。"

5

但朱元璋仍不满足。

在陆续诛杀开国功臣集团的过程中，朱元璋又对整个官僚集团和民间地主豪强大开杀戒。作为当过牧童、和尚和乞丐的开国皇帝，朱元璋在内心深处有着强烈的自卑感。他内心深处涌动着不是你死就是我活的偏颇、狭隘的世界观,对于功臣豪强更是有着发自本能的警惕和敌视——尽管这些人曾经是与他一起出生入死的战友兼兄弟。

朱元璋晚年时,浙江府学教授林元亮在一份奏表内有"作则垂宪"四个字,朱元璋认为"则"与"贼"近音,是在讽刺他农民军出身,因此暴怒之下杀了林元亮。常州府学训导蒋镇在《正旦贺表》中有"睿性生知"四个字,朱元璋认为"生"与"僧"近音,是在讽刺他当过和尚,将蒋镇斩首。

尽管贵为帝王,但贫微的出身是朱元璋极度自卑的根源。谁要是敢掀这个老底,或者是影射讽刺,那立刻就叫他人头落地。

而作为穷苦出身的孩子,朱元璋更认为,天底下的官僚集团都应该勤俭节约。于是,他强行压低官员俸禄,部分底层官员俸禄"月不过米二石,不足食数人",以致很多官员"不足以资生","困于饥寒"。后来的史学家感慨说,明朝的官员是历朝历代工资最低的。

不仅如此,朱元璋还发起了规模浩大的反贪运动。在他治下,明朝官员贪污六十两就会被斩首,剥皮填草示众。而追究起来,朱元璋时期很多官员所谓的"贪污",竟然是"收受衣服一件、靴二双","书四本、网巾一个、袜一双"。

户部尚书滕德懋被人举报贪污,朱元璋随即下令将他斩杀,还命令剖开他的肚子看看里面有什么。当看到滕德懋肚子里都是一些粗粮杂菜后,朱元璋才感慨说:"原来是个清官啊!"

在不停地斩杀开国功臣集团的前后,朱元璋也对整个官僚集团发起了大清洗。其中仅洪武十五年(1382年)的空印案和洪武十八年(1385年)的郭桓案就前后连坐斩杀近八万人,以致明朝从中央到地方、从官员到民间豪强,"大抵皆破"。

史载，从洪武元年（1368 年）到洪武十九年（1386 年），两浙、江西、两广、福建地区的"所有司官，未尝任满一人"，因为他们在任期内要么被拘捕，要么被杀了。

这种不分青红皂白，针对整个官僚集团、民间豪强乃至普通有钱人的大规模屠戮杀害，使得传为江南首富的沈万三家族几乎被灭门。而读书人则"多不乐仕进"，"以溷迹无闻为福，以受玷不录为幸"，部分人甚至不惜采取自残的方式来避免被录取为官，以求自保。

在这种恐怖的社会氛围下，朱元璋幸存的臣子们战战兢兢，因为不知道自己哪天就会被随意处死，许多官员每天上朝前，都要和妻儿诀别，如果当天活着回家，就要私下庆贺。而这些幸存的臣子据说每天上朝，还要揣测朱元璋的玉带怎么摆放。如果朱元璋把玉带高高贴在胸前，那就说明他当天心情好，可能不会杀人；但如果他的玉带被按在肚子下面，满朝文武大臣就知道情况不妙，可能有人要倒霉了。

6

虽然对待开国功臣和全部臣民以"暴酷"著称，但朱元璋对待自己的子女，却是出奇的"温柔"。

明朝建国初期，朱元璋将自己存活的二十四个儿子和一个重孙全部分封为王。朱元璋给明朝官员们定下了历代王朝最低的工资标准，使得著名清官海瑞甚至穷得吃不起肉，以至于当海瑞为老母亲祝寿，破天荒买了一斤肉时，轰动了整个明朝官场。可与此同时，朱元璋却规定皇族一旦被封为亲王，其年俸禄至少在万石以上，是明朝最高级官员的十几倍，而这还不包括土地等大量赏赐。为了让子孙后代过上最优越的生活，朱元璋还规定皇族子孙不必从事任何职业。每一个皇族后代，所有消费全部由国家承担，10 岁起还可以享受俸禄，结婚时国家发放房屋、冠服、婚礼费用，死后还有一笔厚厚的丧葬费。

对于官僚集团工资低得无法养家糊口，而皇族成员待遇却远超宰相的畸形状况，明朝有人曾经私下感慨说："我朝亲亲之恩，可谓无所不用，其厚远过前代矣。"

在朱元璋看来，整个天下都是朱家的，他铲除开国功臣、向太子朱标阐述"除刺"的心声，包括强行压低整个官僚集团的俸禄，其目的无非是损天下以肥自家。尽管帝王都有这个倾向，朱元璋却将这种做法推到了登峰造极的程度。

然而，厚待亲王皇族，也给明朝埋下了隐患。

从洪武十一年（1378年）开始，朱元璋将封为藩王的各个儿子派往藩国，这些皇子中"护卫甲士少者三千人，多者至万九千人"。有的藩王还镇守北方重镇，例如驻守大宁（区域遍布今河北北部、内蒙古、东北等地）的宁王所部"带甲八万，革车六千，所属朵颜三卫骑兵皆骁勇善战"。

藩王们分驻各地，在明朝初期拱卫了朱家的天下，但由于他们普遍身拥重兵，到了朱元璋晚年，这个问题已经开始引起朱元璋本人和明朝内部的担忧。对于这种分封制带来的隐患，早在洪武九年（1376年），山西平遥一位小人物叶伯巨就公开上书指出"分封过侈"，在后世将形成尾大不掉之势。朱元璋对此的反应却是暴怒，认为叶伯巨公然议论皇族内务，离间皇帝父子骨肉之情，遂下令将叶伯巨囚死狱中。

此后，再也没人敢说藩王尾大不掉的事儿了。

但作为皇位的接班人，皇太孙朱允炆也看得很清楚。

洪武二十五年（1392年）太子朱标死后，皇太孙朱允炆有一次跟朱元璋聊天，忧心忡忡地问朱元璋，假如"诸王不靖，孰御之"？

朱元璋一时语塞，面对自己的这位皇太孙和王朝的接班人，他想起了当初那个"胆大妄为"的草民叶伯巨的分析。他想了想,反问朱允炆:"你觉得应该怎么办呢?"

从小在皇宫长大、接受儒家教育的朱允炆说:"以德行感化他们,以礼法制约他们,这样不行的话就削减他们的封地,还不行的话就改立其他人或举兵讨伐。"

朱元璋点头说:"是啊,也只能这样了。"

为了给儿孙铺路,朱元璋不惜大肆屠戮功臣集团和天下仕民,但对于自己分封藩王的这种肘腋之变,朱元璋却像庸人一样不以为然。

洪武三十一年(1398年)闰五月,朱元璋最终走完了自己腥风血雨的一生,终年71岁。临死,他还嘱咐要让四十六位嫔妃殉葬。

在临死前发布的遗诏中,朱元璋说:"朕膺天命三十有一年。忧危积心,日勤不怠,务有益于民。奈起自寒微,无古人之博知,好善恶恶,不及远矣。今得万物自然之理,其奚哀念之有?"

虽然临死前禁止各位藩王进入京师凭吊,以防止他们趁机争夺帝位,但朱元璋没想到的是,他死后仅仅一年,建文元年(1399年)七月,他的第四子燕王朱棣就在北平起兵叛乱。又三年后,建文四年(1402年),朱棣最终攻占南京,建文帝朱允炆在战乱中失踪。朱棣夺位成功,成为后来的明成祖。

二 功过谁论？守业更比创业难

汉武帝：在位五十四年，影响中国两千年

董仲舒家有一套花园别墅，他整天在书房里研习《春秋公羊传》，多年来足不出户。哪怕园中虫鸣蠡跃，他也心无旁骛，被人称赞为"三年不窥园"。

这是个能干大事的人。

元光元年（前134年），23岁的汉武帝刘彻举办了一场"选秀"，董仲舒凭借著名的《天人三策》一鸣惊人。

他将天人感应、君权神授的光环罩在皇帝身上，并跟汉武帝说，要约束人们的思想，消灭"邪辟之说"。具体做法，就是只让人们读儒家"六经"、学孔子之术，其他学说弃之不用。

汉武帝亲政后，"尊儒"成为大汉的基本国策，此即所谓的"罢黜百家，独尊儒术"。

这八个字不是董仲舒本人说的。

汉武帝是否"独尊儒术"，在历史上有很大争议。

汉朝皇帝不认为自己独尊儒术。汉武帝的曾孙汉宣帝在位时，告诫他儿子："汉家自有制度，本以霸王道杂之，奈何纯任德教，用周政乎？"我们汉朝治国，历来是霸道与王道并用实行，怎么可能纯粹用道德教化呢？

在重重疑云背后，藏着大汉帝国冉冉升起的隐秘真相。

1

董仲舒为汉武帝带来了用思想大一统维持政治大一统的主张，引导国家从百家争鸣、私人著述的"子学时代"进入国家垄断思想的"经学时代"。

然而，董仲舒当时的地位并不高，在司马迁的《史记》中，他也不过是与其他儒生合为一传。这意味着，汉武帝并没有全盘采纳董仲舒的对策。

汉武帝说是独尊儒术，实际上更倾向于重用法家的文吏。

狱吏出身的公孙弘喜欢研究《春秋》，他学问不如董仲舒，却善于奉迎汉武帝。有一次，他对皇帝说："董仲舒适合去胶西国为相。"

胶西王刘端是汉武帝的哥哥，此人残暴凶狠，因为他宠幸的郎官与宫女偷情，就诛杀了这个郎官一家。每次有官员到胶西国任职，要依法办事，刘端总会找罪名诬告他们，甚至将他们毒死。

在这个小小的诸侯国里，多次发生二千石高官死于非命的案件。

公孙弘建议派董仲舒去胶西国为相，也许是想借刀杀人。所幸刘端对大儒董仲舒表现得挺客气，但没过多久，董仲舒就告病退休回家了。

汉武帝把董仲舒放到胶西国为相，却重用狱吏出身的公孙弘，而公孙弘也看出了汉武帝外儒内法的真面目。独尊儒术对汉武帝而言，不过是用来装点门面而已，治国，不能只靠儒学。

2

公孙弘早年在家乡齐地做狱吏，卖过猪肉，后来跟随大儒胡毋生研习《春秋》，成为朝臣时已年过六十，古稀之年才拜相封侯。

汉武帝一朝十三个丞相，有三个因罪免职、三个绝望自杀、三个论罪处死，公孙弘能寿终正寝，靠的就是以儒饰法，打通儒家与法家之间的那堵墙。

每次朝议，公孙弘总是引经据典，以公羊派学说对国家法令进行装饰，以此讨汉武帝欢心。遇到难办的事，他都会察言观色，按照皇帝的意思发言，或者让直臣汲黯先发言，如果别的大臣在皇帝那里碰壁，公孙弘就立刻改口。

时间久了，汲黯忍无可忍。汲黯向汉武帝揭发公孙弘的虚伪行径，说："齐地之人擅长诈骗，嘴里没实话。每次商议时，大家的意见是一致的，但是到上朝时，公孙弘总是出尔反尔，这是不忠。"

众人的目光落在公孙弘身上。公孙弘却反驳道："了解臣的人都说臣忠诚，不了解臣的才说臣不忠诚。"汉武帝也就没有把此事放在心上。

公孙弘太懂外儒内法的门道了。

汉武帝在北方建朔方郡，公孙弘本来上书反对，汉武帝就派内朝大臣朱买臣提出十点责难，命公孙弘回答。

公孙弘却不敢公开辩论朱买臣的"十难"。退一步海阔天空，他一句也没回答，反而承认自己错了。

3

在汉武帝手下执行皇帝意志的还有刀笔吏，比如酷吏张汤。酷吏就是执法严苛的官吏，他们捍卫的是至高无上的皇权。

元狩四年（前119年），汉武帝采纳大臣张汤的建议，进行第一次币制改革，推出了"白鹿皮币"。同时规定，王侯宗室朝见，一定要花钱换皮币做垫子。

所谓"皮币"，主要材料就是一张一尺见方的白鹿皮，饰以紫色花纹，价值四十万钱。

这种只能用禁苑的白鹿皮制成的超级货币，只有汉武帝才有权力制造，他可以利用皇权，人为地操控其价值，将地方的大量货币无条件地收归国库。

大司农颜异对新币制的推行表示强烈反对："王侯朝贺的玉璧一个价值才几千钱，而作为垫子的皮币却值四十万钱，这不是本末倒置吗？"

大司农是九卿之一，主管国家财政，对政策发表看法本来无可厚非，完全合法。但张汤顺着皇帝的意思，找人告发颜异，元狩六年（前117年），以腹诽之罪将颜异给处死了。

腹诽的意思是嘴上不说，心里诽谤。张汤发现的"证据"是有人去颜异家里做客，对朝政表达不满，颜异当时没说话，嘴唇微微动了一下。张汤说，这就是腹诽。

汉武帝在位五十四年，其间可以列出一张很长的非正常死亡名单，其中多为护国功臣，或死于构陷，或死于权斗，或死于"背锅"。

元光四年（前131年），魏其侯窦婴被杀。

元朔三年（前126年），齐相主父偃被杀。

元狩四年（前119年），前将军李广自杀。

元狩五年（前118年），丞相李蔡下狱自杀。

元鼎二年二月，即前116年12月，御史大夫张汤自杀。

元鼎二年（前115年）[①]十二月，丞相庄青翟下狱自杀。

元鼎五年（前112年），丞相赵周下狱自杀。

征和二年（前91年），丞相公孙贺下狱处死。

征和三年（前90年），丞相刘屈氂下狱腰斩。

在加强大一统专制的过程中，游侠郭解是另一个牺牲者。

[①] 秦统一六国后以十月初一为岁首，汉朝初期沿用秦历。直到前104年汉武帝才下令改定历法，制订了《太初历》，将原来以十月初一为岁首改为以正月初一为岁首。故虽同死于元鼎二年，但张汤死时按公历为前116年，而庄青翟死时已是前115年了。

二 功过谁论？守业更比创业难

郭解在民间素有侠名，他在洛阳时，不管当地出现什么大纠纷，只要他出面，三言两语就能化解。

有一次，郭解的外甥仗势欺人，对别人强行灌酒，被那人刺死。郭解找到凶手后，得知他不过是防卫过当，真相是自己外甥蛮不讲理，就没有怪罪凶手，而是把他放了，还说："你杀得对。"

但这位名满天下的大侠却被举报为地方豪强，列为"徙陵"对象。"徙陵"，是指汉代将地方豪强迁徙到位于关中的帝陵周围居住，美其名为"护陵"，实际上是强制他们离开原籍，处于政府的就近监视之下。

"徙陵"名单一出，大将军卫青替郭解求情，说他的资产并不符合"徙陵"的要求，家里没那么多钱。

汉武帝听说后更加愤怒，认为郭解不过是一介布衣，竟可以让大将军为他说话，可见他确实有钱有势，颇有威胁。

郭解迁到关中后，常有权贵与他结交，更加引起汉武帝的猜忌。后来，有举报者被郭解的门客暗杀，汉武帝终于找到机会，下令将郭解逮捕。

经过一连串调查，郭解被灭族，罪名是他身为布衣，却"任侠行权"。

汉武帝兴儒术、任用儒生，却也重用酷吏；他建太学、推行察举，却也加强集权。

易中天教授说，横行霸道的结果，就是"两面三刀"。"两面"是赏与罚，"三刀"是法家的法（严刑峻法）、术（阴谋手段）、势（君主权势）。

汉武帝的帝国，是皇权统治与官僚政治的帝国，与其说汉武帝独尊儒术，倒不如说是唯我独尊。

4

元朔六年（前123年），大将军卫青在一年之间两次出击匈奴，歼敌过万，为大汉狠狠地出了一口恶气。

胜利的喜悦背后，是沉重的财政包袱。胜利后，汉武帝拿出黄金二十万斤犒赏三军。上万名匈奴战俘也得到厚赏，衣食由当地政府掏钱，让他们感受一下大汉的温暖，便于招降。

将士封赏、军械马匹、粮食衣甲、安抚降众，一个也不能少。连年的战争耗尽了文景之治的国库储蓄，使汉朝陷入"藏钱经耗，赋税既竭，犹不足以奉战士"的财政困难。

为了挽救国家财政，汉武帝凭借高度的集权，把民间的财富与势力通通收归中央，利用文景之治以来积累的财富，集中力量办大事。

汉武帝推行了几次货币改革，将铸币权彻底收归中央，铸造"上林三官五铢"，也就是历史上有名的五铢钱。

在垄断铸币权的同时，汉武帝从工商业主手中夺回"山海之利"，将改革延伸到当时利益最为丰厚的几大制造业——盐、铁、酒上，实行"盐铁官营"。

为汉武帝推行财政改革的大臣都不是儒家，张汤本来是长安狱吏，而桑弘羊出身商人家庭，自年少起就在宫中当汉武帝的随从。

汉武帝对独霸一方的诸侯按照大臣主父偃的设计，实行推恩令。

主父偃不是儒生，他的思想属于纵横家。推恩令的具体做法是，让诸侯把土地拿出来分封给子孙。顾名思义，就是将皇帝的浩荡隆恩延续到下一代，分封诸侯子弟为侯。诸侯子弟本来只有嫡长子有继承权，现在每个人都可以有自己的土地，当然举双手赞成。

这样一来，诸侯国越分越小，对中央有威胁的也就所剩无几。

推恩令实行后，诸侯国实力削弱，但地盘还在各地宗室手中。汉武帝决定"酎金夺爵"。

汉文帝后，每年祭祀宗庙，诸侯都要献金助祭，这叫"酎金"。汉武帝的方法就是，规定诸侯献上的酎金分量不足或成色不够的，取消封号,收回封国。

这其实是巧取豪夺。酎金的分量、成色是否达标,全由汉武帝说了算。

在初次实行酎金夺爵的元鼎五年(前112年),诸侯中被夺爵者多达一百零六人。丞相赵周还因此丢了性命,起因是有人举报他明知列侯所献黄金不足却不上报。

西汉初年的郡国并行制就此逐渐退出历史舞台。

讽刺的是,提出推恩令的主父偃由于处事不慎,在齐国工作时逼死了乱伦的齐厉王,最终被群起而攻之,丢了脑袋。极力劝说汉武帝痛下杀手的人,还是老谋深算的公孙弘。

为了跟民间富豪要钱,汉武帝又实行算缗、告缗。

缗,是穿铜钱用的绳子。算缗,顾名思义就是通过计算商人手中积蓄的财产,按实际数目征收财产税,以充盈国库。一种说法是两千钱而一算,即每二千钱课税一百二十钱,也就是抽取6%的财产税。

此令一出,起初只有一人响应。这人叫作卜式,是个牧羊的"土豪",曾经向国家捐了一半财产。

汉武帝很奇怪,派使者问他:"你是想做官吗?"

卜式答:"我从小牧羊,不知道怎么做官。"

使者又问:"难道是有冤家仇人吗?"

卜式说:"我平生与人无争。家里贫穷的,我就借钱给他;为人不善的,我就教他做好事。我去到哪儿人缘都很好,没人冤枉我。"

使者就纳闷了:那你捐钱是为了什么?

卜式说:"我爱国啊,天子要打匈奴,我认为,有贤能的人要为大节而死,有钱的人应该捐出来,如此,匈奴可灭。"

算缗令颁布后,天下富商争先恐后地隐匿财产,卜式却再捐了二十万,成了模范富豪、爱国商人。

为了对付那些隐匿财产的豪商大户,汉武帝在颁布算缗令两年后又颁布了告缗令,鼓励全民举报,凡是被告发隐瞒不报或所报不实者,将抄没其全部财产,并将一半财产奖予告发之人。

随着告缗遍天下,不仅富商和高利贷者受到整治,全国有钱的家庭几乎都被卷入其中,面临破产的命运。

朝廷没收的财物堆满了上林苑,史书记载:"中家以上大抵皆遇告……得民财物以亿计,奴婢以千万数,田大县数百顷,小县百余顷,宅亦如之。"

有了钱,汉朝才有财力去实现宏图伟业。

汉武帝在位五十四年,对匈奴作战长达四十四年,从马邑之谋开始,对盘踞在北方的头号外患匈奴展开了反击。

到元狩四年(前119年),帝国名将卫青、霍去病各自带兵出征,并至漠北,深入匈奴腹地,这是汉武帝对匈奴作战规模最大的一场。少年英雄霍去病封狼居胥后凯旋,从此,漠南再无匈奴王庭。

汉武帝未曾停止开疆拓土的脚步,47岁的他,收复南越,将南方边远之地重新纳入国家的版图。

48岁的他,收服滇王。

49岁的他,吞并朝鲜。

汉武帝将帝国推向了巅峰。作为皇帝,他第一个用"独尊儒术"统一思想,第一个用年号纪元,第一个开通西域,甚至其在位执政五十四年的纪录,直到一千多年后才被清朝的康熙皇帝打破。

5

汉武帝兴师动众打了那么多年仗,匈奴溃败,四方安定,卫青、霍去病将星闪耀,可老百姓的日子却不好过。

汉武帝后期,民生凋敝,文景之治积累的财富几乎消耗殆尽,"师出三十余年,天下户口减半"。汉代乐府诗《战城南》,说出了老百姓流离失所的哀怨,其中有:

战城南,死郭北,野死不葬乌可食。
为我谓乌:且为客豪!
野死谅不葬,腐肉安能去子逃?

独尊儒术的汉武帝,在功成名就后却迷信于祭神求仙。

直到去世前两年,他才知道自己被方士骗了,对群臣说:"以前我糊涂,被方士欺骗。天下哪有什么仙人?全是妖言邪说。注意饮食,有病吃药,才能少生病。"

李长之先生因此说,汉武帝有时"幼稚,可笑,天真,不实际,好奇,好玩,好幻想"。

汉武帝宠爱的李夫人去世后,他深深思念,为之肝肠寸断,他实在想与李夫人再见一面,就请来方士招魂。

方士设坛作法,汉武帝在帷帐中看到烛影摇晃,似乎有一轻柔身影飘过,若隐若现。他痴痴地叹息道:"是邪?非邪?立而望之,偏何姗姗其来迟。"

与秦始皇一样,汉武帝迷信于君权神授的光环。

元封元年(前110年),泰山道上千里旗帜飘扬,十万雄兵集合于盛大隆重的封禅大典,汉武帝将他的功业上告于天。元封这个年号,也因封禅典礼而得名。

但这种迷信在他晚年,酿成了一出血腥的悲剧。

征和二年（前91年），汉武帝风烛残年，他怀疑有人埋了木头人偶，用"巫蛊"诅咒他早日归天，在处死丞相公孙贺后，巫蛊之祸蔓延到太子刘据身上。

秋风萧瑟，危机重重，太子刘据崩溃了，他假传圣旨，诛杀了离间他们父子的奸人，却得了个谋反的罪名。

面对汉武帝派来"平叛"的大军，太子逃无可逃，在绝望中自缢身亡，他的两个儿子也旋即被杀。汉武帝曾经深爱的皇后卫子夫年老色衰，失去宠爱，太子失势遇害时，她早已在宫中自杀。

巫蛊之祸后，汉武帝心力交瘁，渐渐燃尽生命。

两年后，年迈的汉武帝在桑弘羊建议扩大轮台屯田时，颁发了《轮台诏》，其中提到曾经有人奏请百姓每口增收赋税三十钱，作为边防军费，这会使老弱孤独者困苦不堪；派人去遥远的轮台开荒，更会使天下人劳累，自己不忍心这么做；如今应该致力于禁止苛刻暴虐的政策，减轻对民间的剥削，使天下安定。

汉武帝是否下过"罪己诏"，并且后悔以往穷兵黩武的政策，在史学界历来众说纷纭。

在《轮台诏》中，汉武帝说的也不过是"朕之不明""悲痛常在朕心"之类的话，主要是否决桑弘羊等人的建议，并不是自我批评。

据《资治通鉴》记载，晚年的汉武帝确实曾表达过悔过之意，但那是在征和四年（前89年）封禅泰山时对群臣说的一番话，无关轮台屯田，更不关诏书。

"朕即位以来，所为狂悖，使天下愁苦，不可追悔。自今事有伤害百姓，糜费天下者，悉罢之。"

也许，《轮台诏》与独尊儒术一样，也隐藏着汉武帝的另一张面孔，仍是大汉天子的王霸之术。

汉宣帝：唯一坐过牢的皇帝

汉宣帝本始二年（前72年），朝廷发生了一件诽谤案。诽谤对象可不得了，是宣帝的曾祖父汉武帝。

这一年，即位不久的汉宣帝下诏颂扬汉武帝的丰功伟绩，命群臣议论武帝的"庙号"和"庙乐"。众臣举双手赞成，唯独长信少府夏侯胜公开唱反调。夏侯胜认为，武帝"亡德泽于民，不宜为立庙乐"。说不好听的，就是他不配。

夏侯胜是经学大家。一石激起千层浪，以丞相为首的大臣对夏侯胜群起而攻之，指责他"非议诏书，毁先帝"。

一边是至高无上的皇权，另一边是据理力争的大儒，结果夏侯胜被送进监狱，差点丢了性命。对于众臣弹劾夏侯胜的做法，明人李贽只用了一个字评价——"差"。

夏侯胜只是说出了人人皆知的事实，毕竟武帝末年已经出现了"天下虚耗，人复相食"的社会现象。

汉宣帝为武帝立庙，是一举多得的政治手段，一方面可树立权威，另一方面也是在宣称自己是汉武帝的嫡系继承者。尽管那位雄才大略的曾祖父让他一出生就经历了人间炼狱，可就算是从一介囚徒到一代帝王，他还是汉武帝的后代，是名正言顺的大汉天子。

1

汉宣帝人生的前几年，是在监狱中度过的。

汉武帝晚年多疑，在征和二年（前91年）酿成了与太子刘据骨肉相残的政治事件，史称"巫蛊之祸"。在巫蛊之祸中，丧失理智的汉武帝几乎诛杀了太子一家及其宾客、属官，满门尸体"莫有收葬者"。刘据在逃亡时自缢而死，只有他尚在襁褓的孙子，即后来的汉宣帝躲过了屠刀。

巫蛊之祸发生时，汉宣帝出生仅几个月，连名字都没有。这个嗷嗷待哺的皇曾孙成为最年幼的犯人，被关进监狱。廷尉监邴吉可怜孩子无辜，找来两个女囚犯为他哺乳，在狱中悉心照料，直到皇曾孙5岁。由于监狱中条件恶劣，皇曾孙多次染病，险些夭折，邴吉为祈求其病速愈，为他起名"病已"。

后来有一天，汉武帝生病了，听人说长安狱中有天子气，派人连夜搜查长安城各个监狱，囚犯无论罪行轻重全部处死。邴吉再一次救了刘病已，他禁闭监狱大门，一直到天亮都拒绝士兵进入，说："皇曾孙在，他人无辜死者犹不可，况亲曾孙乎！"

汉武帝后悔了。巫蛊之祸后，他修建了思子宫，寄托对刘据的思念。当听到邴吉誓死守护皇曾孙后，他又释然地说："天使之也。"于是下诏大赦天下，赐刘病已自由。

刘病已早已无家可归。当邴吉依照规定，护送刘病已到京兆尹官邸寻求帮助时，京兆尹拒不接纳，生怕这个小孩给自己惹麻烦，让他从哪儿来的就回哪儿去。刘病已被迫回到狱中。这时，刘病已的乳母要回家乡，小孩子早已把她当作家人，拉着不让走。邴吉就自己掏钱，雇她留下来照顾皇曾孙，每月俸禄中的米、肉，也都分给刘病已。

不久后,邴吉打听到了刘病已的祖母史良娣家。史良娣早已死于巫蛊之祸,但她年迈的母亲贞君还在人世。贞君看到自己可怜的曾外孙无依无靠,就把他接到了史家。至此,刘病已才离开监狱,告别了那段不堪回首的童年。

随着汉武帝即将走到生命的尽头,他对刘据的愧疚也就愈发深切,在去世前特命主管皇室族谱的宗正,恢复刘病已的宗室身份,由掖庭抚养。掖庭令张贺是汉武帝时期酷吏张汤之子,也是卫太子刘据生前的亲信,在刘病已恢复皇族身份后,亲手接过了邴吉如"教父"一般的责任,对刘病已无微不至地关心,自己出资补贴他的生活,还请人教他读书。

到了刘病已娶妻生子的年纪,张贺还想把女儿嫁给他。张贺弟弟张安世是权臣霍光的左右手,深知其中利害,就对他哥说:"皇曾孙乃卫太子之后,有幸得到庶人的待遇就不错了,你可不能再谈嫁女之事!"张贺一听,只好打消念头,但以后没人敢嫁刘病已咋办,他就好事做到底,用自己的家财做聘礼,向一个叫许广汉的罪臣提亲,让刘病已娶了许家的女儿许平君为妻。

在刘病已登上皇位前,他一直都是很多人唯恐避之不及的罪人之子,出生不久没了爹妈,从懂事起,所见的尽是污浊的牢房、犯罪的囚徒和暗藏的危机。

等待刘病已的,本是最苦的人生,是那些善良的人将他从深渊中拉了回来。从未在压抑的宫廷中成长,是刘病已的不幸,也是他的幸运。

在西汉的历代皇帝中,刘病已年轻时的经历最像汉高祖刘邦。史书记载,刘病已年少时"喜游侠,斗鸡走马",他游历关中,对乡里的奸邪之徒了若指掌,他出身卑微,对贪官污吏鱼肉百姓早有体会。

皇位对刘病已而言遥不可及,直到元平元年(前74年)的秋天,他的命运才悄然发生转变。

2

这一年,汉昭帝刘弗陵驾崩,没有留下子嗣。刘弗陵算是刘病已的同龄人,但他是汉武帝晚年得来的儿子,按辈分算,刘病已得叫他一声叔公。

由于汉昭帝无子,霍光就得在宗室中选接班人,只好把昭帝的侄子昌邑王刘贺扶上了皇位。刘贺不是一个靠谱的人选。史载,他在进京的路上寻欢作乐,即位二十七天就把坏事做尽,严重违反汉朝礼制,气得霍光把他废了,罪名是"昌邑王行昏乱,恐危社稷"。

实际上,刘贺被废的原因应该是他挑战了霍光的权威。

刘贺不愿做傀儡,而是欲效仿当年同样以外藩入主皇宫的汉文帝夺权,他将"昌邑官属皆征至长安,往往超擢拜官,相安乐迁长安卫尉",也就是用昌邑群臣取代朝臣,借此将霍光架空。

这一举动引起霍光的高度警觉。他行动迅速,不仅废了刘贺,还下令杀了昌邑王的党羽两百多人。在古人看来,废立皇帝是大逆不道之举,霍光因此成了反派角色。后世史书常将擅行废立称为"行伊、霍之事"(伊,指商朝的伊尹)。

刘贺被"淘汰出局",皇帝还得重选,刘病已的名字进入了霍光的视线。大臣中首倡拥立刘病已的是邴吉,他向霍光力荐,"遗诏所养武帝曾孙名病已在掖庭外家者,吉前使居郡邸时见其幼少,至今十八九矣,通经术,有美材,行安而节和"。

也就是说,汉武帝的曾孙刘病已是我看着长大的,他如今已十八九岁,通晓经学,才能出众,人品也极佳。

史载,邴吉为人内敛,从不自夸,朝廷并不知道他对刘病已有过救命之恩。在霍光看来,刘病已确实是个不错的人选。相比刘贺,刘病已对霍光几乎毫无威胁,他在民间长大,不像诸侯王那样有自己的"政治班底",孤身一人便于控制,在血缘上又出自卫太子一脉,和霍光同属于卫、霍家族。

这一年,刘病已被迎入宫,拜见年龄和自己差不多大,却比自己大两辈的上官皇太后,当场被封为阳武侯。这是在名义上给他一个体面的身份。当天,群臣奉上玺绶,刘病已正式即位。从庶人到诸侯,再到皇帝,他只用了一天时间,堪称千古奇谈。

3

霍光成就了汉宣帝,也成为宣帝生平最大的对手。

霍光独揽大权,朝中无论大事小事,"皆先关白光,然后奏御天子。光每朝见,上虚己敛容,礼下之已甚"。每天面对霍光的目光,汉宣帝如芒刺在背,时时感到恐惧。宣帝自出生起就遭受大难,在民间吃尽苦头,善于察言观色,也能做到动心忍性,就这样忍了霍光整整六年。

其间,汉宣帝一直在争取所剩无几的皇权,他为曾祖父汉武帝立庙,更为祖父刘据一家平反,他为父、祖之墓置数百户守墓人,祖父刘据谥号为"戾",其父史皇孙谥号为"悼",并修建戾园、悼园。宣帝为祖父修陵园、置奉邑,让其尽享哀荣,但戾太子之谥号是可怜他所受冤屈,还是指责其不思悔改,历来有争议。

在另一件事上,汉宣帝更是不肯让步。有一天,汉宣帝对外发出一道特别的诏书,说自己贫贱时有一柄宝剑,后来不慎丢失,此剑虽已陈旧,却是心爱之物,希望臣民帮忙寻找。

群臣看到诏书,都知道汉宣帝不是要寻剑,而是想寻找结发妻子许平君,并立她为后,可当时霍光夫妇有意让小女儿霍成君当皇后。诏书下达后,支持宣帝的大臣纷纷上书称赞许平君贤德。少数服从多数,在立后一事上，宣帝终于如愿。

这事儿还没完。依照惯例，皇后的父亲应进位为列侯，如汉文帝窦皇后受封时，其亡父被追封为安成侯；汉昭帝即位后，也追尊其母钩弋夫人为皇太后，其外祖父赵父为顺成侯。窦皇后与钩弋夫人都出身卑微，许平君的父亲许广汉也有一个尴尬的身份，他是"刑余之人"，曾经被汉武帝施以宫刑。霍光因此故意上奏，说许广汉是一个残缺不全之人，如何能封侯？在朝堂上公开议论此事，摆明是对皇帝的羞辱，汉宣帝敢怒不敢言，一年多后才封岳父为昌成君。

故剑情深，是汉宣帝对许皇后爱情的守护，他用众臣之口扛住了来自霍家的压力。可之后，他还是不幸地失去了爱人。

许平君被立为皇后不久后怀孕，临产时生了一场大病。霍光的妻子显（史书称为霍显），早已欲杀之而后快，就买通了女医淳于衍，乘许皇后分娩将带有毒性的附子下在药中，将她毒死。

刘询得知此事后震怒，下令彻查。霍显这时才慌了，赶紧将实情告诉丈夫霍光，并对他说："事已至此，就不要对淳于衍严刑拷打了。"霍光知道后大为惊愕，半天说不出话来，只好设法救下淳于衍。此事最后不了了之，真凶淳于衍早就免于问罪，调查结果只是许皇后产后虚弱而死，霍成君顺理成章地成为新任皇后。许皇后之死，直到霍氏覆灭后才真相大白。

不过，有一些史学家认为，这是汉宣帝为除掉霍家编造的罪名，许皇后实际上是死于难产。吕思勉先生就对淳于衍用附子毒杀许皇后一事提出过质疑。

"附子非能杀人，尤不能杀人于俄顷间。宣帝非愚骏者，即视后死不能救，又宁待许伯而后知之乎？"

4

汉宣帝当然不傻,相反,他很精明。为了摆脱霍光对自己的控制,宣帝积极地拉拢宗室、大臣、外戚,利用一切可乘之机不断发展自己的势力。

汉武帝之子燕王刘旦曾因谋反罪被逼自杀,其弟广陵王刘胥是汉昭帝死后的皇帝候选人之一,也曾觊觎帝位。汉宣帝不计前嫌,多次施恩宗室,还封燕王与广陵王的子孙为王为侯。对那些因获罪而被开除属籍的宗室成员,宣帝也下诏给他们改过自新的机会,若具有贤才、品德优良,就可恢复其宗室属籍。

由于当时宗室的地位已被推恩令削弱,霍光并不在意,也默许这些行为。宣帝因此成功地得到了宗室贵族的支持。

汉宣帝还通过拉拢朝中大臣,从内部瓦解霍光集团。

车骑将军张安世是霍光的左膀右臂,位高权重,他哥哥张贺是汉宣帝年少时的恩人。但张安世一度看不起刘病已,还劝过他哥别把女儿嫁给这个穷小子。

汉宣帝即位后却多次赏赐张安世,将他的食邑增加到万户,三个儿子被任命为中郎将、侍中。张安世之子张彭祖被过继给张贺为子,是宣帝的发小,曾经同席读书,关系很铁,也拉近了汉宣帝和张安世的君臣之谊。几年后,张安世逐渐脱离霍光一党,对汉宣帝忠心耿耿。

为了培植足以对抗霍光的外戚势力,汉宣帝更是为妻舅许氏三人、祖母娘家史氏三人及舅舅王无故、王武等加官晋爵。当年未能封侯的国丈许广汉,也在霍光死后被封为平恩侯。

霍光病逝后,霍氏子孙中的霍禹、霍山等仍然官居要职,汉宣帝亲临霍光葬礼,给他最高的礼遇,让其陪葬茂陵(汉武帝陵)。但霍氏一族群龙无首，权力遭到分化瓦解，军政大权回到宣帝手中，离末日也就不远了。

霍光去世仅仅过了两年，地节四年（前66年），有人揭露许皇后一案真相，还有人告发霍氏家族谋划废立皇帝、毒害太子。新账旧账一起算，霍氏家族最终因谋反之罪被一网打尽，霍禹被腰斩，霍山自杀，霍成君被废后遭到软禁，霍氏亲贵全部遭到清算。显赫一时的霍光家族就此烟消云散。

事实上，没有霍光，也就没有汉宣帝。无论宣帝如何仇恨霍氏，他都是霍光政策的继承者，他延续了汉昭帝以来由霍光辅政开创的中兴之世。十五年后，汉宣帝命人绘制十一名功臣画像挂在麒麟阁，霍光一族虽被诛灭，但他本人依旧名列榜首，宣帝称他"功如萧相国"。

这个权臣，宣帝一辈子也忘不了。

5

汉宣帝的时代，此时才徐徐展开。

昭宣中兴，将大汉从千疮百孔的危机中拉了回来。在此期间，汉昭帝8岁即位，在位十三年，几乎都由霍光等大臣辅政，而汉宣帝在位二十六年，并在霍氏覆灭后亲政，显然对开创盛世有不可磨灭的贡献。宣帝在位时，对内重现了升平景象，米价低到五文钱一石，对外平定匈奴、西羌，开创性地设立了西域都护府。汉朝拥有正式庙号的皇帝只有四位，宣帝是其中之一，庙号中宗。

汉宣帝自称："夙兴夜寐，以求贤为右，不异亲疏近远，务在安民而已。"他从百姓中来，对不法官吏如何鱼肉百姓深有体会，为政的一大特色正是整肃吏治。

从本始元年（前73年）到神爵四年（前58年）的十五年间，汉宣帝曾七次下诏征召人才、选拔官吏，尤其注重从基层小吏选拔人才作为郡守长官，一扫奸邪之风。汉宣帝的时代，是循吏并出的时代。当时的名臣，如颍川太守黄霸、洛阳太守韩延寿、京兆尹赵广汉等起初都是名不见经传的小吏，靠政绩得以升迁，做官做到"所居民富，所去见思"，去职后与百姓关系还很好。

汉宣帝称："庶民所以安其田里而亡叹息愁恨之心者，政平讼理也。与我共此者，其惟良二千石乎！"官吏如果能让社会安定、吏治清明，让老百姓都过上好日子，他们就配得上两千石的高官厚禄。

汉武帝末年民生凋敝，大量农民破产，被迫背井离乡，数以百万计的流民漂泊在大汉帝国的土地上。到了宣帝即位，"流民稍还"，但还有无数灾民流离失所。

汉宣帝是古代难得注重社会救助的皇帝，他为赈济灾民开常平仓，并安抚流民，借公田、口粮、种子给农民，供他们耕种，愿意接受安排的流民可减免赋税徭役。他还关心鳏寡孤独老人，在位期间下达十一道诏书，赐予钱、帛。有学者统计，西汉帝王为鳏寡孤独者赐物的诏书共有二十多道，其中宣帝一人就占了一大半。

甚至就连改名，宣帝都是为了方便老百姓。古代要避讳天子之名，宣帝的名字"病已"，这俩字都是常用字，不能用就影响到日常生活交流，常有人因触讳而被治罪。宣帝说，那就把我的名字改了，从此改名"刘询"，之前触讳的罪人全部赦免。

历史不只是帝王将相的历史，盛世不只流于表面，而要看当时的民生。这么看，汉宣帝不失为一位好皇帝。

6

在霍光掌权时，汉宣帝扮演了类似于虚君的角色；霍氏倒台后，他成功接手延续了盛世。

随着时光流逝,刘询也越来越像一个皇帝,像他那位英明神武的曾祖父。

甘露三年(前51年),即匈奴呼韩邪单于朝见皇帝的那一年,汉宣帝召开了石渠阁会议。

与昭帝时围绕王道与霸道两条政治路线斗争的盐铁会议一样,石渠阁会议也不是一次单纯的学术会议。石渠阁会议表面上讨论的是鲁学与齐学的经学之争,实际上也代表着宣帝向礼制靠拢,有意巩固统治地位。

汉武帝在位时罢黜百家、独尊儒术,任用公孙弘、董仲舒等大儒神化皇权。根据现有史料,汉宣帝召开石渠阁会议所讨论的丧服、皇位继承等礼制以及灾异之学,无疑也是为了巩固皇权,宣传其皇位的合法性。值得一提的是,石渠阁会议是在太子人选确立后召开的,当时汉宣帝早已坐稳帝位,甚至选好了继承人。

在不断树立权威的同时,汉宣帝也迷信于两汉流行的谶纬、灾异之学。

史书记载,汉昭帝在位时就已经有"公孙病已立"的谶语,说是上林苑的一棵大柳树拦腰折断,后来又起死回生,长出了新的枝叶,有虫子啃食其叶,叶子上的痕迹显现出这五个字。这一事件如果不是刘病已的支持者宣传造势,显然就是宣帝即位之后的自我包装。

与汉朝历代皇帝相比,汉宣帝的年号和诏书充满了神秘色彩。诏书中甚至出现了凤凰、神爵等灾异学说的名词,却不直说发生了什么事件。

元康元年(前65年),"三月,诏曰:'乃者,凤皇集泰山、陈留,甘露降未央宫'"。

神爵元年(前61年),"东济大河,天气清静,神鱼舞河。幸万岁宫，神爵翔集"。

神爵四年（前58年）春二月，"凤皇、甘露降集京师"。

五凤三年（前55年），"三月辛丑，鸾凤又集长乐宫东阙中树上，飞下止地，文章五色，留十余刻，吏民并观"。

黄龙元年（前49年），"二月，黄龙见广汉郡"。

....

不管诏书写的是太庙失火，还是问罪大臣，宣帝都在其中夹杂灾异祥瑞，给皇权披上一层神授的外衣。

这些祥瑞大概都不存在，仅仅是大臣为了满足汉宣帝的虚荣而伪造的。史书记载，宣帝时，颍川太守黄霸就曾多次上奏当地有凤凰出现。后来黄霸当了丞相，有一天一只鹖雀从京兆尹府中飞来。黄霸一时兴起，本想像往常一样奏报有凤凰降临。后来得知这小鸟是从京兆尹府中飞来的，他才及时撤回，怕被人笑话。

史家在描写这一荒诞的故事时也不禁怀疑："当日所为凤凰者，毋乃亦鹖雀之类耶？"

汉宣帝的祖父戾太子正是因汉武帝晚年信了巫蛊邪说才惨死的，如今他也步了曾祖父后尘，通过迷信的方式神化皇权。这或许是封建帝王的通病。

7

汉宣帝的曾祖父汉武帝，执掌皇权长达半个多世纪，建立不世之功业，却让国家陷入危机，如史学家所说的"有亡秦之失，而免于亡秦之祸"。与曾祖父相似的另一点是，在汉宣帝统治后期，他一改亲政之初鼓励直言极谏、提拔循吏的作风，逐渐变得刻薄寡恩。

当年轻视刘病已的张安世就差点倒大霉。

张贺去世后，宣帝感谢其抚养之恩，要封张安世过继给张贺的儿子张彭祖为侯。张安世诚惶诚恐，赶紧上书推辞，汉宣帝毫不客气地说："吾自为掖庭令，非为将军也。"我这是看在你哥的面子上，不是为了你。

汉宣帝甚至对张安世起了杀心，这在当时是公开的秘密。名将赵充国之子赵卬在与同僚闲谈时说："车骑将军张安世始尝不快上，上欲诛之。卬家将军（指赵充国）以为，安世本持橐簪笔事孝武帝数十年，见谓忠谨，宜全度之。安世用是得免。"

张安世是昭宣中兴的功臣，一生廉洁奉公、为人恭谨，懂得明哲保身，不像他的父亲张汤那样雷厉风行，又有赵充国等人做担保，最终才幸运地得以善终。

张安世保住一命，但赵卬嘴不严实，泄露皇家机密，有齿马之嫌，这可是死罪。老将赵充国在抗击匈奴、羌族战争中立下赫赫战功，却保不了自己的儿子。赵卬泄密之事被告发后，汉宣帝勃然大怒，遂使赵卬下狱自杀，赵充国晚年丧子。

汉宣帝在位后期，已经无法忍受那些敢触"龙鳞"的直臣，愈发依赖至高无上的皇权。

京兆尹赵广汉执法公正，不惧权贵，霍光还在的时候就敢跟霍氏贵戚抬杠。当时一些年长的人甚至认为，自汉兴以来没有一个京兆尹能比得上他。

可后来有人嫉贤妒能，举报赵广汉侮辱大臣、滥杀无辜。此时的汉宣帝也开始厌恶赵广汉。他下令彻查，发现还真有那么一些罪证，于是数罪并罚，将敢于犯上的赵广汉处以腰斩。

赵广汉受刑时，京城吏民"号泣者数万人"，还有人上书说："臣生无益县官，愿代赵京兆死，使得牧养小民。"赵广汉到底该不该死，群众的眼睛是雪亮的。

洛阳太守韩延寿也是一个政绩出色、深得民心的能臣，却被政敌告发僭越逾制。宣帝在石渠阁会议中强调的正是礼制，听到有人僭越当然心生猜疑。结果一查，韩延寿竟被判狡猾不道，处以弃市。

史载，韩延寿被押赴刑场时，沿途吏民数千人相送，扶着囚车走到了渭城。他们争相献上酒肉，韩延寿不忍拒绝，喝酒喝了一石余，分别时向他们拜谢："远苦吏民，延寿死无所恨！"随后赴死，百姓莫不流涕。

司马迁的外孙、丞相杨敞之子杨恽死得也很冤。

杨恽是个人才，他轻财好义、廉洁无私，喜欢结交儒生，因敢说话得罪了不少权贵。《太史公书》重见天日也有杨恽的功劳，正是他将外祖父的这部巨著公开，我们现在才能看到《史记》。另外，杨恽参与过告发霍氏谋反，可说是宣帝的亲信。

杨恽和他的外祖父一样敢于言事，是硬骨头，写有与《报任安书》齐名的《报孙会宗书》。这是他写给友人孙会宗的信，文中充满对朝廷的讽刺，其中有一首诗："田彼南山，芜秽不治。种一顷豆，落而为萁。人生行乐耳，须富贵何时！"

人生还是及时行乐吧，要等到享受富贵不知要什么时候？正是这首诗要了杨恽的命。

后来有人告发杨恽招致日食。宣帝本就最重视灾异，再派人一查，发现了这篇《报孙会宗书》，满篇尽是放荡不羁的嬉笑怒骂，尤其是这首诗被人理解为讥讽朝政混乱。汉宣帝大怒，以诽谤朝廷的大逆不道之罪将杨恽腰斩，其妻儿流放，他的朋友孙会宗也因此被罢官。

吕思勉先生认为，杨恽之死是一桩冤案："此乃莫须有之辞，凡刚直者固易被此诬。"

如果说汉宣帝年幼时活在汉武帝的阴影之下，那在铲除这些忤逆之臣时，他就像是汉武帝的影子。这些人都是皇权的牺牲者，宋代司马光在评价他们的结局时，用了两个字——"惜哉"。

8

太子刘奭，即后来的汉元帝，是汉宣帝与许皇后所生之子，自幼长于深宫，为人仁慈。他看到杨恽等人因言获罪被杀，就对宣帝说："陛下持刑太深，宜用儒生。"

汉宣帝听后不以为然，正色道："汉家自有制度，本以霸王道杂之，奈何纯任德教，用周政乎？且俗儒不达时宜，好是古非今，使人眩于名实，不知所守，何足委任！"

他生于灾祸，长于民间，却比很多皇帝都明白该如何掌控权力，更是毫不避讳地道破其中门道，留下了这句千古名言。

在他看来，汉朝制度就是霸道与王道的交融，如一些学者所说的"外儒内法"：一方面要以儒家学说修饰于外，实行德治，推崇礼制，打造一个太平盛世；另一方面又要用刑名之学治国，尊君卑臣，崇上抑下，谁不听话就打谁。

两千多年来，霸王道之说影响深远，也是一个难解的问题。鲁迅先生说过："在中国的王道，看上去虽然好像是和霸道对立的东西，其实却是兄弟。这之前和之后，一定要有霸道跑来的。"

这个自称"霸王道杂之"的皇帝，在位二十六年，到了后期其实已逐渐倾向于霸道，昭宣中兴也后劲乏力，掺杂了不少水分，有粉饰太平之嫌。

汉宣帝在位的最后一年，他亲自下诏，不得不承认"民多贫，盗贼不止"。土地兼并、流民困乏的问题也得不到解决，汉宣帝去世后仅仅一年，就有人上书反映社会现状。"关东大者独有齐楚。民众久困，连年流离，离其城郭，相枕席于道路……至嫁妻卖子，法不能禁，义不能止。"

就连两汉最持久的外戚、宦官之祸，也在汉宣帝时期不断酝酿。

汉宣帝重用宦官，让他们掌握宫中大权。到了元帝时代，宦官气焰嚣张，还逼死了名臣萧望之。在诛灭霍氏后，宣帝又扶植了许氏、王氏、史氏等新的外戚势力，这几个家族的子弟有的官至大司马、车骑将军，权盛一时；最终导致嬖幸得干相位，外戚得移朝祚。多年后的王莽篡汉，在此时已经埋下祸根。汉宣帝之后，汉朝为何在元、成、哀、平四帝统治时期急速由盛转衰，这是一个值得深思的问题。

如果汉宣帝能像他的曾祖父一样再拥有二十多年的时光，他会不会变成第二个汉武帝？历史无法假设，也不容许假设。

唐玄宗的最后六年：权力、爱情和尊严都没了

哥舒翰二十万大军战败，潼关失守的消息传来，安史叛军的铁蹄离大唐都城长安又近了一步。

这是天宝十五载（756年）六月九日，唐玄宗李隆基生命中黑暗的一天。

宰相杨国忠对唐玄宗说："这十年来，不断有人跟陛下报告安禄山要造反，您就是不信，走到今天这个地步，可不是我的错。"他连后路都给玄宗想好了，说，"咱们尽快逃离长安，去蜀地避避风头吧。"

这要是年轻时的李隆基，可能就亲临前线和安史叛军搏命去了，可年逾古稀的他，早已没有了当年的劲头。人年纪越大，往往越惜命。

唐玄宗听了杨国忠的话，悄悄转移到长安城北边的禁苑，命龙武大将军陈玄礼备好九百匹战马待命。

几天后，东方泛白，晨雾缥缈，玄宗带着杨贵妃、太子李亨以及其他妃嫔、皇子、公主，还有宰相杨国忠、宦官高力士等人从禁苑的西门逃出了长安城。城里的达官贵人和老百姓到了早上才发现皇帝已跑，顿时乱作一团。

曾经缔造开元盛世的唐玄宗，就此翻开了人生的最后一页。

1

唐玄宗一行人出长安城，奔波了一上午，到达咸阳望贤宫，派人通报当地官员安排食宿。等了半天没人出来接驾，原来地方官一听说安史叛军来势汹汹，早就跑路了。

众人连吃饭都成问题，停在原地一筹莫展。杨国忠偷偷给玄宗带了几个胡饼，让他先垫垫肚子，其他人却还饥肠辘辘。

此时，皇帝的大队人马吸引了一帮围观群众。玄宗放下架子问他们："你们家有饭吗？不管粗细，只管拿来。"关中的老百姓当然希望唐室早日平叛，自己也能过上太平日子，于是箪食壶浆，献上食物。皇室成员、王公大臣饥不择食，看到老百姓送来的粗粮，争相用手抓着吃。

大家看皇帝一家这么惨，忍不住哭泣，唐玄宗也掩面而泣。皇帝和百姓这样抱团一起哭的场面难得一见，更罕见的是，这时来了一个叫郭从谨的老汉，他走到玄宗身边，直言不讳道："安禄山包藏祸心，已非一日，以前有人向朝廷告其逆迹，陛下却不信，致使他阴谋得逞，陛下流离失所。我还记得宋璟为相时，每进直言，天下太平。在那之后，大臣们却忌讳直言，一味阿谀奉承，故宫外之事，陛下一概不知。我等在野之人，早就知道会有今天，但宫闱森严，无法上达天听。事不至此，我又怎能当面向陛下痛诉！"

这位老人家，就靠着这一段肺腑之言被载入史书。若不是安史之乱让他与唐玄宗在咸阳相遇，玄宗恐怕永远听不到这些话，也见不到这些平凡的老百姓。他们共同成就了一个盛世，却像是两个世界的人。

唐玄宗听完郭老汉的话，惭愧地说："这都是我的错，现在后悔莫及啊！"

2

唐玄宗与父老乡亲告别，一路向西走，来到陕西省兴平市的马嵬驿。在这里，他失去了杨玉环。

这一番折腾，唐玄宗一行人疲惫不堪，禁军将士更是急眼了，这些禁军都是长安人，将一家老小留在家中，自己跟着皇帝大老远跑去蜀地，本来就不乐意。更何况，在他们看来，安禄山不就是杨国忠逼反的吗？潼关失守不就是因为杨国忠催促哥舒翰盲目出战造成的吗？

愤怒的将士们恨不得杀了杨国忠泄愤，场面逐渐失控。

禁军首领陈玄礼担任护卫多年，经验老到，深知若无法安抚将士们的情绪，将引发哗变。然而，诛杀宰相这么大件事肯定需要有一个位高权重的大人物支持，这里除了玄宗，平时最有话语权的就是杨国忠本人了。

陈玄礼转念一想，不对，还有一个人——太子李亨。

安史之乱爆发时，46岁的李亨已经做了近二十年的太子。

二十年来，李亨常年生活在恐惧之中。当初他之所以被立为太子，是因为前任太子李瑛遭武惠妃诬陷，与另外两个兄弟被玄宗赐死。李亨这太子之位坐得一点儿都不安稳，宰相李林甫、杨国忠先后对其处处打压，辅佐他的李适之、韦坚、王忠嗣等文臣武将被一一剪除，还要忍受父亲的猜忌，整日提心吊胆。

李亨对杨国忠恨之入骨，更恨早已死去的李林甫，而与他那睁一只眼闭一只眼，在各方势力之间制衡的父亲李隆基，关系也十分微妙。

陈玄礼找到了李亨，将杀杨国忠的计划全盘托出。李亨的态度很谨慎，史书记载，"太子未决"。在这节骨眼上，不反对就是赞成。

陈玄礼召集将士，给杨国忠安上"谋反"的罪名，带兵将他处死。

据唐人姚汝能所著《安禄山事迹》记载，为首的是骑士张小敬，他"先射国忠落马"，众将士才一拥而上。

杨国忠的儿子以及杨贵妃的姐姐韩国夫人都死于乱兵之中，虢国夫人出逃到半路被追杀，自刎而死。情绪失控的将士们甚至把杨国忠大卸八块，用枪挑起他的首级，悬挂在驿站门外示众。

唐玄宗一听事态紧急，赶紧拄着拐杖走出驿门，慰劳将士，劝他们各自归队。将士们一动不动，杀气腾腾。

玄宗慌了，让高力士去问将士们还有何要求。将士们齐声说："罪人还在。"

陈玄礼替他们向玄宗解释说："杨国忠谋反，贵妃不宜再侍奉陛下，希望您能以大局为重。"杨国忠因贵妃得宠而受到重用，将士们一定要将她斩草除根。

玄宗愣住了，缓缓说："我自会处理。"

大臣韦谔见唐玄宗犹豫不决，上前连着磕了几个头，血流满面，劝谏道："现在众怒难犯，危在旦夕，希望陛下早做决断！"

唐玄宗还是不忍心，说："贵妃常年在深宫，她怎么知道杨国忠要谋反呢？"

此时，侍奉玄宗多年的高力士也说话了："贵妃可能真的无罪，但现在杨国忠被杀，贵妃常伴您身旁，我们怎么能安心呢？希望陛下能考虑周详，现在只有安抚好底下的将士，陛下才能真的安心啊！"高力士这番话切中要害。如果不杀贵妃，将士们恐怕连玄宗都不会放过。

唐玄宗爱杨贵妃，但他更爱自己的生命和皇位。这一刻，他连心爱的女人都保护不了。

在与杨贵妃诀别后，玄宗痛心地下令将她处死，命人用白绫将爱妃缢死在佛堂前。正如白居易《长恨歌》中所写："六军不发无奈何，宛转蛾眉马前死。花钿委地无人收,翠翘金雀玉搔头。君王掩面救不得,回看血泪相和流。"

3

在短暂的踟蹰后,唐玄宗还是选择入蜀避难。

当地老百姓将皇帝的车驾拦下来,说:"皇宫是陛下的家,陵寝是陛下死后的归所。如今陛下将两者都舍弃了,是想做什么呢?"

唐玄宗听着父老乡亲的话,沉默许久,可还是拉起辔头,往蜀道的方向渐渐远去。年轻时一代英主的影子,再也抓不住了。

玄宗走后,太子李亨也被老百姓围住,他们喊道:"我们愿率子弟跟随殿下东破贼,取长安。如果殿下也要入蜀,中原百姓还能奉谁为主?"

面对百姓的挽留,李亨起初也婉拒了,说父皇即将踏上漫漫征途,做儿子的应该朝夕在他身边服侍,以尽孝道。说罢,一边流泪,一边要策马追赶玄宗。

这时,李亨的儿子广平王李俶(后改名李豫,即唐代宗)和心腹宦官李辅国将太子的车马一把拉住,劝说道:"如今国家已经分崩离析,若不顺应民心,组织平叛,哪里还有复兴的希望?等我们入蜀,贼军要是把栈道烧了,朝廷就只能困守蜀地,到时中原的大好江山就要拱手让人了。您还不如到西北调兵,和众将齐心合力,讨伐逆贼,克复两京,削平四海。"

李亨一听,不再推辞,既然如此,自己就顺应天意民心留下来。

当了近二十年太子,李亨终于摆脱父亲的阴影,就此与他分道扬镳。从马嵬驿的沉默,老百姓的挽留,再到身边人的劝说,这些偶然事件拼凑到一起,史书说是巧合,我们便相信吧。

唐玄宗在不远处左等右等,等到探马来报,太子被众人留下,不走了。玄宗无奈，只好继续上路。

经过一个月的长途跋涉，玄宗终于到达剑阁，不用再担心追兵了。在此，他发布了一道制书，昭告天下，部署平叛战略。

这道制书十分关键，在此前一个月，朝野上下不知玄宗下落，唐朝在叛乱之中陷入权力真空，岌岌可危。

唐玄宗先是自责："伊朕薄德，不能守厥位。贻祸海内，负兹苍生，是用罪己责躬。"这就相当于"罪己诏"，说今日之祸，都是自己的责任。

之后，这道制书又宣布："以太子亨充天下兵马元帅，领朔方、河东、河北、平卢节度使，南取长安、洛阳"，永王李璘、盛王李琦、丰王李珙等诸皇子也各领地方节度使，"应须士马、甲仗、粮赐等，并于当路自供"。如此部署，实际上就是自己居中节制，避免大权旁落，也防止地方将领窃取皇室权力。

可是，为时已晚。就在玄宗下诏的三天前，太子李亨已得到朔方军拥护，在灵武（在今宁夏）即位称帝，是为唐肃宗。他还遥尊玄宗为上皇天帝，即太上皇。

这就尴尬了，当父亲的要让儿子当天下兵马元帅，儿子却要让父亲当太上皇，唐朝同时出现了两个皇帝，这如何是好？

可以想见，李亨的自作主张对唐玄宗无疑是沉重的打击。

从此前的制书可以看出，玄宗不愿放弃皇位。他从年轻时就对权力充满欲望，在遭到姑姑太平公主的掣肘后，抢先发动先天政变，夺回皇权，当了四十多年太平天子，一向骄傲自负，唯我独尊。对他而言，放下尊贵无比的皇权，就是放下最后一丝尊严。

可在得知李亨灵武登基的那一刻，玄宗释然了。在成都，唐玄宗颁布《命皇太子即皇帝位诏》，承认李亨为皇帝，一切军国大事听他调度，宣告自己的统治生涯结束。

这是一个明智的决定，唐朝之所以能在此后平定叛乱，维持国祚，其中一个重要原因正是权力集中在皇帝手里，避免了统治集团内部的争斗。

玄宗入蜀，肃宗无后顾之忧，可以放手一搏，这是唐玄宗在位做出的最后一大贡献。

4

在蜀地，唐玄宗陷入深深的忏悔和思念。

他回想起入蜀路过斜谷栈道时，细雨霏微，连绵不断，马铃声在山谷间回音缭绕，凄切哀婉，遂作《雨霖铃》一曲，命乐师张野狐吹奏，以寄托对杨贵妃的哀思。后来他回到长安，看到杨贵妃曾经演奏的玉磬，更是睹物思人，只好命人将其藏起来。

他回想起当年辅佐他开创盛世的宰相姚崇，说："若姚崇还在，我也不至于落到如此下场！"

他回想起担任宰相近二十年的李林甫，懊悔不已，评价他："李林甫这个人，妒贤嫉能很严重。"可当别人反问他"陛下既然知道，为什么还要用他如此之久"时，玄宗又默然不语。

他回想起开元最后一任贤相张九龄。当年安禄山违犯军令，唐玄宗不愿将他处死。张九龄断定安禄山必为后患，上奏"不宜免死"，玄宗不听。在流落蜀地的第二年，他专门遣使至曲江祭奠早已去世的张九龄。

在长达两年的自我反省后，至德二载（757年），唐玄宗终于接到振奋人心的好消息——唐军收复长安！

此时，一个问题摆在玄宗面前：是否要回长安与儿子团聚？

唐肃宗上表请父亲还京，语气也算诚恳，请他回长安当皇帝，自己回东宫当太子，以尽臣子之道。

唐玄宗给李亨写了封回信让他把四川割给自己，他不回家了，就在这儿养老。

之前，唐肃宗上表请太上皇复位，他的心腹重臣李泌就断定玄宗不可能东归，还要求肃宗追回此表，但使者跑太快，没追上。

唐肃宗得到玄宗回信后，只好问李泌有何补救方法。李泌说要写封贺表，并且要以群臣的名义写，表明"自马嵬请留，灵武劝进，及今成功，圣上思恋晨昏，请速还京以就孝养"之意。

这短短几句话，就包含三层意思：首先，李亨称帝是百姓挽留，群臣劝进，不得已而为之，以缓和父子间的矛盾；其次，肃宗派兵夺回长安，"及今成功"，大臣们觉得他有资格当这个皇帝；最后两句是说，肃宗日夜想念玄宗，希望父亲回京颐养天年，这就是打"亲情牌"。

唐玄宗接到第二道贺表，心情果然大不相同，下决心离开成都，东归长安。肃宗知道后，对一旁的李泌说："这都是卿的功劳啊。"

5

玄宗和他的小朝廷刚到扶风（今陕西宝鸡），肃宗就给了他们一个下马威，派出三千精兵迎驾。此时玄宗身边有多少人？不过才六百禁军。

肃宗的三千精兵一到，将玄宗的六百人全部缴械，命他们就地解散。

到了咸阳的望贤宫，这里是玄宗当年逃离长安后途经的第一站，肃宗早已在此等候。

肃宗为父亲安排了盛大的欢迎仪式。他让人请玄宗登上望贤宫南楼，自己脱下黄袍，换上臣子的紫袍，一路小跑到楼下，对着楼上的玄宗一阵手舞足蹈，这是朝拜礼节，叫拜舞。

玄宗一看儿子来了，赶紧下楼，父子俩抱在一起大哭一场。接着，肃宗跪下来，捧着玄宗的脚，痛哭流涕，这是旧习俗，表示对他父亲的尊敬。

这时，玄宗要亲自为儿子披上黄袍，肃宗跪地不起，反复推辞。玄宗说："天数、人心皆归于汝，使朕得保养余齿，汝之孝也。"唐肃宗穿上黄袍，左右山呼万岁，响彻云霄。

时隔两年，父子终于重逢。

回长安的路上，肃宗为玄宗牵马，然后作前导引路。

唐玄宗看着此番场景，说了一句耐人寻味的话："吾为天子五十年，未为贵；今为天子父，乃贵耳！"

当昔日不可一世的雄主说出这种违心的话，足见其晚年落魄。

6

回到长安后，唐玄宗住进了兴庆宫，唐肃宗住在大明宫，父子俩经常互相探望，有时还会在夹城相遇。玄宗生活优裕，地位崇高，看似享尽天伦之乐，实则危机重重，免不了遭到肃宗的猜疑。

兴庆宫由玄宗原来当藩王的旧宅改建，位于坊市之中，最南面的长庆楼就紧挨着大道。唐玄宗闲来无事登上长庆楼，全城街景历历在目，楼下过往的士民常在楼下高呼万岁。玄宗一听心里高兴，也会挥手致意，甚至摆下酒席，请老百姓到宫中一聚。

平时到兴庆宫走动的人，除了公主、内侍、宫女和梨园子弟，就是玄宗的亲信陈玄礼与高力士。玄宗还曾设宴招待将军郭英乂、王铣等人，并予丰厚的赏赐。剑南道的官员过去两年曾与玄宗共度患难，每次进京奏事，也会到兴庆宫看望玄宗。

唐玄宗整日与外人来往，实际上已对肃宗形成威胁。

宦官李辅国就对肃宗进言，太上皇结交外人，陈玄礼、高力士更是日夜图谋不轨，对陛下不利，不可不防啊。言外之意，就是要提防唐玄宗复辟。

李辅国与唐玄宗早就有过节，他替皇家养过马，相貌奇丑无比，本是高力士的手下，不得重用，被打发到太子宫中。后来，他扶持李亨上位有功，又是新君心腹，就此青云直上，早想对轻视自己的玄宗一党展开清算。

李辅国是唐朝的一大祸害，宦官掌握兵权，左右朝政正是自他开始。

李辅国向肃宗建议，兴庆宫建在市井之中，宫墙低矮，不适合太上皇居住，不如请他老人家到太极宫居住，那里深宫大院，戒备森严，又可杜绝小人蛊惑，岂不两全其美。

太极宫与兴庆宫的情况可谓天壤之别。太极宫位于大内之中，北面是禁苑，南面是朝廷的办公场所，东面是太子的东宫，西面是宫女住的掖庭宫，几乎与世隔绝，玄宗到那儿表面上备受优待，实际上如同软禁。

唐肃宗什么反应呢？史书说，"上不听"，也就是犹豫不决。

李辅国在宫中多年，知道不明说，不代表不同意。他先出手试探肃宗的真实意图，假托敕令，命人从兴庆宫拉走二百九十匹马。

马是战略物资，打仗必备，当然不能放心交给玄宗。兴庆宫本来有三百匹马，一下子就剩下十匹，唐玄宗看着空荡荡的马厩，无可奈何地对高力士说："我儿子被李辅国蛊惑，看来不能让我平安终老了。"

唐肃宗对李辅国越权的举措，没有任何表示，基本上已是默许。李辅国见状，更加胆大妄为。

上元元年（760年），李辅国派人到兴庆宫传话，说肃宗请玄宗到太极宫游玩。玄宗不敢拒绝，随李辅国走到睿武门，突然出现五百名持刀的骑手，拦住去路。

玄宗大惊失色，李辅国这才傲慢地说："皇帝认为兴庆宫地势低洼狭窄，请太上皇迁居太极宫。"经过马嵬之变，玄宗对兵变有心理阴影，听后吓得差点从马上摔下来。

太上皇竟被如此欺凌，危急关头，一旁的高力士赶紧上前扶住玄宗，痛斥道："五十年太平天子在上，李辅国何得无礼！"之后又以太上皇的名义发布诰命，对眼前五百名骑兵表示宣慰："诸将士都还好吧！"

众将士见太上皇余威尚在，不敢轻易得罪，纷纷收刀叩拜。高力士知道事情无法挽回，眼下只能先保玄宗安全，于是饬令李辅国与他一起为太上皇牵马。李辅国虽不情愿，但也不敢太过放肆，只好拉起缰绳，护送玄宗进入太极宫。

等到李辅国带兵退出后，玄宗对高力士感激地说："若不是将军，我就要成刀下鬼了。"

从此，唐玄宗被软禁到太极宫，彻底与外面的世界失去联系，多年来陪伴在身边的旧臣，也被肃宗尽数清退。曾经的禁军首领陈玄礼被勒令退休，多年随侍在侧的高力士被贬巫州（今湖南怀化、洪江一带）。

太极宫中，只有肃宗安排的百余名宫女负责洒扫，几十名老弱残兵负责护卫。

晚年孤独的玄宗，没有权力，没有爱情，没有尊严，甚至没有自由，只剩下虚弱不堪的身体，如风前残烛，桑榆暮景。

7

端午节到了，唐肃宗与子孙相聚，大明宫中其乐融融，唯独缺了年老的玄宗。此时的肃宗身体欠佳，已许久未去太极宫看望父亲了。

肃宗怀抱年幼的小公主，怕人笑他只喜欢与儿女嬉闹，对奉诏进宫的名士说："朕深爱此女，卿不要见怪。"

那人接过肃宗的话,说:"太上皇想见陛下,就像陛下怜爱公主一样啊。"

肃宗听了,若有所思,半晌说不出一句话来。

宝应元年(762年),在被软禁在太极宫一年零十个月后,78岁的唐玄宗去世。在临终前的一段时间里,他沉迷于道教的辟谷,不食五谷,坚持绝食。

这位盛唐天子,自从六年前离开长安后便一蹶不振,更是在失去权力后仿佛失去了生命的色彩,在孤寂中走向人生的终局。

就在唐玄宗去世十三天后,唐肃宗也一病不起,不久便撒手人寰。

唐玄宗的孙子唐代宗遵照祖父的遗愿,将他安葬于泰陵。当年与唐玄宗一同开创盛世的文臣武将早已随风消逝,最终陪葬泰陵的只有一人,那就是高力士。

玄宗去世那年,被流放巫州的高力士正好遇赦而归。他走到半路,听闻玄宗已死,面朝北方,号啕大哭,呕血而死。

第二年,"安史之乱"平定,那鼎盛的大唐,却已恍如隔世,一去不复返。

唐宣宗:"高仿"唐太宗的那个人

明清两代,官方会有选择性地对前代皇帝进行祭祀。其中,对于唐代皇帝,明朝祭祀四位,分别是唐高祖、唐太宗、唐宪宗和唐宣宗;清朝仅祭祀三位,分别是唐高祖、唐太宗和唐宣宗。

在这两个名单中,唐宣宗李忱算是一匹"黑马"了。

唐高祖李渊是大唐开国皇帝,唐太宗李世民是一代雄主、贞观之治的开创者,他们受到后世皇家的追崇,这不难理解。但唐宣宗李忱死之时,离大唐覆灭不到半个世纪,为什么会受到明清两代的共同认可呢?

司马光在《资治通鉴》中对唐宣宗堪称推崇备至。司马光在书中说:"宣宗性明察沉断,用法无私,从谏如流,重惜官赏,恭谨节俭,惠爱民物。故大中之政,讫于唐亡,人思咏之,谓之小太宗。"

唐宣宗由此被认为是"复制版"的唐太宗。

然而,真实的唐宣宗,到底是一个怎样的皇帝呢?

1

李忱是唐宪宗李纯的第十三个儿子,元和十五年(820年),唐宪宗暴毙时,李忱才十一岁。皇位先是由其同父异母的三哥、唐穆宗李恒继承。四年后,李恒驾崩,接下来的二十多年,李恒的三个儿子相继称帝,分别为唐敬宗、唐文宗、唐武宗。

李忱成为"三朝皇叔"。

虽然是叔父辈,但李忱与三个皇帝侄子的年龄相仿。三个侄子对这个同龄的皇叔,态度都不好。据史书记载,李忱自幼沉默寡言,性格木讷,每次参加皇族家宴,侄子们就以取笑他为乐,调侃叫他"光叔"。

唐武宗李炎对李忱尤其不尊重,继位后,更是处处提防这个皇叔,欲置他于死地。原因可能是,李忱曾对其生母说过,他梦到乘龙升天。不管真假,这是非常犯忌讳的一个梦。

野史中记载了唐武宗迫害皇叔李忱的故事,说唐武宗曾密令人将李忱囚禁起来,并抛入粪池中。幸得宦官怜悯,才用粪土车偷偷将李忱运出宫外,秘密保护起来。还有野史说,李忱经过几次这样的死里逃生,遂出家为僧,云游到江南避祸。这类故事的真实性存疑,但李忱在几个侄子当皇帝期间的危险处境,应该是真实的。

会昌六年(846年),唐武宗病重,口不能言,左军中尉马元贽等宦官密谋,拥立李忱为帝,是为唐宣宗。

唐朝中晚期,宦官的权势极大,大到可以废立皇帝。传统史书认为,李忱之所以被马元贽等宦官选中,是因为宦官们觉得这个"傻乎乎"的皇叔,为人愚钝,智商不高,拥立为皇帝后易于控制。谁知道,李忱继位后,"裁决庶务,咸当于理,人始知有隐德焉"。

原来,李忱是个"演技派",他的傻和憨都是装出来的,是在激烈的宫廷斗争中的自我保护罢了。

这可不是一个傀儡皇帝。

2

唐宣宗即位当天,看到武宗朝权相、李党魁首李德裕,遂对左右说:"刚才在我旁边的人是太尉李德裕吧?他每次看我,都使我不寒而栗。"

李德裕曾在文宗朝和武宗朝两朝为相，共七年有余。尤其是在武宗会昌年间，李德裕裁抑宦官，讨平藩镇，击破回鹘，使会昌政局为之一振，"王室几中兴"。史家因此赞誉李德裕为"唐中世第一等人物"，是可与姚崇、宋璟并肩而立的贤相。

这样的能臣，在新皇帝唐宣宗的眼里，却是使他不寒而栗的人物。

即位不到一个月，唐武宗还未下葬，唐宣宗就将李德裕外放为荆南节度使，李德裕所提拔的官员也纷纷落马。唐武宗下葬后，李德裕又被贬至为东都留守。宋人孙甫在《唐史论断》中说："宣宗久不得位，又不为武宗所礼，旧怨已深，德裕是用事大臣，自不容矣。"

以拿李德裕开刀为开端，唐宣宗对武宗朝的一切政策，不管好坏，都进行反对，而且雷厉风行。

举两个例子。

武宗朝实行裁汰冗官政策，削减了一些州县官员。这本身是一个好政策，但唐宣宗不能容忍，他继位一年后，武宗朝裁减冗官的州县又增加了三百八十多名官员。

灭佛是武宗朝非常重要的国策，从客观结果看，这一运动有利于释放社会劳动力，减轻百姓负担，增加国库收入。但唐宣宗上位后，完全反其道而行，原先被摧毁的寺庙纷纷复建起来，被用于铸造钱币的钟磬、佛像，又重新回铸成钟磬、佛像。晚唐的佛教政策，表面是宗教问题，实质是社会问题、经济问题，牵涉国家大量的人口、田地规避赋税，唐宣宗对武宗灭佛的矫枉过正，加剧了国家的财政困境。

唐宣宗李忱为什么会为了反对而反对？

传统的解释是，他与唐武宗有宿怨，所以要反对唐武宗所用之人，所定之策。

事实上，这不是主要原因。

3

唐宣宗尽反武宗之政，主要是为了把自己塑造成一个"拨乱反正"的李唐江山合法继承人形象。

前面说了，唐宪宗死后，穆、敬、文、武两代四朝统治天下二十多年，基本确立了穆宗一房为李唐皇室正脉的地位。唐宣宗是穆宗的异母弟，敬、文、武三朝皇叔，虽然是宪宗之子，但到武宗之后，显然已属于皇室庶支，何况他的生母身份较为低微，这给他继位的正统性蒙上了一层阴影。

唐宣宗继位后的所作所为，首先都是为了树立自己统治的正统性。

一方面，他极力渲染自己与唐宪宗的父子之情，甚至将唐宪宗神化，连选取宰相，都要在宪宗的牌位前祷告。通过此番操作，向朝野宣示自己的皇帝身份是直接继统于唐宪宗，具有十足的正统性。

另一方面，他极力想把自唐穆宗以下四朝定性为"伪朝"，从而给自己一个"拨乱反正"的定位。尽管二十多年前唐宪宗的死并无定论，但唐宣宗"咬定"，郭太后和唐穆宗母子两人参与了谋逆和弑杀君父的行动。唐宣宗上位后，对此案株连甚众，大中二年（848年）五月，郭太后在兴庆宫不明不白地死去，史书说"太后暴崩，上（指唐宣宗）志也"。意思是，郭太后的死，是有人按照唐宣宗的意思做的。

在唐宣宗看来，唐穆宗既然是弑杀君父上位的，那么他和他的三个儿子的统治自然就不具备合法性。唐宣宗因此指使手下人，将穆、敬、文、武四朝定性为"伪朝"，一度要把这四个皇帝赶出太庙。但因为这个认定波及面太大了，这对朝臣、对社会的冲击太大了，所以，唐宣宗对于穆宗是逆党、四帝是伪朝的定性，最终未能获得群臣的支持，只能不了了之。

在此情况下，唐宣宗通过尽反唐武宗之政的做法，向朝野宣告，要把穆宗以来的"伪政"通通恢复过来。这样，他就可以将自己摆到对李唐王朝具有"拨乱反正"之功的位置上。

但是，问题出现了。

如果唐宣宗反的是穆宗、敬宗或文宗朝的人事和政策，那或许是好事，因为这几朝均无大作为，反着干，兴许可以干出一番大事业。偏偏唐宣宗接任的武宗朝，在权相李德裕的支持下，政治上多有改制和作为，取得了不俗的政绩，现在，他为了反对而反对，出于树立正统性而反对，结果，只能在政治和经济上开起了倒车。

以司马光为首的传统史家，对唐宣宗统治的大中时期多有溢美之词，美其名曰"大中之治"，但实际上，从他继位后急于证明自身正统性的行为开始，已经注定了其统治时期在政治、经济诸方面都是一次大倒退。

4

晚唐的三大政治问题——藩镇割据、宦官专权与朋党之争，唐宣宗一个也未能解决。

即位伊始，唐宣宗罢免李党党魁李德裕后，牛僧孺、李宗闵、杨嗣复等牛党要人，同日被调回朝廷。李党陡然失势，牛党全面复辟。

一般来说，李党属于改革派，力主强化中央集权，颇有进取之心；而牛党属于保守派，因循苟安，碌碌无为。唐朝晚期，江河日下，任何一个企图励精图治的皇帝，都不可能对李党人物尽数贬斥。但是，"小太宗"的唐宣宗，却不分皂白地将李党人物悉数放逐，连李德裕也被一贬再贬，最后死在了海南。

唐宣宗用人，除了喜用牛党人物，还喜用宪宗朝名臣子弟。

一次，他找宰相白敏中谈话，说当年自己的父亲唐宪宗出殡，道遇大雨，百官都去避雨了，只有一个山陵使还护着灵驾不肯离去，这个山陵使是谁？白敏中答，令狐楚。唐宣宗问，他有儿子吗？白敏中答，长子令狐绪现为随州刺史。唐宣宗问，可以当宰相吗？白敏中答，令狐绪从小有风痹病，不过令狐楚的次子令狐绹做过湖州刺史，"有才器"。唐宣宗听完，立即给令狐绹升官。三年后，令狐绹被任命为宰相，一干就是十年，成为宣宗朝任期最长的宰相。

仅仅凭借其父在唐宪宗葬礼上的表现，就被定为未来的宰相人选，真是不可思议。但对唐宣宗来说，这很正常，终宣宗一朝，名臣子孙是他最喜欢用的一类人。除了令狐楚之子令狐绹，白居易堂弟白敏中、裴度之子裴谂、杜黄裳之子杜胜、牛僧孺之子牛丛都得到重用。

史书说："上（指唐宣宗）追感元和（唐宪宗年号）旧事，但闻是宪宗朝卿相子孙，必加擢用。"

唐宣宗以为通过这种用人方式，可以缔造名相名臣，但这些名相名臣后人，大部分庸碌无为，导致宣宗朝出现文无贤相、武无良将的局面。

史学家岑仲勉在《隋唐史》中说，唐宣宗贬谪李德裕是"徒快私愤，自坏（坏）长城，即此一端，已觇器小。所用宰相如白敏中、令狐绹辈，皆阘茸无能。虽察察为明，遇事节俭，只合作盛世守成之主，迥非挽回危局之材"。

由于用人重出身不重能力，藩镇、宦官这两大拖垮大唐的痼疾，在唐宣宗朝也根本无法解决。

唐宣宗曾与翰林学士韦澳讨论如何对付宦官，韦澳提不出什么好的建议，只好建议用"以宦官制宦官"的老办法。唐宣宗很无奈，说这是下策，恐怕难以奏效。后来，他又和宰相令狐绹议论如何诛杀宦官，但令狐绹没什么魄力，又怕惹火上身，于是主张慢慢来——"但有罪勿舍，有阙勿补,自然渐耗,至于尽矣"。不幸的是,令狐绹的密奏被宦官看到,导致宦官和朝臣的关系势同水火。

唐宣宗死后,宦官发动政变、改诏重立继承人的历史,再次发生。

5

晚唐的主要矛盾悬而未决,它们的集体爆发就只是时间问题。在这个大背景下,唐宣宗的历史名声多少显得名不副实。

说起来,唐宣宗在官方正史中口碑不错,主要依靠他"制造"的那些善于纳谏、体察民情、训斥公主等佳话。

唐宣宗喜欢微服出行,采访民情。他曾在打猎途中遇到几个樵夫,樵夫们说是泾阳县百姓。宣宗就问,你们县令是谁?答,李行言。宣宗又问,这个县令为政如何?樵夫答,这个人有性格,曾抓获几个强盗,宦官主管的神策军前来要人,他坚决不给,还全部杖杀了。回宫后,宣宗把李行言的名字写在帖子上,粘在殿柱上。两年后,李行言被提拔为海州刺史。面谢时,宣宗问他:你曾做过泾阳县令吧?李行言答,在泾阳两年。宣宗说,赐金紫衣。李行言不知为何能受此特恩,宣宗命人从殿柱上取下名帖给他看,并说明了缘由。

这样的故事,在正史中多有记载,说明宣宗确实对体察基层官声"很有一套"。然而,对于朝廷中枢官员的选拔,他却通过祷告宪宗或抓阄的形式来决定。相形之下,对基层官员如此注重细枝末节,就给人一种小事谨慎、大事乱来的感觉。难怪北宋史家范祖禹评价唐宣宗,说他只是有"县令之才"罢了。言下之意,唐宣宗不具备治国之才。

但唐宣宗本人肯定不会承认这一点。他在位期间,处处模仿唐太宗李世民,想把自己治下的国家打造成另一个贞观之治。正是这些模仿之举,使他赢得"小太宗"的美名。

唐宣宗曾让宰相令狐绹读李世民亲撰的《金镜》。读到"至乱未尝不任不肖，至治未尝不任忠贤"时，他示意令狐绹停一下，说："凡求致太平，当以此言为首。"坦白说，这样的认识很到位，可是他并没有照着去做。其实唐宣宗在重要官员的任免上是相当草率的。

唐宣宗对魏征五世孙魏谟的使用，从内心而言，也是对贞观之治的模仿。他认为，有了名相子孙的点缀，自己就能取得先辈那样显赫的功绩。就像魏谟对他说的："我看陛下如同唐太宗，希望陛下看我如同褚遂良。"只是，王朝末期，君臣对于朝局治理毫无大建树，没有唐太宗朝的历史功绩打底，仅有邯郸学步式的历史佳话作为比附，终究不过是一处空中楼阁罢了。

当然，唐宣宗最终能获得"小太宗"之名，除了简单机械的模仿和制造佳话之外，主要还得益于运气好。如河湟地区的回归，常被当作唐宣宗治下的一大武功。

"安史之乱"后，朝廷抽调西北兵平叛，遂使边州无备，吐蕃趁机侵占河西、陇右地区。从乾元元年（758年）起，廓州、凉州、兰州、瓜州、沙州等地相继陷落，唐朝失去对这些区域的控制。一直以来，唐朝都想收回这些地方，但苦于自身无力，内顾不暇，而吐蕃势力又比较强盛，只能任凭这些地方沦陷百年。

唐武宗会昌四年（844年）春，朝廷得知回鹘衰微，吐蕃内乱，于是召集群臣，商议如何收复河、湟四镇十八州，但没有具体实施。唐宣宗继位后，抓准时机，推行武力收复河、湟政策。与此同时，沙州大族张议潮在大中二年（848年）发动起义，誓与吐蕃决一死战，先后收复沙、瓜、伊、肃、鄯、甘、河、西、兰、岷、廓等十一州。大中五年（851年），张议潮派其兄入长安告捷，并献上沙、瓜等十一州图籍，宣布效忠唐朝。当年冬天，唐朝在沙州设立归义军，统领沙、瓜十一州，授张议潮为归义军节度使。时隔将近百年，河湟地区终于重归唐朝版图。

从这个过程不难看出，唐宣宗时期实现河湟复归，主要靠的是两个外部条件：一是吐蕃内乱，无力控制河湟；二是以张议潮为首的当地义民起义，并主动归附唐朝。

6

唐宣宗上位后，为了驾驭各个统治集团，他在宰相、宦官、翰林学士各集团内部及之间实行平衡术、监察术，使得各集团互相牵制，最后集皇权于一身。王夫之说，唐宣宗善用申、韩之术。

终宣宗一朝十三年，没有出现武宗朝李德裕那样的权相。做了十年宰相的令狐绹，堪称宣宗朝第一号人物，但在宣宗面前也不得半点秉权用事。令狐绹晚年常对人说，自己虽然十年持政柄，但每次奏对，即便是严冬腊月，仍然汗流浃背。

宰相无实权，根源则在于唐宣宗的权力欲太强。

不管对谁，唐宣宗至死不肯放权。大中十年（856年）正月，宰相裴休请宣宗早立皇储，宣宗大怒说："若建太子，则朕遂为闲人。"周墀升任宰相后，曾向韦澳讨教，如何把宰相做好。韦澳对他说："愿相公无权。"

宣宗一朝，藩镇军乱此起彼伏，幽州、徐州、河东、容州、岭南、湖南、江西等地，先后发生军变。农民暴动也时有发生，蓬州、衡州、浙东等地都有起义发生。这些军乱和暴动，虽然都被平定下去，但也说明全国的局势相当糟糕。在"大中之治"的掩盖下，整个国家实际上千疮百孔。

《新唐书》说，"唐亡，诸盗皆生于大中之朝，太宗之遗德余泽去民也久矣，而贤臣斥死，庸懦在位，厚赋深刑，天下愁苦"，对唐宣宗的统治给予了隐晦而深刻的批判。

王夫之也说，宣宗朝被美化为"大中之治"，宣宗被吹捧为"小太宗"，其实，"自知治者观之，则皆亡国之符也"。"一寇初起，剪灭之，一寇踵起，又剪灭之，至再至三而不可胜灭，乱人转徙于四方，消归无地，虽微懿宗之淫昏，天下波摇而必不能定……至是而唐立国之元气已尽，人垂死而六脉齐张，此其候矣。"意思是，传统认为唐朝亡于宣宗的继承人唐懿宗，实际上，唐亡的病症在唐宣宗时已经埋下了，只是在等待病发而已。

唐宣宗一朝，恰是大唐的"回光返照"。

大中十三年（859年）八月，唐宣宗因服长生药中毒驾崩。临死前，他颁布了最后一道圣旨，将夔王李滋托付给了枢密使王归长、马公儒和宣徽南院使王居方，让这三个宦官拥立其为皇帝。但很快，担任左神策护军中尉的宦官王宗实，依靠手中掌握的宫廷禁军，率军迎接郓王李温，拥立其为皇帝，是为唐懿宗。之后王宗实又以伪造圣旨的罪名，将王归长、马公儒、王居方三人处死。

一次宦官政变，把昏淫无道的唐懿宗推上前台。大唐，时日无多矣。

而追究这场政变，根源还是在于唐宣宗的权力欲，因为权力欲太强，迟迟不肯立太子，导致驾崩后宦官握权，翻手就是一场宫廷政变。

朱瞻基：给明朝埋了一颗雷

大明皇帝朱高炽病重，快不行了。一个太监奉命离开北京，全速奔赴南京，去把皇太子朱瞻基召回来。

这一天是洪熙元年（1425年）五月二十八日。

仅仅一天后，离京的太监还要七八天才能到南京，但朱高炽已经驾崩了。

事态紧急，朝中大臣夏原吉等人决定秘不发丧。

数日后，得到回北京诏令的朱瞻基，已能明显感觉到南京城中流言四起。他的属下劝他，带护送兵马回北京，以防万一。

27岁的朱瞻基却说不必。他说："我刚到南京，就要立即返回北京，谁能料得到？君父在上，天下归心，谁敢有二心？父皇召我回北京，我又怎能拖延？"

然而，能料到和有二心的人，当时还活在世界上——他是朱瞻基的叔父、汉王朱高煦。

所幸朱瞻基行动迅速，朱高煦在山东派人伏击皇太子的计划才宣告落空，史书说，"高煦谋伏兵邀于道，仓卒不果"。

六月，朱瞻基顺利抵达北京附近的良乡。夏原吉等人这才公开宣布了洪熙皇帝朱高炽的死讯，此时距离朱高炽驾崩的日子，已经过去了二十天。

同一天，朱瞻基进入北京城。

六月二十七日，在朱高炽死了一个月后，朱瞻基正式登极继位，是为宣德皇帝。

一场皇位继承危机，总算暂时得到了缓解。

1

但朝廷内外，熟悉汉王朱高煦为人的人，都知道他绝不会就此罢手。

朱高煦是明成祖朱棣的次子，性凶悍，善骑射。早年跟着朱棣起兵靖难，屡立战功，几次帮助朱棣转危为安。朱棣也认为，朱高煦"类己"，曾经流露出将他立为皇位继承人的意向。仗着军功和父皇的宠爱，朱高煦颇为骄恣，常常把自己比作唐太宗："我英武，岂不类秦王世民乎？"

相比之下，朱棣的长子朱高炽痴肥，为人仁厚，并不太受朱棣待见。朱棣传达出来的暧昧态度，助长了朱高煦夺嫡的念头，使他加快了夺嫡的步伐。朝臣们由此分成两派，朱棣也十分矛盾。

有一次，朱棣就接班人问题征求大才子解缙等人的意见。解缙说："皇长子仁孝，天下归心。"朱棣不说话，解缙又补充了一句说，"好皇孙。"这句话终于打动了朱棣，因为朱棣一直很喜欢朱高炽的长子朱瞻基。

史书记载，朱瞻基出生时，皮肤燥裂，像条烤鱼一样。尽管长相不讨喜，但祖父朱棣却很喜欢他。据说，建文元年（1399年），朱瞻基出生前夕，朱棣恰好做了一个梦，梦到朱元璋把象征皇权的大圭送给了朱棣，并对朱棣说："传之子孙，永世其昌。"梦醒后，就传来了朱瞻基降生的消息，朱棣若有所悟。可能是这个祥瑞之梦，进一步刺激了朱棣夺取侄子朱允炆的江山的欲望。

朱瞻基满月时，朱棣第一次见到这个长孙，说这个孙子"英气溢面"，跟自己的梦境完全相符。自此，朱瞻基就离开父母，由祖父母抚养，着意栽培。

在明成祖朱棣的调教下，朱瞻基能文能武，颇具人君气象。朱瞻基15岁时，朱棣命他对对子，上联曰："万方玉帛风云会。"朱瞻基不假思索，跪下叩头，说："一统山河日月明。"朱棣大喜。这种格局，确实是大明未来帝王的最佳人选。

永乐年间，朱棣多次北征，每次出征，要么令朱瞻基随行，让他历练成长；要么命他留守，培养处理政务的能力。朱棣在立朱高炽为太子的情况下，立朱瞻基为皇太孙，一方面表达他对朱瞻基的喜爱，另一方面是通过皇太孙对在南京监国的太子形成牵制。

不过，朱瞻基自小深知父亲朱高炽处在极度危险的政治环境中，因而一直极力维护父亲的形象，并不想成为打压自己父亲的一颗棋子。

对于那个野心勃勃想取代太子之位的叔父朱高煦，朱瞻基很早就跟他"杠"上了。从某种意义上说，正是因为朱瞻基的存在，才使得朱高煦离皇位继承人的身份越来越远。一次，朱棣命三个儿子朱高炽、朱高煦、朱高燧与长孙朱瞻基一同拜谒孝陵。朱高炽因体胖，又是瘸子而失足跌倒，朱高煦随即在他身后挖苦道："前人失跌，后人知警。"朱瞻基听到后，立即回击："更有后人知警也。"朱高煦回头，看着这个侄子，语塞不敢接茬。

朱棣在位后期，为了防止儿子间流血权斗，对一向骄横的朱高煦进行制裁，从永乐十五年（1417年）起将他封到山东乐安，并削弱了他的护卫力量。这样，在永乐二十二年（1424年）朱棣驾崩后，朱高炽才能在朝中重臣的辅佐下顺利继位。

二 功过谁论？守业更比创业难

然而，明仁宗朱高炽继位不到十个月就病重去世，此时大明帝国的局面在虎视眈眈的朱高煦眼里，多么像当年朱棣面对侄子皇帝朱允炆的情况。朱高煦想让靖难之役的历史重演，而他的侄子朱瞻基，也想证明自己不是朱允炆。

在派兵埋伏击杀朱瞻基未果，而朱瞻基顺利登上帝位之后，朱高煦加紧谋划发动属于他的"靖难之役"。由于手中的兵力有限，他甚至砸开州县监狱大门，放出里面的死囚，给这些人优待，训练他们习武打仗。同时，他还招募无赖子弟和社会流氓编入军队。可以说，为了发动夺位战争，他无所不用其极。

而朱瞻基则表现得像他死去的父亲一样柔弱，对朱高煦有求必应。朱高煦为了试探新天子的分量，不断提出一些过分要求，没想到朱瞻基均一一予以满足。这让朱高煦更加肆意妄为，以为这个侄子并没有那么聪明和可怕。事实上，朱瞻基按兵不动，是想让朱高煦自我暴露，自我作死，从而争取道义和舆论的支持。

宣德元年（1426年）八月，按捺不住的朱高煦终于起兵反叛了。

明宣宗朱瞻基本想令武将率兵征讨，但"内阁三杨"之一的杨荣提醒他说，朱高煦已经料到他刚继位，是不可能御驾亲征的，"今出不意，以天威临之，事无不济"。另一名重臣夏原吉也以靖难之役中南军主帅李景隆最终叛投朱棣的往事，劝告朱瞻基一定要亲征，否则，征讨军主帅一旦被朱高煦搞定，就真的要重演靖难故事了。

朱瞻基因此下定决心，御驾亲征，在声势上一下子就压倒了叛军。之前跟朱高煦一起约定起兵的几路兵马，都不敢轻举妄动。朱瞻基的军队将乐安围得水泄不通，部将请求攻城，朱瞻基不许，只是在城外放炮，震慑叛军。很快，叛军士气瓦解，朱高煦在强大的压力下出城投降。

朱瞻基兵不血刃，平定了朱高煦之乱，消除了一场潜在的"靖难之役",巩固了他作为新天子的权威。

朱瞻基不想落得个杀叔父的骂名,最终只是褫夺了朱高煦的爵位。一些野史记载,三年后,宣德四年(1429年),朱瞻基去查看这个跋扈惯了的叔叔的现状。没想到,朱高煦突然伸出一脚,将朱瞻基钩倒在地,然后仰天哈哈大笑。朱瞻基怒不可遏,当场命护卫用一口重三百斤的大铜缸将朱高煦罩住。但朱高煦力气很大,顶缸而起。朱瞻基遂下令在铜缸周围堆起木柴,点火烤炙,朱高煦被活活烤死。

2

在平定朱高煦之乱后,明朝的藩王纷纷向明宣宗朱瞻基交出兵权。权力巩固了的朱瞻基,才能以其他形象被历史铭记。

朱瞻基和他父亲明仁宗统治下的明朝,在史书中被称为"仁宣之治"。史书对朱瞻基的评价都很高,可谓好评如潮。比如《明史》是这样评价他的:"(朱瞻基)即位以后,吏称其职,政得其平,纲纪修明,仓庾充羡,闾阎乐业,岁不能灾。盖明兴至是历年六十,民气渐舒,蒸然有治平之象矣。若乃强藩猝起,旋即削平,扫荡边尘,狡寇震慑,帝之英姿睿略,庶几克绳祖武者欤。"

由于明仁宗朱高炽在位时间很短,还不到十个月,所以通常认为"仁宣之治"是明宣宗朱瞻基的功劳。但实际上,朱高炽在几个月之内,已经改变了永乐朝的许多政策导向。要知道,朱棣前半生为了得到皇位而战,后半生则为了皇位的正统性和合法性而战,所以发起了许多大工程,比如迁都北京、出兵安南、五次亲征漠北、派郑和下西洋等等。这些政策都具有扩张性帝国的特征,但又极其消耗民力和帝国力量。朱高炽继位后,几乎尽反朱棣的扩张政策,转而从恤民、收缩、守成的角度,去重新调整帝国的统治政策。

二　功过谁论？守业更比创业难

对于朱瞻基而言，一方面他的教养和统治能力全部来自祖父朱棣，另一方面他又在父亲朱高炽的短暂统治后继位，当他登上帝位的那一天，他已经意识到自己面临着两条道路的选择：到底是继承祖父的扩张路线，还是父亲的收缩路线？

这个选择，对于明朝的走向至关重要。

任何朝代，扩张或收缩政策都应该有一个度。不顾国力，一味扩张，穷兵黩武，或者用大工程压垮民力，结局可能会像秦、隋两朝一样短命。明朝仁、宣两个皇帝，能够把父祖的江山延续下去，很大程度上是他们掌握了国力承受的这个度。

不可否认，朱棣在位期间的扩张国策，具有积极意义，但国力消耗也是空前的。尤其是几大工程并举，使永乐朝后期的明朝处于严重的国力超负荷状态。不仅如此，朱棣为政酷虐，曾大肆诛杀建文朝遗臣，后来又借故大肆屠杀太子的官属，使朝中笼罩着一种血腥的恐怖氛围。

朱高炽、朱瞻基父子在位期间，结束了恐怖政治，代之以仁政统治，稳定并收复了民心，使明朝迎来发展的黄金时期。史家把这一时期比作西汉的文景之治。

但是，开拓难，守成也难。朱瞻基最终选择了继承父亲的政治道路，实际上也背负着巨大的道德和舆论压力。

永乐四年（1406年）十月，因为安南内乱，朱棣命令出兵，用八个月的时间占领了安南，随后设立交趾郡，把安南完全纳入明朝版图。但安南并未因此安宁，各种抗明复国的武装起义此起彼伏，使明朝在当地投入了巨大的人力和财力。朱高炽继位后，开始通过一些柔性的安抚措施，企图缓和安南人的反明情绪，稳定地区秩序。安南起义头领黎利，在与明军的对抗与周旋中逐步坐大。朱瞻基继位后，得知前线明军多次溃败，立即签署了对安南采取强硬措施的诏令。

但，就在签署命令的第二天，朱瞻基秘密召集内阁大学士杨士奇、杨荣共商安南局势。在正式谈话前，朱瞻基特别叮嘱他们："今天的谈话，朕只与你二人说，你们千万不能泄露出去。"

朱瞻基说，他想继承父亲的遗志，让安南成为附属国即可，三年一贡如洪武朝之制，这样，中国亦省兵戎之劳。但是，真这样做了，论者不免谓自己"委弃祖宗之业"。

说完了，朱瞻基再次叮嘱二人，勿泄密。

后来，朱瞻基在任命王通为总兵官率军大征安南的同时，将"通气会"的范围进一步扩大为蹇义、夏原吉、杨士奇、杨荣四人。朱瞻基再次表达了"使（安南）自为一国，岁奉常贡，以全一方民命"的意愿。原先"通过气"的杨士奇、杨荣，此时支持朱瞻基，称他的决定"不失为圣君"，说汉唐以来每次征服安南，都得不偿失，明朝不应再陷入这个泥淖里了。但原先没通过气的蹇义、夏原吉则表示反对，他们说现在安南只是小丑作孽而已，一旦放弃了，不仅有损明朝威望，更重要的是成祖以来二十年的付出就都白费了啊。

这次谈话，朱瞻基没有收到预期的结果。

这正是朱瞻基所担心的，皇帝的任何重大决策，如果不能得到朝中重臣的一致支持，强制推行，肯定要背负千古骂名。明朝的皇帝看似权力很大，但除了朱元璋和朱棣两代雄主，其他皇帝其实都活在制度的牢笼里。他们可以按自己的意志行事，却不得不随时斟酌和衡量任性带来的后果。哪怕是在废皇后这件事上，朱瞻基都要五六次与内阁重臣沟通、寻求支持，在得到他们的一致同意后，才敢以胡皇后多病无子为由，改立孙氏为皇后，更何况，现在讨论的是领土问题。朱瞻基内心承受的压力，肯定很大。

事态的发展，最终却以一种出乎意料的形式解决。朱瞻基想以一种体面的形式放弃安南，因此不断派兵进入安南，想靠碾压性的胜利来撑起国家的颜面。但是，他先后派出王通、柳升、沐晟三个兵团，都被安南军队各个击破。最后，是在明军战败的情况下，与安南议和，被动承认了安南的独立地位。

但不管怎么说，明朝的敌人是在北方，不是南方。朱瞻基没有继续在安南战场投入人力和财力，适时放弃安南是正确的选择。他的统治政策基本都是其父朱高炽制度的延续，但有一条，他是反对的——他放弃了父亲将都城迁回南京的计划，而是继续祖父的决定，把都城定在北京。他清楚地知道国家的敌人在哪个方向。

有一种说法是，朱瞻基选择继续以北京为都城，是为了满足个人对于边事的着迷。受祖父影响，他喜欢巡边，边境上偶尔的捷报，都能使他陶醉。这是明朝皇帝重视但又轻视北方敌人的开始。朱瞻基的这个特性，很不幸地遗传给了他的儿子明英宗朱祁镇，清初史学家谈迁说，1449年的土木堡之变，原因正在于此。

3

1449年那场差点让明朝国祚定格在八十一年的土木堡之变，背后其实潜藏着一个制度性肇因。而这项制度，正是朱瞻基在位时期确定下来的。

在明朝的皇帝里面，朱瞻基是一个比较懂得自省的人。国家某地丰收了，臣僚吹捧皇帝圣心感动上天，"圣心所欲，天必纵之"。朱瞻基受不了这种吹捧，他会反问说："如果上天真的任我所为，国家其他地方怎么会有水旱之灾呢？还是我们的善政做得不够啊，我等君臣应该更加努力才是。"

朱瞻基也并非完美帝王，他有他的毛病。在官方史书之外，他是一个世人皆知的"蛐蛐皇帝",喜欢斗蟋蟀,并且让这种爱好变成政治任务,引发了不少人间惨剧。

他有着艺术天赋。写诗、作画、器物,样样精通。他是明朝宫廷培养出来的第一代艺术家皇帝,反过来,他也塑造了明朝宫廷的文化,一种倾向于奢靡和华丽的宫廷风。

到后来,朱瞻基同样会毫无顾忌地沉溺于各种艺术和玩好之中。

要知道,明朝在太祖朱元璋时期已经废除了丞相,名义上由皇帝和负责具体政务的六部进行权力沟通。但是,连一门心思钻研做皇帝的朱元璋和朱棣,都难以胜任繁重的日常管理事务,更不要说要时常分身出来做"艺术家"放纵一把的朱瞻基了。

权力真空最终由内阁进行了填补。但内阁中人并非只愿做皇帝的传达机器,他们既要遵奉皇帝的旨意,也要服从儒家的规训,以儒家理念和祖宗之法来检验皇权的行使是否得当,如有不当,内阁也会与皇帝产生矛盾。这就是皇帝不敢也不能肆意妄为的制度性因素。

朱瞻基是个"聪明人"。为了更大程度地体现皇权,避免内阁的过度制约,他在皇权—内阁的体制中,引入了司礼监联合辅政的制度,即由内阁通过"票拟"来提出对各种奏章的处理意见,再由皇帝决策批行(即"批红"),同时授权司礼监秉笔太监代表皇帝,来签批内阁的拟票。

在这种体制下,"内阁之拟票,不得不决于内监之批红",内阁受到了代表皇权的司礼监的控制,皇帝及其家奴——宦官的权力进一步扩大和加强了。那些懒于朝政、耽于游乐的皇帝,可以放心地任用家奴来控制内阁,进而控制政局。

为了让太监家奴更好地为皇权服务,朱瞻基开始调任高级文官,教太监们读书识字。

但是,任何制度都不可能十全十美。朱瞻基是从繁重的政务中解脱出来了，可以做一个潇洒风流而又大权在握的皇帝了，同时，宦官的祸害也开始彰显了。

从中央到地方，从军事到民政，朱瞻基在位时期，宦官介入政务的程度大大加深，给社会造成了很大的危害。宣德时期，几乎所有的边镇都设有镇守太监，这些太监往往自恃是天子身边的人，凌驾于总兵官之上，干扰军政，为所欲为。朱瞻基还将最精锐的火器铳炮部队交由宦官控制，掌握军政的宦官，已有能力同各地将领相抗衡。可见，在这一时期，宦官已经取得了一部分军权。

在中国历史上，明朝与东汉、唐朝是宦官之祸最严重的三个朝代。清初，一些人反思明亡的原因，指出"明不亡于流寇，而亡于厂卫（宦官）"。而朱瞻基正是让宦官势力强势崛起的那个关键人。

宣德十年（1435 年），36 岁的朱瞻基逝世。朱瞻基的母亲张太后暂时成为朝中的核心人物，但宦官王振凭借他在宣德朝的宠遇，制度上的优势，以及与小皇帝明英宗朱祁镇的特殊关系，很快就击败了内阁三杨和老太后，开始垄断朝政，最终引导年轻的皇帝冒险与北虏交战，酿成了 1449 年的土木堡之变——连皇帝都被蒙古人掳走了。

史学家认为，是王振的专权和明英宗的无能导致了土木堡之变，但在当时的情况下，朱瞻基时期那些能干的老臣和经过调整完善的制度，却无力阻止这一惨败的发生。从这个意义上讲，土木堡之变是宣德时期政治隐患的总爆发，是内阁—司礼监牵制制度的悲剧，也是朱瞻基个人遗留下来的悲剧。

尽管朱瞻基没有亲眼看到这悲剧性的一幕，但是，这么有才华的一个皇帝，在开创了仁宣之治之后，是否有想过大明王朝就会迅速迎来中衰的局面呢？

而盛世的不可持续，也会让盛世本身大打折扣。

中国最后的"和尚"皇帝：心比天高，奈何难敌命运

在挚爱的董鄂妃去世后，决定剃发为僧前，顺治皇帝爱新觉罗·福临向禅僧问道："上古以来，只有如来佛祖舍弃王位而成正果，达摩祖师也是舍弃王子的宝位而成禅宗始祖，朕想效仿他们，你觉得怎么样？"

临死前四个月，顺治又向禅师玉林通琇说："朕常于佛前发愿：早生净土，回入娑婆，正因出家，早明心地，为（佛教）临济正宗，始满朕愿。"对此，玉林通琇回答说："皇上不妨以帝王之身，行菩萨修行之事。又何必拘束于一瓢一衲、穷岩枯壑、出家为僧的修行呢？"顺治很怅然，只能回答说："和尚所言极当，恐朕未能如此！"

再后来，越接近生命的终点，顺治对于皈依表现得越是虔诚："朕实不幸，堕帝王家，今期速脱，愿似师兄，振兴临济（宗）祖道，足够了！"

后来，禅师玉林通琇的弟子茆溪行森私下为顺治皇帝剃发，并奉顺治帝遗诏为顺治举行了火化仪式。在回忆这些皇家往事时，康熙十六年（1677年），行森在临死前留下的佛偈中说："今朝收拾去了，妙妙。人人道你大清国里度天子，金銮殿上说禅道。呵呵，总是一场好笑。"

生亦何哀，死亦何苦。即使贵为君王，生命也不过只是一场人生往事。

1

6岁那年,福临迎来了生命的转折点。

这是明朝灭亡的前一年,明崇祯十六年(1643年)。八月初九,白天还在处理政务的52岁的皇太极,夜里猝死了。由于生前没有留下任何遗言,也没有交代由谁继位,这随即在清廷内部引发了一系列混乱。

当时,围绕清廷皇位的继承,皇太极的长子、时年35岁的豪格与皇太极的弟弟、时年32岁的多尔衮展开了激烈争夺,最终双方在剑拔弩张中各自妥协,改而推举皇太极的第九子、当时年仅6岁的福临继承皇位,以方便各方均衡皇权。而在权力争夺中,郑亲王济尔哈朗和睿亲王多尔衮则成为摄政王。

懵懵懂懂中,6岁的福临果真福临,在权力旋涡中意外登上皇位,随后清廷定第二年年号为顺治,福临是为顺治皇帝。

然而,此后回忆身世,顺治帝却说:"朕实在不幸,出生在帝王家。"亿万人艳羡的九五至尊,却痛苦于自己出身帝王家,顺治不是第一个,也不是最后一个。

6岁的福临继承皇位,在清代史上开启了幼童继承皇位的先例。此后,8岁的康熙、6岁的同治、5岁的光绪和3岁的宣统也先后继承皇位,在清廷入关后的十位皇帝中幼童继位的就占了一半。由于幼童继位,这也使得皇权的实际控制者"摄政王"得以名正言顺存在,而从入关后的首位摄政王多尔衮算起,到清朝末代皇帝溥仪的生父、摄政王载沣为止,清朝最终也"以摄政始,以摄政终"。

顺治帝登基的第二年,中原大地风云突变。明崇祯十七年,即清顺治元年(1644年)三月十九日,李自成农民军攻破北京,崇祯皇帝上吊自尽,建立二百七十六年的明朝灭亡。

四月初九日，摄政王多尔衮统率清兵进军关内，并击败李自成，在五月初二进驻北京，短短两个多月，中华大地风云变幻。

多尔衮在统兵入关后，逐步排挤了共同摄政的郑亲王济尔哈朗，开始独掌大权，随后又诬陷逼死最大的政治对手、皇太极的长子豪格，并在豪格死后强行霸占豪格的妻子为王妃。经过几年谋划，多尔衮最终独揽皇权，成为清廷里名副其实的摄政王。

2

对于多尔衮，童年早熟的顺治帝懂得"隐忍"二字的力量。

在父亲努尔哈赤和皇兄皇太极去世后，多尔衮无疑是清廷问鼎中原的最大功臣。挥兵进入北京后，多尔衮又继续追击李自成等农民军和南明的抵抗势力，俨然成为大清国里真正的君主。为了自己办公方便，多尔衮甚至将顺治皇帝的印玺全部搬到自己的王府里发号施令。

对于多尔衮，王公大臣们甚至要"列班跪送"。多尔衮自己"所用仪仗、音乐及卫从之人，俱僭拟至尊"，以皇帝的排场仪仗显赫出入，并将自己的命令直接称为"下旨"。

多尔衮自封为"皇叔父摄政王"，后来又自封为"皇父摄政王"。当时住在紫禁城的西方传教士回忆说："上上下下都怕他，据说就是达官显贵往往也不能直接同他说话，要趁他外出守候在路旁，借便谒见。""满洲诸臣皆跪"，"大权在握，关内关外咸知有摄政王一人"。

对于多尔衮，清廷"臣工或尊之为'上'，与皇帝无别；若摄政王有言，则称'王上曰'；凡有赏赐则曰'钦赐出自圣恩'"。

不仅如此，在清宫诡秘的往事中，一直有"太后下嫁"多尔衮的秘闻。尽管没有证据坐实这一传闻，但孝庄皇太后在明亡清兴的鼎革之际，与多尔衮暧昧不清的关系，也成为顺治帝一生挥之不去的心头之痛。

他无法理解母亲对他苦心孤诣的保护，更需要暗中隐忍骄横跋扈的摄政王多尔衮。对于一位骤登帝位的儿童来说，心中的这份痛苦无法溢于言表。于是，他只有将痛苦发泄在别人身上。

后来，年幼却善于隐忍的顺治回忆说："睿王（多尔衮）摄政，朕只有拱手让政做下祭祀而已，当时天下国家之事，朕事先往往不知道，事后也没有人向朕详细禀告。"

一个6岁登基的孩童，从此永远告别了正常人的生活，被困锁于皇宫内院之中，终生执守着帝王的繁文缛节。这让原本活泼好动的顺治帝逐渐变得暴躁不安。尽管与母亲孝庄皇太后住得仅有几墙之隔，但在从6岁多即位到14岁亲政的七年多时间里，顺治每隔几个月才被允许与母亲见上一面，这对于处在童年的顺治帝来说，是一种心灵的巨大伤害。由于缺少父爱和母爱，顺治从小就和自己的乳母李氏生活在一起，也因此，顺治将"竭尽心力、多方保护诱掖"的乳母视为亲生母亲，感情十分深厚，与自己的亲生母亲反而有着感情隔阂。

对于母亲"下嫁"的苦衷，年少的顺治无法理解，而对于骄横跋扈的多尔衮，顺治又不敢在他面前表现怨气，于是只好经常将怒火发泄到身边的侍卫身上。禅僧木陈道忞在顺治十六年（1659年）入宫时，还经常见到顺治帝"不时鞭扑左右"，可见由于童年的压抑造成的性格暴躁，是顺治多年难改的毛病。

在这种童年早熟的漫长隐忍中，顺治逐渐形成了孤僻古怪、"火烈急暴"的性格。对此，因为帮顺治的母亲治好了病而被顺治尊称为"玛法"（满语"爷爷"的意思）的德意志传教士汤若望回忆说："他心内会忽然间起一种狂妄的计划，而以一种青年人们的固执心肠，坚决施行。如果没有一位警告的人乘时刚强地加以谏止时，一件小小的事情也会激起他的暴怒来，竟致使他的举动如同一位发疯发狂的人一般……一个有这样的权威、这样性格的青年，自然会做出极令人可怕的祸害，因为谁是敢来向这位火烈急暴的青年人加以谏正的？他略一暗示，就足以把进谏者的性命毁灭了。"

3

足以毁灭别人的力量，也足以毁灭自己。

顺治七年（1650年）十一月，多尔衮在狩猎时骑马坠伤。一个月后，年仅39岁的多尔衮死于北京古北口外喀喇城。

当时，年仅13岁的顺治帝表现得极为隐忍，他先是身着缟服，率领王公大臣一直到北京东直门外五里地迎接多尔衮的灵柩，还下诏追尊多尔衮为"懋德修远广业定功安民立政诚敬义皇帝"，庙号成宗，并按照帝王的礼仪为多尔衮发丧，以此稳住多尔衮的心腹和朝中局势。

多尔衮死后一个月，顺治八年（1651年）正月十二日，逐步控制朝中局势的顺治宣布正式亲政。随后，被多尔衮压制多年的政敌纷纷出来翻案，揭发多尔衮的大逆之罪，顺治则借此机会彻底清算多尔衮及其余党。

一直到顺治的曾孙乾隆时期，乾隆皇帝才给多尔衮平反说："定鼎之初，王（多尔衮）实统众入关，肃清京辇，檄定中原，前劳未可尽泯。"但乾隆又特别指出多尔衮生前"摄政有年，威福自专"。尽管如此，乾隆仍然下令为多尔衮平反，复还多尔衮睿亲王的封号，并将其配享太庙，按照亲王的规格修复陵墓。

生命荣衰更替、繁华即逝，但顺治帝来不及感慨。

多尔衮生前，虽然指挥清兵平定中原大部，但由于严令剃发，推行"留头不留发，留发不留头"等高压政策，因此南明和张献忠大西军余部、李自成大顺军余部，以及郑成功的部队仍然在坚持作战。顺治帝亲政后,明朝剩余的抵抗力量先是在桂林击败清军,迫使定南王孔有德自杀,随后又在衡州斩杀清军敬谨亲王尼堪,史称"两蹶名王,天下震动"。

面对反清义军的不屈反抗,14岁开始亲政的顺治也表现出了自己的不凡才干。他先是命令明朝降将洪承畴经略五省,随后攻陷湖广,招降了南明永历政权的秦王孙可望部,又进军云南、攻陷昆明,大抵平定了南明永历帝的抵抗军。

此外,顺治又下令取消了多尔衮此前向直隶、山西、湖广等十几个省加征的土地和人丁银,免除各省加派银二百五十万两,并决定永远不向江南征收橘子,赦免山东临清烧制城砖长途运输的劳役之苦。对于明朝末期由于加派"三饷"导致天下骚乱的事,顺治帝也经常以此为训进行克制。

为了真正平定天下,顺治帝还下令取消从多尔衮摄政时期开始兴起的满人"跑马圈地"运动,并训告满人说:"农民全赖土地为生,圈占田地,就断了他们的生路。"

鉴于明朝宦官乱政的历史教训,顺治帝还禁止宦官干政,规定宦官品级最高不能超过四品,并且禁止宦官结交满、汉官员,为此,他专门下令在紫禁城中竖立铁牌禁止宦官干政,上面写着"特立铁牌,世世遵守"。

清廷进入中原后,日益贪污腐化。对此,顺治帝在亲政的十年间(1651—1661年)严惩贪官污吏,并先后惩处了以漕运总督吴惟华为首的"一总督、八巡抚",使得清廷的吏风大有好转。

经过近十年的治理,这位少年天子以一系列高明手腕清算政敌、巩固权力,对外又大抵平定南方,并且联合蒙古,治理西藏,最终继多尔衮后,成功在中原站稳了脚跟,为后续的康雍乾之治奠定了基础。

而与之对比，南明内部权力纷争，昏聩不堪的福王、唐王、鲁王、桂王政权，以及大西军、大顺军余部则各自争斗不休，以致最终被清军一一击破。

4

在多尔衮执政时期，为了防止顺治帝学习之后变聪明，多尔衮以强调满人"国语骑射"为名，多次禁止顺治帝学习汉文。

多尔衮死后，14岁的顺治帝开始以顽强的毅力攻读汉文典籍，他在每天处理政务之余，持续苦读九年，甚至一度因为读书过度以致吐血。顺治帝回忆说："发奋读书，每晨牌至午，理军国大事外，即读至晚。然顽心尚在，多不能记。逮五更起读，天宇空明，始能背诵。计前后诸书，读了九年，曾经呕血。"

在长年累月的学习下，起先对汉文茫然无知的顺治帝不仅逐渐通晓汉文，而且书法、绘画也日益精进，给后世留下了不少精妙的书画作品。

但在治理江山之外，婚姻始终是顺治帝生命中的大问题。

起初，多尔衮出于满人与蒙古部落世代联姻、抗击汉人的需要，特地为顺治帝订婚，聘娶了出身于蒙古科尔沁部落的博尔济吉特氏。这位博尔济吉特氏，同时也是顺治帝的母亲孝庄皇太后的亲侄女和顺治帝的亲表妹。多尔衮死后两年，出于对多尔衮指配婚姻的憎恶，顺治帝宣布废除博尔济吉特氏的皇后名衔，将她降格为静妃。

为了继续维持与蒙古部落的联盟关系，同时也巩固自己皇太后的位置，顺治帝的母亲孝庄皇太后无奈之下，又为顺治帝续娶了蒙古科尔沁部落的贝勒淖尔济的两个女儿。而淖尔济，正是孝庄皇太后的侄儿。

但顺治帝不仅反感多尔衮，也反感母亲对自己婚姻的干涉。对于母

二　功过谁论？守业更比创业难

亲为自己指定皇后和贵妃的行为，与母亲从小就关系疏远、感情不和的顺治帝选择的是刻意疏远，以致孝庄皇太后的两位侄孙女终生都无法亲近顺治，没有生下一儿半女，守了一辈子活寡。

对另一位女子，顺治帝却爱得死去活来。

当时，清宫中有命妇轮流进宫侍奉后妃的制度，顺治的同父异母弟弟博穆博果尔的妻子董鄂氏也一度奉命进宫。尽管已经拥有十几位妃嫔，顺治帝却被这位弟媳深深吸引。野史传说，"婚外情"的消息传开后，顺治的弟弟博穆博果尔大怒，愤怒地训斥自己的妻子董鄂氏。为了替自己的情人出头，顺治帝则狠狠地扇了弟弟博穆博果尔一个耳光。

顺治十三年（1656年）七月初三，襄亲王博穆博果尔在忧愤中去世。

博穆博果尔死后仅仅一个多月，顺治就迫不及待地宣布将董鄂氏迎娶进宫，并册封为贤妃，不久又晋封为皇贵妃。进宫后第二年的十月，董鄂妃为顺治生了一个皇子，但不幸刚出生三个月就夭折了。

尽管如此，顺治帝还是将董鄂妃视为红粉知己，并将自己另外的皇后、妃嫔统统抛下，专宠董鄂妃一人。可仅仅三年后，年仅22岁的董鄂妃不幸病逝。痴情的顺治帝痛不欲生，当时在皇宫中的汤若望回忆说："（顺治）寻死觅活，不顾一切，人们不得不昼夜看守着他，使他不得自杀。"

5

董鄂妃的去世，也是顺治帝生命倒计时的开始。

董鄂妃去世于顺治十七年（1660年）八月十九日，而顺治帝则在顺治十八年（1661年）正月初七去世，前后相隔仅有四个多月。

佳人的逝世，让顺治帝万念俱灰。

此前，顺治十四年（1657年），20岁的顺治帝第一次在北京城内的海会寺会见了禅僧憨璞聪，此后，他在北京召见了名僧玉林通琇、木陈道忞、茆溪行森等人，并请玉林通琇给他起法名，还特别嘱咐"要用丑些字样"。

玉林通琇进献字样后，顺治自己选了"痴"字，并给自己取法名"行痴"，法号"痴道人"。在和尚们面前，顺治帝甚至自称弟子，或称呼其他僧人为师兄弟。对此，玉林通琇则颂扬顺治是"佛心天子"。

董鄂妃去世后，顺治帝有了剃度出家的想法。有一次，他对僧人木陈道忞说："朕想前身一定是僧人，所以一到佛寺，见僧家窗明几净，就不愿再回宫里。要不是怕皇太后挂念，我就要出家了！"

对于这位6岁就在懵懂中被拥立为帝、长期偏处深宫的青年皇帝来说，他内心的孤独，似乎只有佛法才能慰藉。

董鄂妃去世后，在短短的两个月时间里，顺治先后三十八次到高僧禅舍，相访论禅，彻夜交谈，沉迷于佛的世界。他还命令玉林通琇的弟子茆溪行森为自己净发，要放弃皇位，孑身修行。

与多次舍身入佛的梁武帝和在年轻时被迫当过和尚的明太祖朱元璋相比，顺治帝执着于佛法，其心也最为柔弱动人。

茆溪行森在劝阻无奈之下，只好为顺治帝剃发。孝庄皇太后见势不对，随即召来茆溪行森的师父玉林通琇。当听到弟子茆溪行森竟然为当今皇帝剃发后，为了警戒弟子同时也劝诫顺治帝，玉林通琇立即命人架起柴堆，准备烧死茆溪行森。为了保护茆溪行森，万般无奈的顺治帝只好表示放弃出家，回到皇宫里。

回到皇宫后不久，从小陪伴顺治长大、被顺治视为母亲一般的乳母李氏去世，这也彻底击垮了顺治的最后一根精神支柱。

不久，顺治帝感染了天花。在感知到自己即将不起后，因为思念董鄂妃而骨瘦如柴的顺治帝决定立下遗诏，随后他召来翰林院掌院学士王熙口述遗诏。而临死前，他也给自己下了一道"罪己诏"。

在经历爱子夭折、宠妃死亡、出家不成、乳母病故后，加上天花的侵袭，顺治帝的身体彻底垮了。在"罪己诏"中，他剖析自己的十四大罪过，并指出自己未能孝敬母后，"永违膝下"，又奢靡浪费，"是朕之罪"。

临死前，他最终指定曾经出过天花的皇三子玄烨继承帝位，并且让为自己剃发的茚溪行森来主持自己的火化仪式。

对于自己遗嘱火化，顺治说："祖制火浴，朕今留心禅理，须得秉炬法语。"

在为顺治帝主持火化仪式后，茚溪行森回忆说，他当时在紫禁城后面的景山寿皇殿负责点火仪式，点火前，茚溪行森高声大喊道："释迦涅槃，人天齐悟。先帝火化，更进一步。寿皇殿前，官马大路。"然后，茚溪行森上前，"遂进炬"。

顺治帝火化后，有关顺治帝假死出家"逃禅"的传说越传越广，甚至演化出后来康熙皇帝上五台山寻找父亲的故事，而史料则为我们留下了真实的细节。

顺治皇帝死后，清廷中书舍人张宸在《平圃杂记》中记录了孝庄皇太后在儿子顺治出殡时，白发人送黑发人的悲伤欲绝："仰见皇太后黑素袍，御（紫禁城）乾清门台基上，南面，扶石栏立，哭极哀。"

似乎很少有人会想到，这位31岁丧夫、49岁丧子的女人，日后将以怎样的坚强，支撑起一个王朝来。此后，孝庄将以太皇太后的身份，辅佐当时年仅8岁的孙子康熙巩固帝位，成就康熙王朝。

只是没有人会再记得，顺治在临终前几个月所说："朕实不幸，堕帝王家。"

守成之君嘉庆帝：从英明伟大到一事无成

雍正之死，最大的可能是过量服食丹药导致的。但民间相信，雍正是被刺杀而死的。

传说中，有一位叫吕四娘的美女，因为祖父吕留良受文字狱之祸，全家被灭口，只剩她一个。吕四娘下定决心向皇帝复仇，便通过选秀入宫为妃，在侍寝之时杀掉了雍正。

但稍有历史常识的人都知道，吕四娘刺雍正，绝对是子虚乌有的。

不过，清朝的确出了一位被刺杀过（虽然没有成功）的皇帝。

他是雍正的孙子，嘉庆皇帝颙琰。

1

嘉庆帝的亲爹，是大名鼎鼎的乾隆皇帝弘历。与一般影视剧中天天到处玩耍的形象不同，弘历实际上是个政治手段高超、办事雷厉风行的当政者。这样性子的人，注定不太喜欢性格随和、不够强硬的儿子永琰（嘉庆此时还叫永琰）。

乾隆是雍正皇帝的儿子没错，但与他感情最深厚的男性长辈，却是他的祖父康熙皇帝。在他还年轻的时候，继位不久的乾隆，就曾发誓自己在位时间不能超过他那个当了六十年皇帝的祖父康熙。当然，这话说得有点大了，在那个人生七十古来稀的年代，就算是皇帝，也不能保证一定能活那么久呀！

可能是上天注定了弘历的不平凡，他还真活得够长的。

他活得实在太久了，到了晚年，只剩下四个儿子可供选择。他生下了十七个儿子，但也"熬"死了很多儿子，甚至有的孙子都比他先死。

虽然不太满意，但永琰好歹比其他几个儿子看着正常。乾隆三十八年（1773年），他正式以"秘密立储"的方式，立了皇十五子永琰为储。

何为"秘密立储"？这是清朝独有的一项立储制度。中国传统的立储方式，有嫡立嫡，无嫡立长。一般是选定一个皇子做太子，按皇帝的模式培养，其余的皇子就封为藩王。

清朝在康熙之后则不然。早期不公布太子人选，把所有皇子一视同仁地进行教育培养。皇帝则把太子的名字写在纸条上，放到正大光明匾后面，等到需要的时候再拿出来公布。从某种程度上来说，清朝皇子的平均受教育水平也是历代最高的。

听着好像挺公平的，择有才者当之。实际上，乾隆还是深受儒家的影响，寄望于立嫡妻富察氏皇后所出的两个嫡子为继承人的。不幸的是，两个嫡子都早夭了。

永琰的生母是魏佳氏，汉军旗人，生下永琰的时候只是乾隆后宫中的一个普通令嫔。母凭子贵，儿子当太子后，她被追封为皇后。虽说汉军旗人也是旗人，但从血统上来说，魏氏应是汉人，所以嘉庆也算是一个有汉人血统的清朝皇帝了。

时间过得飞快，一转眼就到了乾隆六十年（1795年）。乾隆在勤政殿召集了皇子皇孙、王公大臣，宣布了他在乾隆三十八年（1773年）做的选择，立皇十五子永琰为皇太子。乾隆一并决定，于下年举行禅让大典。

同时，乾隆让儿子改名颙琰，方便天下人避讳。皇帝起名是个麻烦的事儿，所以皇家喜欢用生僻字。雍正曾命令他的兄弟、堂兄弟全部改名来避自己的讳。乾隆就好多了，让大家不用改名，写的时候少写一点就好。嘉庆原来叫永琰，大家总不能不写永字吧？最好的办法就是新皇帝改名。

乾隆决定禅位的公告，激起了朝廷里的大浪花。

颙琰诚恳地请父亲不要退位，自己继续当皇储就好了。

王公大臣也集体请求皇帝不要退位。

但乾隆坚定地要遵守当年执政不超六十年的誓言。

这场清朝史无前例的禅位大典，在太和殿举行。禅位当天，乾隆凌晨就起来，到宫中的各处佛堂参拜。吃过早餐后，他带着皇太子颙琰到奉先殿、堂子祭祖。八点钟，乾隆走进太和殿，坐在金銮宝座上。穿戴着皇太子冠服的颙琰来到父亲的御座前跪下，接过玉玺，算是正式成为皇帝了。

然而，禅位大典结束后，太上皇依然住在养心殿，而新皇帝还是待在他的毓庆宫。

宫里的一切，似乎没有发生什么实质性的改变。

2

乾隆对宁寿宫大加改造。今天故宫里面独立售票的珍宝馆，就位于这座宫殿中。

宁寿宫占地近五万平方米，模仿乾清宫和坤宁宫建成，带有独立的花园和规模最大的戏台。里面最奢华的乐寿堂，是用了珍贵的金丝楠木修筑的。

此时宫外已经改元嘉庆了，宫中还是沿用乾隆的名号。

颙琰在6岁的时候入学，起初由奉宽先生教他读书识字。学习成果还不错，13岁已经能背诵五经。之后就换了翰林院侍讲学士朱珪教他诗文。

乾隆帝对儿子们的读书功课抓得特别严。乾隆三十五年（1770年），乾隆派人到宗学去叫皇四子永珹，怎知皇四子居然不在。底下的人说，皇子是因为参加祭礼而不在学校。乾隆生气了，祭礼不是在黎明举行吗？于是处罚了皇子身边的人。听着像严父训斥顽童吧？然而当时的永珹已经三十多岁，娃都生了好几个了。

跟他哥一样，颙琰也是"读书"读到三十好几。而且他和乾隆的关系并不亲近。

朱珪是一个神童。乾隆十二年（1747年），17岁的朱珪中了进士，还进了翰林院当庶吉士。乾隆四十一年（1776年），命在上书房行走，教皇子颙琰读书。外放当布政使之前，朱珪给颙琰留下了十字箴言："养心，敬身，勤业，虚己，至诚。"颙琰非常喜欢这十个字，写成了座右铭天天看着。

登基以后，嘉庆帝颙琰非常孤单。此时太上皇召朱珪回京做大学士，颙琰很是开心，写诗给老师表示祝贺。和珅看朱珪越来越受太上皇的喜爱，心里有点吃醋，就拿着嘉庆帝的诗稿到乾隆那里告状，说颙琰收买人心，乾隆一下子被激怒了。军机大臣董诰说了一句"圣主无过言"，乾隆才作罢。

朱珪死于嘉庆十一年（1806年），谥号"文正"。从谥号就能看出颙琰对老师的尊崇之心了。毕竟能谥"文正"的，都算是一代名臣了，例如后来的曾国藩曾文正公。

3

儿子颙琰当上皇帝没几天，就爆发了白莲教起义。

如果说平定三藩之乱预示着康乾盛世的开端，那么，白莲教起义则标志着盛世的终结。

康熙、雍正、乾隆三帝一百多年的时间，境内相对较为安稳。乾隆晚年，大清人口已达到三亿，是一件非常了不起的事。在没有现代科技加持的年代，能养活这么多人，证明农业上的传统生产力已发展至极致，劳动越来越密集化了。

另外，人口虽然多了，但田地没有增多呀，田少人多的矛盾越来越尖锐。

湖北、四川、陕西的交界，大批民众不断地向山区迁移，务求吃上饱饭。这些人脱离了官府的统治，渐渐变为游民，开垦山间荒地。数百万的人游荡在山间，山中的土地又很贫瘠，他们是难以靠耕作自给自足的。

这些贫困颠沛的群众，一下子就被白莲教感染了。

白莲教从南宋就兴起了，嘉庆元年（1796年）正月初七，朝廷调兵去镇压白莲教。这一打，就是三年。结果却毫无作用，甚至适得其反，白莲教的人数越打越多。

嘉庆四年（1799年），始终独揽大权的太上皇弘历驾崩，颙琰终于亲政了。

嘉庆甫一亲政，就命令手下不能延误军情，欺瞒皇帝，否则立即军法处理。将之前压制军报的事，一股脑儿全推到和珅头上，让大臣把白莲教起义的情况如实报告上来。

在弘历的晚年，镇压白莲教的督抚将领冒功领饷、克扣军饷的事，实在太多。乾隆不是不想管，而是没精力管了。军官不想剿匪——白莲教教徒越多，闹得越凶，他们就越能发财。要镇压才有军饷发下来啊，没有军饷他们怎么克扣呢？官员都把平定白莲教当成肥差，不是想立军功，而是想趁机贪污军饷。

嘉庆也明白，白莲教起义之所以日益壮大，乃是官逼民反导致的。因此，他改变了之前乾隆一味屠杀的作风，转为"害民之官必宜去，爱民之官必宜用"的政策，惩罚贪官污吏，提拔清官，再安抚老百姓。

前后花了九年时间，动用了十六省的军队，白莲教才算被镇压下去。这一过程耗费军费两亿两，相当于四年的财政收入。

大清的盛世，自此结束。

4

嘉庆皇帝常被传统史学家批评，说是他带领清朝"由盛转衰"。这话对，也不对。

嘉庆的庙号为仁宗，这很贴近他的行事作风。嘉庆对百姓算是难得的体贴，这似乎也与他个人的性格有关。像乾隆帝那样的统治者，心气过高，而嘉庆这样的皇帝，能对庶民带一点儿同理心。

嘉庆的个人作风，也很务实。历来的皇帝或多或少都喜欢"祥瑞"，吹牛拍马还是有效的。清宫档案显示，嘉庆朝也有很多官员报告祥瑞，比如那里长出了"嘉禾瑞谷"啦，这里长出了"瑞芝""瑞麟"啦。但嘉庆对这些刻意奉承的人都进行了严厉的申斥。

作为一国之君，嘉庆并不是一个"老好人"。对于胡作非为的官员，该罚的一个都跑不掉。嘉庆五年（1800年）一月，云南威远一带水灾严重，云南巡抚江兰却按下不报，待皇帝派人查实后，还嘴硬不认，结果被嘉庆革职回老家了。类似的事还有嘉庆九年（1804年），直隶总督颜检在还没收割的时候就谎称麦子收成很好，闹了蝗灾还说已经扑捕干净了，结果蝗虫都跑到宫里去了，嘉庆气得不行，把这个平日颇有好感的颜检给严惩了。

说到"由盛转衰",嘉庆也是最后一个举行木兰秋狝的清朝皇帝。

满洲人是马上得天下的民族。按明末的情况来看,善战的满洲士兵几乎一个能顶明军十个。即使称帝中原,在多方面汉化以后,他们吸取了前人的教训,骑射依然是清代皇子教育中重要的一环。

当年跟随父亲乾隆皇帝南巡的时候,颙琰眼见杭州旗人的骑射非常差,他很痛心,认为八旗雄风不再。骑射似乎在满洲人中,越发失去吸引力了。

持续百年的木兰秋狝之所以重要,是因为它不单是大清皇帝与漠北蒙古贵族联谊的手段,同时也是一次极好的军事演练,对个人的射箭、骑马水平要求极高。既要平时长期训练,也要团队通力合作,才能捕得猎物。

嘉庆朝一共举行过十一次木兰秋狝,虽然每一次的打猎时间都短于他的父亲乾隆。嘉庆朝以后的道光、咸丰、同治等朝,皇帝花在骑射的功夫越来越少,用在圆明园等园林的精力越来越多。道光干脆取消了木兰秋狝。

嘉庆的宽厚,很大程度体现在对臣下的理解之上。他的父亲乾隆皇帝晚年喜欢享乐,需要有大笔的金钱供其挥霍。但皇帝需要的钱,除了走合法渠道,还能从哪里来呢?让官员送礼呗。官员的礼是搜刮老百姓得来的。嘉庆亲政后就下旨,让官员不要再送礼了,由此颇得朝臣好评。

对于参加白莲教起义的百姓,嘉庆认为是州、县官层层剥削,官逼民反的结果。而官员之所以下重手去盘剥百姓,一切都起因于和珅对下边的人进行勒索。

嘉庆四年(1799)年正月,和珅最大的靠山太上皇乾隆驾崩后,大臣们终于敢弹劾和珅的不法作为了。十三日,嘉庆皇帝宣布和珅二十条大罪，下旨抄家。十八日，廷议凌迟处死。看在和珅是乾隆生前的宠臣、儿子丰绅殷德又娶了公主的分上，最后改成自尽。

作为一个小心谨慎，既不荒淫（妃子不多），又不浪费（为了省钱，把南巡、北巡各种乱七八糟的巡幸都停了），还比较体贴百姓的皇帝，嘉庆却碰到清朝其他皇帝没有遇到过的"奇葩事"——他被刺杀了。

嘉庆八年（1803年）闰二月二十日，嘉庆坐着轿子入宫，忽然从神武门窜出一个手持短刀的男人，要捅死他。事出突然，身边的一百多个御前侍卫都惊呆了（毕竟很难想象有人敢这样做），吓得一动不动。

关键时刻，还是他的姐夫、蒙古人固伦额驸拉旺多尔济和侄子定亲王绵恩带头救了他。在护卫与刺客搏斗之际，嘉庆赶紧搭轿子溜入顺贞门内。审讯之后，得知这个人叫陈德，在内务府当差，经常给皇帝的諴妃跑腿，所以熟悉紫禁城的门路。

嘉庆六年（1801年），陈德的老婆死了，自己又被逼回家，日子过得郁闷。行刺当年的春天，他卜了一卦，卦象说他有"朝廷福分"，他就想干一票大的。陈德还大声叫嚣，把皇帝干掉以后，自己就能当皇帝了。

最后，陈德被凌迟处死，两个年幼的儿子被绞死。

这种事遇到一次也就罢了，偏偏嘉庆皇帝遇到两次。

嘉庆十七年（1812年），白莲教的一个支派——天理教的头头在河南滑县道口镇聚头，商量在次年"搞事情"。次年，嘉庆启程赴承德。九月十五日中午，几十个贼人打进紫禁城。守卫森严的紫禁城，头一回被一群"草台班子"闯入。直隶的天理教教首早就给一些低级太监做了思想工作，才能如此顺利地入宫。

此时嘉庆不在宫中，皇二子绵宁（后来的道光皇帝，即位后改名旻宁）先回来，看到皇宫进了贼人，连忙用火枪把两个贼人毙了。天理教徒慑于火器的威力，这才被驱散逃跑。

九月十九日，嘉庆回宫在瀛台亲审，发现这些贼人是天理教的人，带头的叫林清、陈爽，他们宣称要一举灭清。

在这两件事的刺激下，嘉庆下了一道"罪己诏"，说这是"汉唐宋明未有之事"，能被自己碰上，肯定是自己的品德太差导致的。

可是，真正的原因，恐怕连他自己也说不清吧。

嘉庆二十五年（1820年），61岁的颙琰突然病逝。清代衰颓再无可挽。

三 变局已至，谁是最后的赢家

南越王赵佗：构建一个百年王国

陆贾第一次来到番禺（今广州）时，南越王赵佗在王宫中接见他，身上穿着越人服饰，摆出一副倨傲不恭的样子。

这是汉高祖十一年（前196年），大汉王朝如日方升，刘邦将统一大业推进到岭南，派陆贾出使，说服南越归顺。

陆贾见到赵佗，从容说道："足下这是要大祸临头了。当今皇帝承天意，定天下，连霸王项羽都不是他的对手。听闻足下在岭南称王，不助天下诛暴逆，皇帝本想派兵攻打，但怜惜百姓劳苦，暂且休战，命臣前来赐予印绶。您应该北面称臣，否则大汉派大军收复南越，易如反掌。"

赵佗为人豪迈，问陆贾："我与萧何、曹参、韩信相比，谁更有才能？"

陆贾说："您似乎较有才能。"

赵佗又问："我与皇帝谁更贤明？"

陆贾正色道："皇帝一统天下，中原之人数以亿计，地广万里，足下所统领的不过是汉朝的一个郡，怎能与皇帝相比呢！"

赵佗大笑说："假如我当时也在中原，哪见得就比不上汉皇呢？"

经过一番争论，赵佗接受了陆贾的建议，登台受封归汉，还盛情挽留陆贾宴饮数月，送他二千金的财物作为饯行之礼，二人可谓"不打不相识"。

一位是割据一方的豪杰,一位是名扬天下的辩士,他们就此结下不解之缘,而南越国的百年沧桑,将为秦汉的统一大业留下不可磨灭的贡献。

1

赵佗不是越人,他本是河北真定人,陆贾到来时,他已入越二十余年。

这一切,始于秦始皇时期。

秦统一之路并未随着灭六国而停下脚步。秦始皇嬴政东巡泰山刻石曰:

"六合之内,皇帝之土。西涉流沙,南尽北户,东有东海,北过大夏,人迹所至,无不臣者。"

秦始皇一心想要建立超越三皇五帝的功业,他不仅要做中原人的天子,更要荡平"四夷",做天下人的天子,将权力延伸到更广阔、遥远的区域,其中就包括南方的百越。

百越,战国时主要分布在今江浙、福建、两广到越南北部一带,实行的还是落后的奴隶制,部落之间常结为联盟,或为了争夺地盘和生产资料相攻击。其中居于今广东一带的越族被称为南越,广西一带的称为西瓯,福建一带的称为闽越。

中原列国看这些族名,就统称其为百越。

在平定六国后,为进一步统一中国,秦始皇派屠睢率五十万大军"南征百越之君"。

史书记载,此战十分惨烈。大秦的虎狼之师分五路伐越,三年不敢解甲弛弩,再加上五岭阻隔,水土不服,在越人的顽强抵抗下,损失惨重。

屠睢起初以为,与越人作战不过是小意思。他进军岭南,盲目深入越地,还对征服的部落采取高压政策。在打败西瓯后,屠睢处死了其首领译吁宋,用秦朝的严刑峻法钳制越人。越人怒了,于是纷纷躲进山岭丛林之间,就算与禽兽杂处,也不愿做秦军的俘虏。

一夜,强悍的越人乘秦军疲敝,出奇兵攻之,大破秦军,杀死屠睢。秦军"伏尸流血数十万,乃发谪戍以备之"。

2

主帅屠睢被杀,大量将士伤亡,南征秦军遭受重创,不得不补充兵力,调整战略。

前217年,接任屠睢指挥秦军的任嚣有了灵渠提供的后勤保障,再次率军入越,三年内击溃百越的反抗力量,终于在前214年,将岭南正式纳入秦王朝的版图,实现了始皇帝"皇帝之土,南尽北户"的理想。

秦朝在岭南设南海、桂林和象郡三郡,置"东南一尉,西北一侯",其中任嚣为南海尉,专断一方,总领岭南全局,以加强对越人的统治。

南海郡,治所番禺,即今广州市,辖境相当于今广东大部,东到今福建南部与广东潮汕地区。今香港、澳门地区等都隶属南海郡,其中香港地区秦朝属番禺县管辖,汉朝隶属南海郡博罗县。

桂林郡,辖境大致相当于今广西都阳山以东,越城岭以南,包括今广西桂林、柳州、梧州和广东肇庆、茂名一带。

象郡的辖境一说包括今广西百色、南宁、凭祥一带和广东湛江市,南到今越南中北部。

任嚣吸取屠睢的教训,对越人采取宽松政策,"抚绥有道,不敢以秦虎狼之威,复加荒裔",不再滥杀无辜,而是接受南越习俗,与越人和睦相处。他任职数载,越人皆诚心归附。

任嚣为统一大业立下汗马功劳,史书将他与当时在北方防御匈奴的蒙恬并称:"秦北有蒙恬,威詟漠庭,南有任嚣,恩洽扬越,而始皇乃得以自安。"

除了在此地戍守、落户定居的五十万秦军,秦朝还奉行一贯的移民实边政策,先后四次有组织地向岭南大规模移民:

秦始皇三十三年(前214年),"发诸尝逋亡人、赘婿、贾人略取陆梁地(岭南)"。

秦始皇三十四年(前213年),"適治狱吏不直者,筑长城及南越地"。

秦始皇三十五年(前212年),"益发谪戍边"。

最后一次,赵佗上书"求女无夫家者三万人,以为士卒衣补,秦皇帝可其万五千人"。秦军士卒得以与这些女子组建家庭,其余留在岭南的男子很多也与越女通婚。

来自中原的戍卒、农民、手工业者、商人与谪吏,为岭南蛮荒的烟瘴之地带去了先进的文化和生产技术。

3

好景不长,到了秦朝末年,中原大乱,群雄逐鹿。此时,岭南尚有几十万秦军,不知何去何从。

任嚣审时度势,知道秦朝暴政不得人心,不日必将灭亡,而自己苦心经营的岭南可凭借天时地利,独霸一方,以避战乱,无奈自己重病缠身,将不久于人世,无法再领导三郡百姓。

秦二世二年(前208年),病危的任嚣想到了多年的好搭档赵佗,做出人生中最后一个决定,急召赵佗代行南海尉之职,将岭南三郡托付给他。任嚣临终前对赵佗说：

"闻陈胜等作乱，秦为无道，天下苦之，项羽、刘季、陈胜、吴广等州郡各共兴军聚众，虎争天下，中国扰乱，未知所安，豪杰畔秦相立。南海僻远，吾恐盗兵侵地至此，吾欲兴兵绝新道，自备，待诸侯变，会病甚。且番禺负山险，阻南海，东西数千里，颇有中国人相辅，此亦一州之主也，可以立国。郡中长吏无足与言者，故召公告之。"

赵佗果然不负任嚣所托，迅速派兵在三个重要关口设置了军事防线，即横浦关（今江西大余至广东南雄大庾岭上的梅关）、阳山关（今广东阳山东北的锣寨岭）和湟溪关（今广东连州西北），并发出命令："乱军（反秦义军）快要打过来了，立即切断通道，严守关口！"后来，刘邦和项羽争夺天下时，他就在南方围观。

随后，深谙官场规则的赵佗又以违反秦律的罪名诛杀了大批不服从自己的秦朝官吏，改派自己的亲信接任。如此，岭南就在赵佗一人掌控之下，断绝了与中原王朝的联系。

秦亡之后，赵佗割据岭南三郡自立为王，史称南越武王。

赵佗与他的前辈任嚣一样，为推动民族融合，主动与越人打成一片。他鼓励汉越通婚，消除隔阂。后来的南越国权相吕嘉是当地豪门，其家族"男尽尚王女，女尽嫁王子兄弟宗室"，和赵氏家族盘根错节，世代联姻。

秦朝严刑峻法，赵佗就反其道而行之，政简刑清。史载，南越无赋税，只需交实物租。

近年在南越国御苑遗迹中出土的一批木简为南越国的租税法增添了新史料，其中有"野雄鸡七，其六雌一雄，以四月辛丑属，中官租纵"之类的记载。麦英豪等学者认为，"野雄"当属地名，出产良种鸡，类似于现在的海南文昌鸡、广东清远鸡。假如每户年纳六七只鸡，也比秦时的"田赋、口赋二十倍于古"轻松不少了。

赵佗推行的种种利国利民、消弭冲突的举措,缓和了汉越矛盾,有利于日后的统一。

后来,刘邦派陆贾出使,正式下诏封赵佗为南越王,也不忘给他点赞:"南海尉佗居南方长治之,甚有文理,中县之人以故不耗减,粤人相攻击之俗益止,俱赖其力。"

4

陆贾出使南越后,赵佗接受刘邦的册封,岁修职贡,恢复贸易,实际上相当于汉朝的一个藩属国。汉朝向南越提供岭南最缺乏的牛马、铁器等资源,南越向汉朝进贡璧玉、珠玑、犀角、鹦鹉、孔雀等物产,直到汉高祖去世,汉越相安无事。

吕后时期,南越国"不听话"了。

吕后的边境政策比刘邦强硬。有一次匈奴单于写信挑衅,称自己和吕后都不幸丧偶,无以自娱,不如以己所有,换己所无。吕后读后大怒,差点发兵征伐匈奴,幸亏被大臣拦下来。

对南越,吕后一改刘邦的怀柔政策,下令实行经济封锁:"毋予蛮夷外粤金铁田器,马牛羊即予,予牡,毋与牝。"

这是说,禁止向南越国出售中原铁器和牲畜,尤其不可输送雌性的马、牛、羊。如此一来,南越国失去了生产工具和牲畜来源,经济遭受重大打击。

赵佗愤愤不平地说:"高皇帝任命我为南越王,开通贸易,如今吕后听信谗言,将我们视为蛮夷,隔绝贸易往来,这一定是长沙王的主意。"当初,汉朝还未降服南越时,就曾以吴芮为长沙王,领长沙、豫章、象郡、桂林、南海五郡之地,其中三郡是南越国的地盘,明摆着是用长沙王牵制南越王。

赵佗强按怒火,派三个使臣前往长安请罪,请求汉朝解除禁运。吕后非但扣留了三个南越使臣,还派人诛杀了赵佗留在中原的兄弟宗族,并下令捣毁赵佗父母在老家的坟墓。

赵佗生气了。他决定凭借百万之众、东西万里之地与汉朝抗衡,于是自称为帝,发兵攻打长沙国边邑。吕后派兵讨伐南越,双方在五岭南北对峙,一时形成分庭抗礼之势。

直到汉文帝刘恒即位,局势才迎来转机,汉越得以再度和谈。汉文帝对南越采取怀柔政策,先是对赵佗在真定的兄弟亲族加以抚恤,又派人修缮了赵佗先人的坟墓,然后派使者携书信出使南越,劝说赵佗去帝号归顺朝廷,并赐予其锦绣衣袍。

汉文帝致信对赵佗说:"王之号为帝,两帝并立,亡一乘之使以通其道,是争也;争而不让,仁者不为也。愿与王分弃前患,终今以来,通使如故。故使贾驰谕告王朕意,王亦受之,毋为寇灾矣。"

5

汉文帝派出的使者,是陆贾。

年迈的陆贾不辞辛苦,第二次前往岭南,化干戈为玉帛。他与赵佗再次相见,二人都已是年逾古稀的老人了。

史书记载,"陆贾至南越,王甚恐"。赵佗深知,岭南虽已开拓四十余年,但与中原王朝相比仍是势单力薄,与朝廷对抗不过是螳臂当车,就算老朋友陆贾不来,他也早想放弃称帝,向大汉称臣了。

陆贾传达汉文帝的怀柔政策后,赵佗表示"愿奉明诏,长为藩臣,奉贡职",只是把责任推到吕后身上,说都是因为她歧视、隔绝蛮夷之地以及长沙王从中挑拨,自己才出兵骚扰边境。恰好汉朝不久前刚铲除吕后一党,"祸首"没了,皆大欢喜。

赵佗给汉文帝回了封信,开头自称"蛮夷大长老夫臣佗",态度恭敬。他在信中说:"老臣在南越四十九年,如今已有孙儿。然而夙兴夜寐,寝不安席,食不甘味。目不视靡靡之色,耳不听钟鼓之音,只是因为不能侍奉汉室。而今陛下哀怜我,恢复南越王的封号,又准许贸易往来,老夫即使死去,尸骨也不朽灭。我已除去帝号,不敢与汉室为敌。"

汉文帝一封信,化解了一场战争,确保了此后南部边境长达四十年的安稳,实际上有利于汉朝实行休养生息,开创文景之治。赵佗放弃抵抗,也为开发岭南争取了几十年和平安定的时间。

史书记载,赵佗活了一百多岁,在他统治南越期间,秦汉帝国换了八个皇帝。他去世时,汉武帝已经在位四年。不过,也有学者对赵佗的年寿提出质疑,认为赵佗很可能享年不足百岁,只是南越国对汉朝隐瞒了他的死讯。

6

南越国的第二任国君,是赵佗的孙子赵眜(《史记》称为赵胡)。赵眜依旧向汉朝称臣,为感谢汉朝曾经出兵救援南越,特意派太子赵婴齐前往长安充当宿卫,实际上就是当人质。

赵婴齐在长安生活了十来年,为日后南越国覆灭埋下了伏笔。

去长安之前,赵婴齐已经在南越国娶了越女橙氏为妻,生下长子赵建德。一到长安,赵婴齐为大汉国都的繁华深深吸引,流连忘返,更是在这里邂逅了一个邯郸樛氏美女,将她纳为妾,生下了儿子赵兴。

赵眜死后,赵婴齐带着樛氏与儿子赵兴回南越国即位。

赵婴齐一回家,看橙氏人老珠黄,樛氏年轻貌美,后者更是在长安陪伴自己多年,于是向汉朝上书,请求立樛氏为王后,立赵兴为太子。

赵婴齐这一着，犯了两个致命错误，一是废长立幼，二是得罪越人。

前文提到的南越丞相吕嘉，是越人首领，且与南越王室世代联姻，坚决反对中原女子樛氏成为王后。不久之后，赵婴齐病死，年幼的赵兴即位，樛氏成了王太后，一场动乱一触即发。

此时，大汉天子是汉武帝刘彻。

经过汉初的休养生息，天下殷富，国力强盛，汉武帝决定对南越国采取"削平"政策，先削后平，从内部瓦解南越，再以武力彻底消灭南越割据政权，完成统一大业。

7

元鼎四年（前113年），安国少季奉命出使南越，还带上了年轻的辩士谏大夫终军，劝说南越王赵兴到长安朝见天子。

汉朝使团带去的，是汉武帝和平统一的宣告。临行前，终军向汉武帝请缨，表示："愿受长缨，必羁南越王而致之阙下！"

樛太后一见旧相识安国少季就心生动摇，再加上终军三寸不烂之舌的作用，她同意与儿子赵兴入朝晋见皇帝，并"比内诸侯，三年一朝，除边关"，也就是取消南越国割据一方的地位。

赵兴上书，汉武帝龙颜大悦，按汉朝之例，赐南越丞相吕嘉银印，并为南越的内史、中尉、太傅等官员颁发印章，下诏废除南越法律，推行汉律，改其旧俗。

这意味着中央朝廷可对南越国的官员进行直接任命，南越国失去了自主权，但汉武帝并没有剥夺越人官员的权力。

可南越国的实际权力掌握在越人出身的权相吕嘉手中，他极力反对南越国归汉。

为了除掉吕嘉，樛太后精心策划了一场"鸿门宴"，请吕嘉和汉朝使团赴宴。

在宴会上,樛太后借酒质问吕嘉:"南越归顺汉朝,是利国利民的事,丞相为何要反对?"樛太后本想激怒吕嘉,借汉使之手杀死他夺权,但吕嘉没有上当,汉使也有所顾忌,不敢动手。这之后,再无良机。

樛太后见状,亲自抓起长矛欲刺向吕嘉,赵兴不想把事情闹大,察觉后竟上前阻止自己的母亲。吕嘉的弟弟掌握兵权,听到消息,立即带兵护送吕嘉离开。从此,吕嘉称病不朝,樛太后一直找不到机会铲除他。

樛太后的"鸿门宴"就这样失败,赵兴一时的仁慈最终让自己丢了性命。

正当樛太后母子整理行装,准备朝见汉武帝时,吕嘉压在心中的满腔怒火终于爆发。

他利用越人对樛太后母子的不满,散布谣言说,南越王年幼,樛太后是汉人,与汉使私通,她想把先王留下的珠宝献给皇帝邀功请赏,如果归顺了,越人就会被卖为奴仆。越人对汉女出身的樛太后本就缺乏信任,如此一来更加支持吕嘉,南越归汉迟迟未有进展。

与此同时,汉武帝察觉到南越国顽固势力从中作梗,派韩千秋与樛太后的弟弟樛乐率军前往南越,讨伐吕嘉。

汉军还未到,吕嘉就反了,他带兵入宫,杀死樛太后、南越王赵兴和汉朝使者,另立赵婴齐与越女所生的长子赵建德为王,即末代南越王。

汉武帝震怒,于元鼎五年(前112年)派出十万人马,分兵五路讨伐南越。原本的和平统一演变成武力统一。

在此一个世纪以前,千古一帝秦始皇五路征越,豪情万丈,将岭南纳入大秦版图。

三 变局已至，谁是最后的赢家

一个世纪过去了，另一位雄才大略的帝王汉武帝，再次五路进军，浩浩荡荡向南越国扑来。

吕嘉凭借岭南的天险与汉军僵持。汉武帝知道与南越早晚必有一战，早已有所准备，此前就在长安西南开凿昆明池，建造楼船，训练水军。汉军在楼船将军杨仆的率领下，翻山越岭从韶关沿北江而下，攻破番禺城北三十里的石门，与援军合兵一处后，直捣番禺。

南越百年国都番禺被汉军重重包围，南越军军心涣散。穷途末路之际，吕嘉劫持末代南越王赵建德率残部逃亡海上，不久就被擒获，传首长安。岭南各地豪强望风而降，归顺汉朝。平叛后，汉武帝在岭南地区设"南海、苍梧、郁林、合浦、交趾、九真、日南、珠崖、儋耳"九郡。

从秦始皇到汉武帝，从落后的荒蛮之地到与中原一脉相承，存世九十三年的南越国就此终结，完成了它的历史使命。

天下一统，金瓯无缺，功在当代，利在千秋。

慕容垂：巅峰即毁灭

参合陂，一个消失在历史烟云中的小地名，历史学者至今还在辩论它位于内蒙古还是山西，但这不影响它在历史上的重要地位。

东晋太元二十年（395年），那里发生了一场大战。同为鲜卑族建立的政权，后燕（慕容部）和北魏（拓跋部）的决战，以出人意料的结局收场。

作为宗主国的后燕，此战大败，被俘四五万人，这些降兵随后全部被北魏坑杀。

第二年，71岁的后燕皇帝慕容垂御驾亲征，实施复仇。魏王拓跋珪闻讯，一度要逃亡。

当慕容垂行军至参合陂时，看到了一年前的战场积骸如山，于是安排祭奠死难将士。死者父兄一时号哭，军中悲恸。慕容垂忧愤吐血，一路病情加重，只好回师。途中病逝。

一代战神悲情谢幕。他的一生，都在复仇中度过。他曾带着慕容家族重返巅峰，可终究逃不过部族内讧和人才凋零的宿命。

燕魏争霸，随之落幕。北魏在北方基本已无敌手，统一中国半壁江山只是时间问题而已。

而参合陂，见证了一个荣耀家族的衰落，决定了中国历史的走向。硝烟散去，了无痕迹。

三 变局已至，谁是最后的赢家

1

慕容家族的崛起，是一个很好的故事：在对的时间，出了对的人，做了对的事。

鲜卑是一个古老的民族，他们的先世是东胡人。西汉初期，匈奴出了个天才的冒顿单于，建起庞大的匈奴帝国，击溃了东胡人。东胡由此分为乌桓和鲜卑二部，他们最后的聚居地位于现在的东北地区。

到了东汉时期，公元2世纪中后期，鲜卑族终于出了个枭雄——檀石槐。檀石槐之于鲜卑，就像冒顿之于匈奴，他统一鲜卑各部，建立起北方草原强大的鲜卑大联盟。东汉无力控制，提出封赏与和亲政策，都被檀石槐拒绝。

直至东汉光和四年（181年），檀石槐死去，鲜卑军事联盟瓦解，东汉的边疆危机才随之解除。

失去英雄的鲜卑人，在争权内斗中自我消耗。待东部鲜卑中的慕容部崛起时，他们已经是一副臣服于中原王朝的姿态。

魏景初二年（238年），曹魏王朝为了统一北方，派老将司马懿征讨辽东的公孙氏政权。史载，鲜卑部落大人莫护跋率人马参加了此次军事行动，立功后被曹魏封为"率义王"。

四年后，曹魏派毌丘俭征讨高句丽，随同出征的慕容部首领是莫护跋之子木延。木延因此被曹魏赐为大都督、左贤王。

后木延之子涉归，因功被封为鲜卑单于。

涉归之子慕容廆当政五十年。适逢西晋八王之乱、永嘉之乱，他以修明政事、敬重贤人的姿态，招揽了大批汉族士大夫与中原流民，奠定慕容家族立国的基础。

正是从慕容廆开始，这个部族正式冠"慕容"之姓。为何叫"慕容"？慕容家的子孙后来解释为"慕二仪之德，继三光之容"，"二仪"是指天、地，"三光"是指日、月、星。但这种解释显然是他们汉化后的附会，究其本意，是想告诉世人，慕容鲜卑是流落边远之地的华夏子孙——重返中原的日子不远了。

慕容廆的儿子慕容皝，在东晋咸康三年（337年）自称燕王，几年后迁都龙城（今辽宁朝阳）。慕容皝的对手，主要是东北的高句丽和同属鲜卑人的宇文部落。在他统一东北后，他面对的敌人，则是中原地区由羯人建立的后赵政权。

但慕容皝没有等到入主中原的那一天。

直到他的儿子慕容儁才实现这一愿望。慕容儁继位不久，后赵的暴君石虎死了，几个儿子争权夺位，酿成内乱。后赵政权最终落入汉人冉闵手中，冉闵推出的针对少数民族的举措，将所有少数民族推到自己的对立面。

东晋永和八年（352年），慕容儁派弟弟慕容恪担任先锋，以骑兵方阵大败冉闵的精锐步兵，消灭了冉魏政权。原后赵的大部分地区，悉数归于慕容儁名下。

同年，慕容儁称帝，迁都邺城，大燕政权正式诞生。史学家后来习惯称之为"前燕"。

前燕一建立就抵达巅峰状态，在当时的中国版图内，与前秦、东晋形成三足鼎立之势。

从莫护跋算起，慕容家族经过六代人、近百年的奋斗，终于建立起强大的国家政权，成为十六国时期举足轻重的族群和政治势力。

几代人都是人才，开放包容，接受先进文明，主动汉化，这是慕容鲜卑成功的基本因素。史学家指出，慕容鲜卑的建国道路，在异族统治色彩浓厚的十六国早期独树一帜，前燕的官僚系统基本都是汉人，制度

三　变局已至，谁是最后的赢家

建构、机构设立也均以汉魏旧制为主体。正是这种开放的民族认同，使得慕容家族站上了历史的高峰。

2

前燕的覆灭，是另一个故事。这个故事的核心，充斥着猜忌、权斗、内讧等根深蒂固的权力阴暗面。

东晋升平四年（360年），慕容儁在邺城阅兵，准备进犯东晋，恰在此时病重而死。临终前，他表示要把皇位传给弟弟慕容恪。这或许是慕容儁对这个文武双全的弟弟的一种试探，因为慕容儁的儿子慕容暐当时仅有十一岁，传位于子，恐难控制大局。

慕容恪一生征战，没有败绩，前燕的立国仰赖于他的军功。但他同时是接受汉化的一个典型，道德感极强。当慕容儁表示要传位给他的时候，他脱口而出：您如果相信我有安定天下的能力，就不要怀疑我同样有辅佐少主的能力。

在慕容恪的辅政下，慕容暐时代的最初几年，前燕保持了高歌猛进的状态。但随着慕容恪在东晋太和二年（367年）病逝，一切戛然而止。

慕容恪临终前，一再推荐五弟慕容垂继承自己的职位。慕容垂原名慕容霸，早年是慕容皝看好的接班人，由此遭到哥哥慕容儁的忌恨，即位后将他的名字改为"垂"。

而慕容恪超越权力争斗，从慕容家族荣光延续的高度，向慕容暐力荐慕容垂。可惜，这番举荐，在心胸狭隘的慕容暐和当时掌权的慕容评（慕容皝的弟弟、慕容垂的叔叔）看来，变成了一种潜在威胁。他们非但没有听从慕容恪的建议，反而处处提防慕容垂。

慕容恪死后两年，东晋太和四年（369年），东晋猛将桓温率军北伐，打得前燕毫无脾气，节节败退。当桓温一路打到枋头（今河南浚县）时，慕容暐和慕容评已经在谋划着逃回东北故都龙城。

紧急关头，被"雪藏"的闲人慕容垂请战，说打输了再撤回老家不迟。

慕容垂一方面派人联络前秦苻坚，另一方面调度人马，截断晋军的粮道，逼得桓温只好撤退。在桓温退兵的过程中，慕容垂率八千骑兵尾随，发动突袭，杀数万晋军。

枋头之战的胜利，解除了前燕危机，但立了首功的慕容垂，却换来更多的猜忌。

慕容评与皇太后可足浑氏密谋除掉慕容垂。慕容恪之子慕容楷等人获悉消息，劝说慕容垂"先发制人"。慕容垂有实力发起夺权，但他不愿看到同族兄弟、叔侄流血相残，而自己成为挑起慕容家族内乱的第一人，因此决定退守东北龙城以自保。

慕容垂的儿子却站出来告发父亲谋反。

走投无路的慕容垂只好投奔前秦的苻坚，开始了长达十五年的寄居生涯。

慕容垂出走的第二年，东晋太和五年（370年），前燕被前秦灭了国。

这是慕容家族遭遇的第一次致命打击，追根溯源，是慕容恪之死使得前燕失去了强大而正确的辅政力量，从而陷入他人执政模式。由此引发的慕容垂出走事件，使慕容家族几乎丧失了所有的精锐人才，亡国在所难免。

3

接下来的故事，引为经典。一段关于慕容家族复国的历史，让世人看见了这个家族的倔强与生命力。

慕容垂投奔前秦，苻坚大喜过望，亲自到长安郊外迎接。在慕容家族人物中，慕容儁、慕容恪、慕容垂这一代兄弟数人最为杰出。整个家族的巅峰，也是在这一代人的脚下抵达的。

跟哥哥慕容恪一样，慕容垂也是"战神"级别的人物，被时人誉为"今之韩（信）、白（起）"。

在苻坚统一北方的进程中，受到信任与重用的慕容垂发挥了重要作用。慕容垂辅佐苻坚前后达十五年，在这十五年间，说他一直怀抱复兴前燕政权的愿望可以理解，但说他从一开始就隐忍做一个间谍则难以解释得通。

准确地说，在苻坚完成北方统一之后，野心膨胀，慕容垂才将他的复国之梦付诸实践的。

东晋太元八年（383年），苻坚以举国之兵进攻东晋。很多人对他的冒进做法表示质疑，只有慕容垂等少数人表态支持。

在淝水之战中，苻坚的前秦军惨败于东晋名将谢玄带领的北府兵。这是影响中国历史的一场关键战役，前秦的统一大业就此葬送，北方又陷入分裂混战的局面。那些被苻坚消灭的北方政权，纷纷打起了"复国"的旗帜。

慕容垂的三万兵力，在淝水之战中全身而退。苻坚大溃败后，前去投奔慕容垂。慕容垂没有杀掉苻坚，而是率兵护送苻坚返回关中。途中，慕容垂以镇抚河北为名，离开苻坚。

在河北，慕容垂开始复国历程。当时，镇守前燕故都邺城的是苻坚的长子苻丕，苻丕挡不住慕容垂的围城，遂投降东晋，让东晋派人来接收邺城——实际上是以东晋来抗衡慕容垂。

作为东晋北府兵的后起之秀，刘牢之竟然一度打得慕容垂率军北逃。刘牢之乘胜追击，苻丕也率军跟着追击，追到五桥泽（今河北广宗），突然遭到慕容垂的反攻。刘牢之措手不及，遭遇人生第一场大败。

姜还是老的辣，慕容垂绝非浪得虚名。

东晋太元九年（384年），慕容垂定都中山（今河北定县），正式复国，国号为燕。史学家为了区分，称之为"后燕"。

此后十年，慕容垂显示了他的实力武功，从东晋手中夺取淮北青、兖、徐诸州，击败高句丽夺回辽东，占据除晋北河套一带北魏政权以外的关东地区……恢复了前燕最鼎盛时期的势力范围。

在慕容垂实施复国之时，以慕容暐为首的前燕旧王公们也在积极复国。当年，苻坚灭了前燕，并未对慕容家族实施杀戮，而是将慕容暐等人迁往长安，随行的有鲜卑四万余户。在苻坚宽松的族群政策下，这些亡国鲜卑贵族形成了一股强大的政治势力。但由于之前的矛盾，慕容暐与慕容垂两大集团并未达成合作，反而越走越远，在淝水之战后出现了一个家族各自复国的诡异局面。

东晋太元九年（384年），当慕容垂建立后燕之时，慕容暐的兄弟慕容泓、慕容冲等在关中建立政权，国号也是燕，史称"西燕"。西燕部下的鲜卑人在复国后，渴望东归。在东归之路中，发生了一系列的内讧和残杀，最终由慕容永掌权。由于东边已经出现了慕容垂的后燕政权，西燕的东归之路受阻，只得定都于长子（今山西长子县）。

慕容永是慕容廆的弟弟慕容运之孙，并不是"正牌"的前燕王室后裔。在他即位为西燕皇帝后，为了保住自己的地位，他大肆诛杀慕容皝一系的子孙。这导致了后燕与西燕之间的战争，从东晋太元十八年（393年）起，慕容垂两次出兵讨伐西燕，并于东晋太元十九年（394年）擒杀慕容永，全面接管了西燕的领土。而西燕自慕容泓讨伐苻坚算起，仅仅存在十年。

在后燕恢复前燕往日荣光的时候，一个新的强敌出现了。

同为鲜卑族，当慕容部建国之时，拓跋部也建立过自己的政权，国号为代。前燕为前秦所灭之时，代国也被灭。淝水之战后，慕容部和拓跋部同样开启各自的复国运动。这是一对同病相怜的兄弟族群，他们不仅是同族，其首领之间还世代通婚。后来开创北魏王朝的拓跋珪开始复国时，实力较弱，曾依附于后燕，以后燕为宗主国。

后燕与北魏兵戎相见，只是迟早的事。从后世的视角来看，这一次是慕容部与拓跋部争夺前秦之后再次统一中国北方的主导权之战。

慕容垂当仁不让，在西征灭了西燕之后，他发动了针对北魏的北伐。

但慕容垂年纪大了。他的皇太子慕容宝柔弱，他想让慕容宝通过一场胜仗树立权威。打北魏，是必胜之战。他派皇太子去了。

历史却跟他开了一个残酷的玩笑。一场稳赢的战争，输得一塌糊涂，最终赔上了大燕的国运。

因为慕容垂年迈，给了北魏造谣慕容垂已死、国中秘不发丧的借口。在拓跋珪截断慕容宝军队与后燕都城的信息通道之后，谣言发酵，后燕军队乱了阵脚。在参合陂，后燕军被坑杀数万人。

历史无法重来，否则慕容垂拖着年迈的身躯，也要自己上场。

慕容垂的一生都在复仇，五十多岁向前秦复仇，七十来岁向北魏复仇。他一个人做了别人整整三代人的事业，这是一个注定悲剧的灵魂人物。

参合陂惨败后，当他真的出兵向北魏复仇时，他面对的拓跋珪，在年龄上是他的孙子辈。他没有输给任何人，只是输给了时间。

凭吊完参合陂被坑杀的后燕将士，慕容垂口吐鲜血，病重回师，途中病逝，终年 71 岁。

4

慕容垂死后，一切颠沛流离的政权重建，只是慕容家族惨淡的余晖而已。

前燕失去慕容恪，后燕失去慕容垂，前后相隔不到三十年，却都成为慕容家族最致命的打击。

慕容垂死时，整个舞台的中央，站着拓跋珪和他的家族，他们将要书写接下来三十多年的历史。而时代已经把慕容家族一点一点赶到了边缘。

慕容宝在慕容垂死后继位，拓跋珪趁机发动四十万大军大举攻燕，用一年多时间夺取了冀州、并州和幽州大部，取代后燕成为关东最强大的政权。

而慕容宝逃往东北故都龙城。

东晋隆安元年（397年），北魏大军攻克中山，后燕的国土被北魏从中间分为两截。

北边，仅保有东北一隅之地的后燕，很快掀起了一场内乱。慕容宝和他的继承人慕容盛先后被杀。慕容宝的弟弟慕容熙上位后，以荒淫出名。东晋义熙三年（407年），冯跋发动政变，拥立慕容熙的养子慕容云为燕王，两年后，冯跋自立为天王，国号仍为燕，史称"北燕"。北魏太延二年（436年），北燕为北魏所灭。

南部的慕容鲜卑部众，则由慕容皝儿子慕容德率领，于东晋隆安四年（400年）在山东青州广固城立国，史称"南燕"。慕容德是慕容恪、慕容垂的弟弟，能力不如哥哥们，但放在那一代人，也是个杰出人物。东晋义熙元年（405年），慕容德死后，南燕仅余苟延残喘。东晋义熙六年（410年），东晋实权人物刘裕灭了南燕。

严格来说，北燕已不是慕容家族的政权。慕容家族的国史，在南燕灭亡的东晋义熙六年（410年）就落幕了。在风起云涌的南北朝时期，慕容家族的狂飙与退场，前后也不过半个多世纪。

三 变局已至，谁是最后的赢家

而这个颇有故事的家族，或许最大的遗憾是未能实现统一北方的大业。

相反，后起的鲜卑拓跋部走得更远。拓跋珪的长孙拓跋焘继位后，经过十余年的征战，北魏终于实现了中国北方的再次统一，成为对中国历史发展具有深远影响的民族大融合的多民族王朝。

后燕灭亡后，慕容鲜卑人大部分进入北魏，命运悲惨。尤其是在北魏前期，由于燕魏的宿怨，慕容鲜卑人遭到残酷镇压，叛乱此起彼伏。很多人为了逃避政治迫害，纷纷改姓，由"慕容"改为"慕舆"或"豆卢"，后又改为舆、卢两姓。随着时间推移，大约一百年，慕容部与拓跋部的国仇家恨才算彻底消弭。一些慕容鲜卑人恢复了本姓，另一些人却因时间久远再未改回"慕容"之姓。

由于慕容氏在北魏遭受打压，使得他们难以进入中央，很多人还被贬到边镇。结果，在北魏末年的大乱中，慕容氏终于以武人的面貌趁着六镇起义后的反汉化潮流重新崛起，出现了慕容绍宗（慕容恪后人）等家族，历经东西魏直到隋唐成为高门大族。

然而，这也仅是这个高光族群坠落之后，勉为其难的支撑而已。也许，在某个夕阳西下的时刻，慕容氏会集体怀念不算遥远的参合陂之战。

他们曾经站得那么高，摔得那么惨。

他们曾经是历史的主角，匆匆，成了过客。

苻坚：生不逢时的乱世君主

东晋太元八年（383年），在出征东晋之前，前秦天王苻坚将龙骧将军的称号授予羌族将领姚苌。

龙骧将军这一官职，对苻坚有特别的意义。他的祖父苻洪最早被后赵石虎授予龙骧将军，而苻坚17岁时，他的伯父苻健也任命他为龙骧将军。

龙骧将军可以说是苻氏家族发家的起点，也是苻坚个人建立功业的起点，所以苻坚很珍惜这个称号。他对姚苌说，我从未授人"龙骧之号"，现在将它授予你，希望你担起重任。

苻坚的手下赶紧跟苻坚耳语说，王者无戏言，将龙骧之号让出去，这是不祥之兆呀。

苻坚不听。他最烦这些神神鬼鬼的谶纬之学。

两年后，姚苌的军队围攻苻坚于五将山。苻坚被抓，在一座佛寺中自缢而死。而姚苌瓦解了苻坚的前秦政权，并成为历史上后秦政权的开创者。

而这次战争的失败，不仅宣告了前秦帝国的崩溃，也宣告中国错过了一次大一统的机会。整整两个世纪后，才由隋朝完成了中国的重新统一。

三 变局已至，谁是最后的赢家

1

苻坚生活的年代，在历史上被称为十六国时期。

8岁的时候，苻坚就显得与众不同。他竟然主动要求拜师读书，这对于崇尚征战的氐族人来说，是破天荒的事儿。他的祖父苻洪知道后，高兴地说："我们这些部族，世世代代只知道喝酒，你小小年纪却要求读书，真好。"

氐族是世代生活在青藏高原边缘的一个部族，从西汉以来，就成为中国的子民。但他们还保留着自己的部落和部落贵族。

在十六国乱世中，苻坚的祖父苻洪也跃跃欲试，想建立氐族政权。不过一开始实力不够，选择了投靠后赵石虎。后来被石虎授予龙骧将军，镇守枋头，苻洪遂带着族人和部队离开故土，到了中原。多年后，后赵盛传"苻氏有王气"的说法，石虎开始谋划除掉苻洪。

苻洪当时已拥兵十万，干脆自称大将军、大单于、三秦王，并率军西进，想在长安建立自己的政权。途中，苻洪被人毒杀。

苻洪的继承人是他的儿子苻健，即苻坚的伯父。苻健遵从苻洪的遗训，率领人马西渡黄河进入关中，渡河后，把浮桥烧了，以示断绝退路。

当时的关中，都是流亡豪强为避乱自建的坞堡，相当于一个个独立的军事单元。苻健大军所到之处，这些堡垒纷纷归降，遂直入长安。

东晋永和七年（351年），苻健自称天王，建立前秦。

苻健曾大败北伐的东晋将领桓温，也曾挡住前凉的进攻，在关中站稳脚跟。可惜他不到40岁就病逝，他的太子苻苌此前也战死了，他的第三子苻生，也就是苻坚的堂兄被立为太子，后继任皇帝。

按照正史的记载，苻生在位仅两年时间，却把昏庸暴虐的事儿干了个遍。他嗜酒无度，以杀人为乐。他天生独眼，忌讳臣下说到"不足、少、无、缺"等字眼，谁不小心提到了，杀无赦。别人恭维他，他说你取媚于我，杀；别人批评他，他说你诽谤我，也杀。史书说他一年内就诛杀后妃公卿以下五百多人。

正史载，东晋升平元年（357年），年仅20岁的苻坚不忍前秦毁在暴君苻生的手里，于是秘密联合了同父异母兄苻法、御史中丞梁平老等人，包围皇宫，发动政变。苻生帝位被废，不久被处死。

苻法是苻坚同父异母的哥哥，两人发动政变并杀了苻生以后，谁来继承帝位呢？按照正史的说法，兄弟二人你推我让，十分客气，最后苻坚的生母苟氏拍板，让自己的亲生儿子上台。

再后来，苟氏"以（苻）法长而贤，又得众心，惧终为变，至此，遣杀之"。苟氏为了让苻坚坐稳帝位，竟然派人把苻法解决了。而苻坚在这个过程中，表现得跟个傀儡似的，全然听凭母后的安排，只是在苻法被处死前跟他诀别，"恸哭呕血"。

苻坚的上位，跟后来的隋炀帝、唐太宗等人一样，都属于同一类型。说白了，这是家族内部的权斗。隋炀帝如此，唐太宗如此，苻坚也是如此。

2

在十六国政权中，存在一个普遍性的问题，即皇帝个人权力的扩张，与军功贵族集团之间的矛盾。

这些政权的建立，都是依靠部族内部军功贵族的武力实现的。起初是军事封建制，由宗室成员集体分享权力，当皇帝希望打破这种集团权力体系实现独裁的时候，矛盾就产生了。

为了压制宗室军功贵族，皇帝一般都会构建自己的官僚系统，另组权力决策层。苻坚整顿前秦朝局，走的也是这条路。

王猛正是苻坚理想中的那个人。两人初次见面，就一见如故，苻坚说自己像是刘备遇到了诸葛亮。而王猛此后辅佐苻坚长达十八年，君臣关系非常融洽，在历史上也确实只有刘备与诸葛亮可与他俩媲美。

东晋宁康三年（375年），王猛病逝后，苻坚痛哭流涕，下诏说："王猛当丞相时，我经常说做皇帝很轻松，现在王猛走了，我似乎一夜之间就须发皆白，难啊！"

以王猛为代表的汉人官僚，成为苻坚打击和压制氐族宗室、军功贵族，强化中央集权的一件利器。这是政体转型的必然，苻坚与王猛这种君臣关系，推进了种族国家向普遍意义上的帝国发展。

氐族豪强在被迫退出权力核心的过程中，并非束手就擒。他们用既有的地位和军权进行抵抗。然而，他们并未将矛头直指皇帝，而是指向汉人官僚。所以苻坚越是重用王猛，氐族豪强就越忌恨王猛。

前秦特进（官职名，地位类似于三公）樊世为前秦建国立过大功，他曾当着众人对王猛说："我们都是跟着先帝打江山过来的，凭什么我种地而你来收获？"

王猛当场撑了一句："何止让你种地，我还要让你当屠夫，宰杀牛羊，然后我来吃肉呢。"

樊世气得要命，放下狠话："我一定要把你的人头挂到长安城门上，不然我就不是人。"

王猛立刻将此话转告苻坚。苻坚盛怒。

不久，在一次会议上，王猛与樊世又发生口角。樊世欲打王猛，被人劝阻后大骂不止。

苻坚直接命人把樊世杀了。自此，"公卿以下，无不惮（王）猛焉"。

在苻坚的支持下，王猛一连诛杀了二十多个贵戚豪强，统治秩序大为改观。连苻坚都感叹说："吾今始知天下之有法也，天子之为尊也。"

言外之意，我到今天才知道做皇帝的尊贵，终于不再受军功贵族的制衡了。这跟西汉初叔孙通帮刘邦构建了帝王仪式之后，刘邦感慨当皇帝真好，道理是相通的。加强君权，权力的滋味就来了。

苻坚是一个有理想的帝王。仿照汉族政权加强君权，他的目的是按照心中的蓝图做更大的事业。

苻坚劝课农桑，抵制奢侈，怜惜人民，厚待士兵，遇到天灾就削减宫廷用度。他想建立一个理想的道德王国，故而广修学宫，振兴儒学，曾经一个月三次视察太学。他缔造了十六国时期最安定、最强大的政权，也让乱世中的人民看到了统一的曙光。

他治下的国家，甚至让一些历史学家联想到汉唐统一帝国的极盛时期。

3

在把国家治理强盛的同时，苻坚开启了统一中国的历史进程。

东晋太和五年（370年），苻坚任命王猛为主帅，攻打前燕。

前燕曾是北方最强大的政权，是统一北方的大热门，但由于慕容家族内部的猜忌与权斗，导致"战神"级人物慕容垂出逃，投靠前秦。苻坚热情迎接慕容垂，第二年就发动了灭燕之战。

当王猛率军围攻前燕都城邺城时，苻坚突然从长安赶到前线。王猛随即离开军营，去迎接苻坚。

苻坚说："你怎么能在战争的紧要关头离开军营呢？"

王猛却反问说："攻燕如摧枯拉朽，不足为虑，倒是您怎么能轻易离开长安？万一发生意外，如何对得起宗庙社稷？"

君臣两人对自己都胸有成竹。

他们很快攻破邺城，俘虏了前燕君臣。攻灭前燕是苻坚统一北方进程中最大的胜利，得到一百五十七个郡，九百九十八万人口。

接下来的一系列南征北伐，对苻坚而言，难度系数几乎为零。

东晋太和六年（371年），攻灭氐族杨氏建立的仇池国；

东晋宁康元年（373年），攻占成都，拿下四川；

东晋太元元年（376年），攻灭前凉和鲜卑拓跋氏建立的代国，基本统一了长江以北地区；

东晋太元七年（382年），前秦大将吕光远征西域……

至此，前秦的疆域达到极盛，"东极沧海，西并龟兹，南包襄阳，北尽沙漠"。十分天下而居其七，仅有东南一隅的东晋还在苟延残喘，不过，在苻坚看来，也快要拿下了。

在苻坚的蓝图里，整合天下为一家，实现大一统的日子，快到了。离理想的最终实现越来越近，他竟变得有些寝食难安，迫不及待。

如果说在一次次扩大前秦疆域的胜利中，有什么事最让苻坚伤心，那一定是王猛的病逝。王猛临终前劝苻坚不要急着进攻东晋，而要先铲除前秦的真正敌人鲜卑和羌人。

王猛向来主张对鲜卑贵族采取强硬态度。他早就看出投奔前秦的慕容垂绝非等闲之辈，屡次劝说苻坚杀之，苻坚不听。他又设计，要置慕容垂于死地，结果苻坚又宽恕了慕容垂。

也许是从小受到了儒家的深刻影响，对于被他征服的地区，不管是统治者还是人民，苻坚都采取了优待政策，从未发生过一起屠城事件。在他的心中，也没有族群的界限，尽管那是一个民族碰撞、猜疑和壁垒最为严重的时代。

攻灭一个政权后，苻坚的惯常处理方式是将投降的君臣、宗室和贵族一同迁往关中，再根据他们的地位和能力进行优待，要么授予荣誉爵位，要么授予重要官职。

慕容垂出奔前秦后，曾被授予京兆尹的重要职位，还曾多次领兵作战，成为前秦开疆拓土的大功臣。而前燕国主慕容暐被授予新兴侯，慕容冲则被任命为平阳太守，前燕的贵族、官僚几乎在前秦都获得相应的官职。

后来逼死苻坚的羌人姚苌，早年也是在与前秦的战斗中被俘，归降苻坚而得到重用的。

苻坚自信有能力驾驭慕容垂、姚苌等枭雄，所以苻坚敢任用这些降将，也不怕把军政大权交给这些曾经的宿敌。

淝水之战大败后，前秦的各族降将纷纷打起复国旗帜，从内部瓦解了庞大的前秦，这一历史事实导致很多史学家认定，苻坚的民族宽容政策是一种错误。

但司马光恰如其分地指出，这不是前秦失败的原因。"论者皆以为秦王（苻）坚之亡，由不杀慕容垂、姚苌故也，臣独以为不然。许劭谓魏武帝（曹操）治世之能臣，乱世之奸雄。使（苻）坚治国无失其道，则垂、苌皆秦之能臣也，乌能为乱哉！"

事实也是如此，慕容垂、姚苌等异族将领为苻坚服务十几二十年，没有这些人才的加盟，前秦不可能所向披靡，发展为强大的政权。这些枭雄，在苻坚手下，一个个化身为能臣，奠定了前秦霸业。

更为重要的是，优待被灭国的军功贵族可以利用他们在本民族的影响力，去安抚和号召各族人民，为前秦效力。苻坚的百万雄兵，单靠氐族人是远远不够的，鲜卑、羌、汉等每个族群都是他的重要兵源。

这或许才是苻坚善待战俘和异族的真实原因。从理想主义的角度看，他想要构建一个类似于后来唐朝的多民族融合国家；而从实用主义的角度看，他的宽容和仁慈最终从人才、兵源、财力等多方面奠定了他的霸业基础。

苻坚绝不像一些人所说的仅有妇人之仁，实际上，他比同时代的任何人都看得远。

当时前秦帝国的境内，关陇一带布满羌人，山西西北部和陕西北部是匈奴人，山西东北部和内蒙古一带是鲜卑拓跋氏，河北、辽东以及河南北部则是鲜卑慕容氏的族人，而汉族是当时北中国的主要人口……苻坚每消灭一个政权，种族关系的复杂程度就增加一分。将被征服政权的权贵迁移到关中，充实长安的人口，既方便控制，又促进了民族融合。

在关陇地区，氐族的人口还算稍微有点优势，但其他地区，几乎没有他们的踪影。统一北中国后，苻坚为了巩固氐族的政权，将十五万户氐族人以军事移民的方式，迁移到北中国的各个重要方镇。一千多年后，满族入主中原，也采取了同样的形式，在各地设置八旗驻防。

这是一项民族大融合的伟大计划，在统一体制下完成经济文化的整合，经过两代人或三代人的更替，逐渐消弭族群的芥蒂和界限，实现多族群的融合共处……一切只需要交给时间。

可是，苻坚已经等不及了，他要去实现他的终极梦想了。

他不知道自己将踏入一条失败的历史的河流。

4

东晋太元八年（383年），苻坚发起了针对东晋的总进攻。

根据苻坚的部署，他的弟弟苻融督张蚝、慕容垂等率领步骑二十五万为前锋。兖州刺史姚苌获得苻坚从不授人的龙骧将军称号，负责益、梁二州诸军事。苻坚自己也带兵从长安出发，全国总计戎卒六十余万、骑兵二十七万。

这场大规模的出征，呈现出连绵一千多里的浩大场面。当苻坚到达项城时，凉州之兵才到达咸阳，与此同时，巴蜀之军由长江顺流而下，幽州、冀州之众刚到达彭城。如此，水陆两军在东西两面形成了绵延一万余里的气势，确实令人震撼。

一战而攻灭东晋，完成大一统，苻坚志在必得。客观而言，两方的实力，无论从人口、领土还是兵力，都太过悬殊了，前秦占有绝对性的优势。对苻坚来说，这就像此前攻灭前燕或前凉的任何一场战争一样，结局已经提前写好了。

或许只是因为这场战争被赋予了大一统的特殊意义，所以苻坚才不顾反对，一定要御驾亲征，不然他完全可以像以前一样，坐镇长安，等待好消息就足够了。想想看，确实也是如此，古往今来，从关中起家，一点一点拼接帝国版图，直至完成大一统，也就只有秦始皇一人而已。苻坚给自己的历史定位，也是如此。

但是，在出征前的历次军事会议上，前秦朝臣几乎没有人赞成攻伐东晋。反对的理由也很奇怪，所有人都拿天象、天命来说事儿，搞得苻坚很不耐烦，说你们别整这些玄虚的东西，"以吾之众旅，投鞭于江，足断其流"。

史书记载，关于是否讨伐东晋的多次讨论，每次都以"（苻）坚不听"而告终。

史书说，苻坚寝食难安，迫切要攻打东晋。

在他的心中，一定有一张政治地图，在那里，等他攻下了东晋一隅，流寓江南的士族就可以回归北方故里，重建中华文明和大一统帝国的事业就能经由他这个君主得以实现。这是何等的功业！

一开始，战争按照苻坚设想的方向发展，前秦军二十五万先锋部队势如破竹，面对东晋军仅有的八万兵力和五千水军，就像大象踩着蚂蚁一样。

当时，东晋水军负责人胡彬遭到苻融的多次攻击，无力支撑，便派

三 变局已至，谁是最后的赢家

人送信给东晋的征讨大都督谢石。结果，送信人被前秦士兵捕获，苻融由此知道东晋兵少粮绝，快撑不住了，于是立即派人向苻坚报告了信的内容。

苻坚大悦。胜券在握，他闪过的第一个念头是，不要让谢石、谢玄这些东晋将领跑了。在出征前，他把东晋皇帝和丞相谢安的安置职位和住所都安排好了，就等着打完仗把他们接到长安去呢。

所以，当他的八十万大军停守在项城后，苻坚自己率领八千轻骑急忙赶到苻融驻守的前线寿阳（今安徽寿县）。他要亲自擒拿东晋的将领。

到达寿阳后，苻坚派朱序去对敌将谢石进行劝降。朱序原来是东晋襄阳太守，五年前被前秦俘虏，苻坚因为他的气节和能力，授予他度支尚书一职。从苻坚的想法来看，他之所以派朱序去劝降，是因为考虑到了朱序曾在东晋生活和做官的背景，以及现在前秦对他的优待，这些对谢石都会产生触动。

万万没想到，朱序一入东晋军营就背叛了苻坚。他在谢石面前泄露了前秦主力军还在项城，并未集结到前线的重大机密，并建议说："现在趁主力军还未集结，应该马上出兵攻打，如果能打败他们的前锋军，则我军士气大振，胜利在望。"

谢石很振奋，下令抓紧反击，果然打了一场小胜仗。

双方隔着淝水重新建立阵地。

东晋军前锋都督谢玄向苻融提议说："你们把阵地往后撤一点儿，等我们东晋士兵渡过淝水后，我们再在北岸决一死战，如何？"

前秦诸将对这个提议都表示反对。不过，苻坚和苻融却打算等东晋士兵渡到江中时，趁其不备，一举歼灭，所以接受了谢玄的提议。

在前秦军按约定后退的过程中，诡异的事情又发生了。

由于信息传达不到位，前秦军士兵以为后退是全军败退了。这时，朱序在后面故意大喊"秦兵败矣"。原本是谋略性的后退,这下子变成了真正的败退。连苻融都在撤退过程中落马而被杀死。而苻坚则身中箭伤,狼狈而逃。

史书记载了前秦军队被打败后的惨境:"(苻)坚众奔溃,自相蹈藉投水死者不可胜计,淝水为之不流,余众弃甲宵遁,闻风声鹤唳,皆以为王师(东晋军队)已至,草行露宿,重以饥冻,死者十七八。"

一场稳赢的战争,重重偶然因素叠加,加上两次重大失误,转眼间变成了惨败。苻坚的大一统之梦破碎了。在败逃途中,他对着自己最宠幸的张夫人,潸然泪下。

东晋太元八年(383年),这是自西晋分裂七八十年来,中国最有机会重现大一统的年份。最终因为苻坚在淝水之战中的意外惨败,而错失了。

史学家王仲荦认为,淝水之战是种族大移动中的最大的一次战争,也是决定南北能否统一的一次战争。战争的结果,按理说不是前秦消灭东晋实现大一统,就是东晋收复北中国实现大一统,但最后却出现了南北对峙、北方重回混战年代的局面。这个结果纯粹是东晋的狭隘、内斗和无力造成的。

5

接下来的故事,对苻坚、对前秦、对当时的中国,都是淝水之战后一曲悲伤而漫长的余音。

战败后的苻坚仅率千余骑,突出了重围。他治理国家二十多年留下的德政和名声,在关键时刻给了他一些稍可安慰的正向反馈。

一路上,老百姓仍然很感念这名落魄的仁君,主动给他送吃的,送穿的。

苻坚先去投奔了慕容垂。慕容垂的部下都劝他杀掉苻坚,但慕容垂感念苻坚在他困难时收容并重用他，不肯下手。

慕容垂把自己的三万大军还给苻坚，并跟随苻坚一路西行，准备返回长安。苻坚沿途收集离散，等回到洛阳时，已有士兵十余万。

到达渑池（今属河南三门峡）时，慕容垂借口说要北巡燕岱，祭拜祖先陵墓。苻坚同意了。慕容垂重返关东，一去不回，很快重建了燕国。

留在关中的前燕国主慕容暐的弟弟慕容泓，听到慕容垂起兵复国的消息，也在华阴举兵。慕容暐的另一个弟弟慕容冲则在平阳起兵。

但即便如此，苻坚依然维持了他的风度。当慕容冲逼近长安时，苻坚甚至还考虑出席慕容暐两个儿子的婚礼。而所谓的婚礼，实际上是慕容暐准备策动长安城内的鲜卑人刺杀苻坚的一个计谋。

直至慕容暐的计谋被揭发后，苻坚才杀了慕容暐父子以及千余名鲜卑人。这应该是苻坚一生杀人最多的一次了。他一生征战，灭国无数，但之前从未发动过一起屠杀事件。

当长安受到慕容冲的进攻而陷入孤立时，关中的三千多个堡垒以冯翊、赵敖为盟主，送粮食支援长安。冯翊的将士们发誓要跟着苻坚奋战到底。而苻坚则劝大家说，这是要掉脑袋的行动，请不要轻易牺牲。

苻坚曾寄予厚望的龙骧将军姚苌，在最紧要的关头也背叛了他，建立后秦，成为苻坚的致命之敌。

东晋太元十年（385年），苻坚在五将山（今陕西岐山东北）被姚苌捕获。姚苌提出要苻坚禅位于他，苻坚破口大骂。

在忍痛杀了自己两个女儿后，苻坚自缢于一座佛寺中（一说被姚苌命人绞杀）。他最爱的张夫人亦跟着自杀。

苻坚死后，闻者哀痛，就连姚苌的手下将士，也为苻坚痛哭流涕。

不过，前秦的历史还没完。苻坚的族孙苻登，在苻坚死后坚持抗战长达九年。他供奉苻坚的神主牌，每逢出战，都要在牌位前禀告苻坚。

将士们深受感动，在铠甲上刻上"死休"二字，拼死搏杀，渴望恢复苻坚的霸业。

一直到东晋太元十九年（394年），苻登被姚苌的儿子姚兴斩杀。同年，苻登的继承人苻崇被西秦的凉州刺史乞伏轲弹斩杀。前秦宣告灭亡，享国祚四十三年。

没有了苻坚的北中国，进入了更加混乱的时期。据统计，淝水之战后，北方出现了后秦（羌族）、西秦（鲜卑）、后燕（鲜卑）、北燕（汉族）、南燕（鲜卑）、夏（匈奴）、西凉（汉族）、南凉（鲜卑）、北凉（卢水胡）、后凉（氐族）十国，分裂混战长达半个多世纪。直到北魏太延五年（439年），才由北魏太武帝拓跋焘完成了中国北方的重新统一，开启南北朝对峙的格局。

相似的轮回，二十三年后再次上演

刘子业是宋孝武帝之子，字法师，他年少即位，为人狂悖无道，好事没做几件，荒唐事却干了不少，还有明显的暴力倾向，平时看哪个王公大臣不顺眼，就命人对他们拳脚相加，肆意殴打，闹得朝廷人心惶惶。

残暴的刘子业还将背叛自己的大臣杀害后进行肢解，并剖开肠胃，挖出眼珠，将其投入蜜中浸泡，称之为"鬼目粽"。

他看上了已嫁为人妇的姑姑新蔡公主，就把她接到宫中，封为谢贵嫔，还派人回去跟姑丈说，公主已死。之后杀了一个宫女以公主之礼埋葬，借此掩人耳目。

为了巩固帝位，刘子业把他年长的叔父们软禁在宫中。湘东王刘彧身材最为肥胖，刘子业就称他为"猪王"；另一个叔叔山阳王刘休祐，被称为"贼王"；还有个东海王刘祎被称为"驴王"。刘子业还用木槽盛饭，在地上挖个坑，让他叔叔刘彧光着身子趴在坑里，像牲畜一样去槽中吃食，以此戏笑为乐。刘彧为了活命，只能忍受屈辱。

景和元年（465年）冬，多次受辱的刘彧终于忍无可忍，他借身处京城的优势，与刘子业的近卫侍从密谋，伺机弑君，控制了建康（今江苏南京），自立为帝，史称宋明帝。

刘子业之死，直接改变了两个人的命运。一个当然是那位曾被戏称为"猪王"的胖皇叔刘彧，他废了屡次羞辱自己的侄子，当上皇帝。另一个人，是大将萧道成，他在这场皇室内讧中，为日后建立新的王朝捞取了政治资本。

1

宋明帝"近水楼台先得月"，老刘家很多人可不服气。实际上他们都想做皇帝，一场内战在刘宋皇室之中爆发，各方叛乱接踵而至。

平叛是要打仗的，正是武将建功立业的时机，这机遇就让萧道成抓住了。

南齐高帝萧道成，起初是一个出身寒微的武将，即陈寅恪先生所说的"次等士族"。他出自兰陵萧氏，与日后建立南梁的梁武帝萧衍有同一个先祖——东晋淮阴令萧整。捋一捋辈分，萧衍比萧道成小一辈，算是萧道成的族侄，他父亲萧顺之是萧道成的心腹，萧道成在外征战，萧顺之常为其副将。

自萧整南渡后，他这一支在东晋和刘宋时期地位不显，长期定居江、淮一带，当着不起眼的小官。这是因为，在东晋门阀政治中，"上品无寒门，下品无势族"，家族地位至关重要。

后来，京口和广陵的骁勇之士组成东晋的王牌部队北府兵。到了东晋末年皇室衰弱的时候，北府兵出身的猛人刘裕权倾朝野，一举推翻了东晋，建立刘宋。

萧道成的人生经历，与气吞万里如虎的宋武帝刘裕相似。他自称"布衣素族"，也是一个靠军功起家的名将，年少时就跟着父亲上了战场，多年来为刘宋征战，打过北魏，平过雍州、濠泗匪患，东征西讨，屡屡破敌。

宋明帝废帝自立后，历经二十余年戎马生涯的大将萧道成，正处于这一政治事件引发的一系列连锁反应之中。

2

宋明帝称帝不久,就爆发了历时八个月的"义嘉之乱"。这场内乱,本质上是刘宋的皇室成员与宋明帝的皇位争夺战。一些高门士族和大臣拥立刘子业的弟弟刘子勋为帝,发动十万大军浩浩荡荡地向建康进军,徐州刺史薛安都也起兵响应刘子勋一党,派兵攻打淮阴(今江苏淮安)。

刘彧本就是弑君夺位,看似很稳,实际上很慌,只好调兵遣将平定叛乱。在这场内战中,寒门出身的萧道成给了宋明帝不少好印象。萧道成先是被拜为辅国将军,与其他几个将领率军东征,势如破竹,平定了依附刘子勋的军队,之后又在淮阴打败了猛将薛安都的先头部队,并凭借这一战功,被封为西阳县侯。

战后,卷入叛乱的刘子勋被宋明帝的另一员大将沈攸之斩首。这个年仅11岁的孩子可能至死都不清楚,自己为何会卷入内战,他不过是叛臣的棋子罢了。刘子业的其他几个弟弟,也被他们的叔叔宋明帝一并赐死。

等到叛乱平定,萧道成已经成了宋明帝眼前的红人。拜将封侯,是一个武将的至高成就,萧道成当了这么多年军人,总算是"混出名堂"。但正是这场刘宋皇室的内乱,唤醒了埋在他内心深处的政治野心。

义嘉之乱后,宋明帝对萧道成委以重任。到了泰始三年(467年),正好需一员大将出镇淮阴,到徐州防御叛将薛安都和北魏大军。宋明帝就指定了萧道成。

在此之前,萧道成没有属于自己的地盘,但出镇淮阴后就不一样了,他可以收罗招引幕僚,发展壮大自己的势力。到了淮阴,他很快得到一笔重要的政治资本——青徐集团。

青徐集团,顾名思义就是青徐一带的豪强大族。青州指今山东大部地区和河北东南部,徐州指今江苏长江以北地区以及山东东南部,此地

"四塞之固,负海之饶,可谓用武之国"。西晋永嘉之乱后,还有很多士族留在北方,青徐之地成为很多河北大姓的安身之处,但多次为北方政权所控制。

东晋末年,鲜卑贵族慕容德带着一支军队南下青、徐,建立了南燕。不过南燕政权在青徐还没站稳脚跟,就遇到刘裕被灭了。青徐集团抓住机会投靠刘裕,一直到宋明帝在位时期,都依附于刘宋。

正在此时,参与刘宋宗室叛乱的薛安都见打不过萧道成,便跑到北魏搬救兵,攻陷了淮北,遂使"淮南孤弱"。结果,才过了几年太平日子的青徐集团丢了家乡,他们不愿投靠北魏,携宗族部曲,从淮北迁到了淮南。这就是萧道成出镇淮阴时的局面。

青徐集团夹在刘宋和北魏之间求生存,萧道成征战多年,能力出类拔萃,正好可以当他们的依附对象,于是"青、冀豪右,崔、刘望族,先睹人雄,希风结义",纷纷投入萧道成帐下。清河崔氏、平原刘氏等望族都成了萧道成的帮手,其中有不少能人猛将。至此,萧道成"作牧淮、兖,始基霸业"。

学者周一良对此评价道:"萧道成之代宋,即以淮阴为根据。其在淮阴所援引要结者,多为来自北方聚于其地之荒伧,后乃成为建立齐朝政权之武力支柱。"

3

刘彧不傻,他知道萧道成在淮阴坐大,会成为威胁中央的地方军阀,心中难免产生猜疑。

为了试探萧道成,宋明帝特意命人持一盛满酒的银壶,前去犒赏萧道成。

萧道成身着戎装,出门迎接使者,可害怕壶中是毒酒,不敢喝,还想借机推辞，心里的慌张都写在脸上了。皇帝赐的酒，不喝就是不忠，但皇帝无缘无故赐酒，难保不是毒酒。这使者倒是个好人，看在眼里，就对萧道成坦诚相告，并先饮一杯，以证明此酒无毒。萧道成这才放心畅饮，叩谢皇恩。

使者回到朝中告诉明帝，萧道成绝无二心。

这下宋明帝就放心了，泰始七年（471年），他征召镇守淮南的萧道成入朝为官。

此时，萧道成已在淮阴建立了根据地，其亲信都劝他不要前往。可萧道成二话不说就同意入朝，还对疑惑不解的部下们说："主上以为太子幼弱，正在大肆诛杀宗室诸王，这是皇室内部的权力斗争，与朝臣无关。如今应该当机立断，不能在外观望，不然会引起怀疑。况且骨肉相残，祸难将兴，正是我与诸位勠力同心的时候。"

从萧道成这番话，可见他已有图谋篡位的野心。不入虎穴，焉得虎子，他留下萧衍的父亲萧顺之等亲信留镇江北，自己出发前往建康，入朝参与中央政治的争斗。

就在萧道成经营事业的这几年，宋明帝也许是被迫害多年受了刺激，当上皇帝后也和他那变态侄子一样荒淫无道，喜好在宫中观看裸女表演，还大杀朝臣，造成刘宋朝政更加混乱。为了防范自己的兄弟夺权，在杀死那些年幼的侄子后，宋明帝又将屠刀伸向了年长的兄弟，只留下一个资质平庸的弟弟刘休范。

等到泰豫元年（472年），宋明帝病危时，他的兄弟子侄要么早已被杀，要么年少无知，只好将年仅10岁的太子刘昱托付给袁粲、沈攸之等五名顾命大臣。入朝的萧道成也被任命为卫尉，参掌机要，执掌禁军。

宋明帝刚一死，刘宋皇室又给萧道成送上助攻。宗室刘休范、刘景素不满宋明帝晚年安排的辅政大臣，先后在寻阳、京口起兵造反，却被萧道成迅速平定，给了他在朝廷树立权威的机会。平定叛乱后，萧道成的个人威望凌驾于其他辅政大臣之上，渐渐变成了专政的权臣。

刘宋皇室这场兄弟阋于墙的闹剧没有赢家，如果有，那真正的赢家，就是置身事外的萧道成。

4

宋明帝的儿子刘昱（即刘宋后废帝）为萧道成所废，很多人只知道他也是个凶狠残暴的昏君，却忽略了这个少年天子被杀时年仅15岁。

一个15岁的小孩，能做出什么危害朝政的事情？

史书记载，刘昱即位后，像他的堂兄和父亲一样充满了暴力倾向，平时吊儿郎当，经常带着武器出巡，与随从伤害路过的行人，甚至连孕妇也不放过，百姓不堪其扰，只好日夜闭户。

刘昱见萧道成威名远扬，好几次想要借机除掉这个权臣，经常在夜里窥探他的住所。

有一天夜晚，刘昱打算袭击萧道成次子萧嶷居住的青溪宅，萧嶷知道后，命人在宅中舞刀弄剑、敲锣打鼓，装作早有防备的样子，把刘昱吓跑了。

还有一次，恰逢天气炎热，刘昱突击萧道成的住所。萧道成正在午睡，刘昱想拿他的肚脐眼当箭靶，当即把他叫醒，萧道成吓了一跳，用上朝的笏板护住腹部连声说："老臣无罪。"从此以后，萧道成时刻担心刘昱会诛杀自己，还想过逃出京城。幸亏刘昱的母亲陈太妃认为"萧道成有大功于国"，让皇帝不能加害，才暂时缓和了君臣关系。

萧齐代宋的历史大多荒诞不经，刘昱所做的这些事情，确实只有小孩子才干得出来，完全不像一个皇帝该做的。

萧道成生命遭到威胁后，与袁粲等辅政大臣秘密商议废立皇帝之事，他的担忧也没有持续太久，其心腹爱将王敬则得知上司的心思，买通了刘昱身边的侍从。不久，他们就把这个皇帝的人头，丢进萧道成府内，献上一份特殊的大礼。

看着小皇帝刘昱的人头，萧道成知道，篡位之事可以提上日程了。王敬则弑君后，不仅没有被问罪，还拿着刀威胁朝中重臣："一切听萧将军安排，谁赞成？谁反对？"于是，萧道成以太后的名义，废被杀的刘昱为苍梧王，另立安成王刘准为帝（即宋顺帝）。

刘昱死后，萧道成又扳倒了袁粲、沈攸之等刘宋重臣，在内外朝都已没有对手。昇明三年（479年），他轻易地从宋顺帝手中夺取了皇位，称帝建国，国号为齐，史称南齐。

以齐为国号是其亲信崔祖思的意思，他借谶语"金刀利刃齐刈之"，认为"金刀利刃"就是刘宋的"刘"，而萧道成称帝，正是顺应天命。

哪有所谓的天命，萧道成能够代宋自立，不过是因为刘宋皇室自相残杀，才让他能赢。刘宋皇室为皇帝的宝座而疯狂，却不断削弱皇权，加剧政局动荡，到头来都是给他人做嫁衣裳。

5

齐高帝萧道成虽是武人出身，却精通文韬武略，不失为一代明君。

他从刘宋内乱中走上权力之巅，在位四年间，革除了刘宋末年的诸多暴政，整顿朝政，安抚百姓，为富国强兵而提倡节俭。史载，萧道成"以身率下，移风易俗"，将宫中用金、铜制作的器具全部换成铁器。他自己身上也不戴贵重物品，而将衣服上的玉佩等挂饰取下，命人将其打破。萧道成经常说："使我临天下十年，当使黄金与土同价。"

萧道成为人宽厚，他称帝后，有一次与大臣褚思庄、周覆下棋，下了很多局也不感到疲倦。在下棋时，周覆多次压住萧道成的手，以免皇帝悔棋。萧道成是出了名的好脾气，乐在其中，不曾恼怒。

褚思庄的棋艺在当时是第二品，琅琊人王抗则被称为围棋第一品。有一次，萧道成命王、褚二人下棋，自己在旁围观，他们从白天一直下到日落也未分出胜负。萧道成只好命他们稍做休息，五更时再接着对弈。王抗直接就在旁边睡着了，褚思庄棋逢敌手，情绪高亢，竟达旦不寐。头号棋痴萧道成观赏着高手过招，也是连连叫好。

6

萧道成当上皇帝后，担心刘宋的悲剧再度上演，他临终时特意嘱咐太子萧赜："刘宋皇室如果没有骨肉相残，他人岂能乘其衰敝夺取天下，你一定要引以为戒。"

齐武帝萧赜继承了其父萧道成的政策，自宋前废帝刘子业后，总算有了一次正常的皇位交接。萧赜也成功延续了南齐初年的治世，开创了"永明之治"。永明年间，"十许年中，百姓无鸡鸣犬吠之警，都邑之盛，士女富逸，歌声舞节，袨服华妆，桃花绿水之间，秋月春风之下，盖以百数"。

可是，好景不长，萧道成生前最担忧的事还是发生了。

齐武帝萧赜即位时已人到中年，白发人送黑发人，太子先于他去世，他只好留下遗诏，让皇太孙萧昭业继承皇位，由萧鸾等重臣辅政。萧鸾是萧道成的侄子、萧赜的堂兄弟，年幼丧父，由叔叔萧道成抚养长大，也是个人才，但问题就出在他身上。

萧鸾独揽大权，野心勃勃，先后废杀齐武帝的孙子昭业、昭文兄弟，之后自己当了皇帝，是为齐明帝。萧鸾有一定的治国才能，他在位时依旧延续萧道成、萧赜的治国方针，减轻赋役，戒奢宁俭。

有一次，太官给萧鸾准备了"裹蒸"作为御膳。这是一道传统小吃，现在广东一些地区还有裹蒸粽。萧鸾看着呈上来的这道菜，却说：

三 变局已至，谁是最后的赢家

"我吃不完，可以把它分成四份，其余的我晚上再吃。"

萧鸾还下过很多颇具人性化的诏令，如在与北魏交战时，下令"民产子者，蠲其父母调役一年，又赐米十斛。新婚者，蠲夫役一年"。蠲，是免除的意思。

齐明帝的经营表面上看似乎安定繁荣，实则危机重重。作为一个篡位者，萧鸾为维护皇位采取了最简单粗暴的方式，即屠杀宗室，特别是杀害齐高帝与齐武帝的后代，完全不顾叔父的养育之恩。

到萧鸾以权臣之位二度废立皇帝时，他已用各种理由诛杀高、武二帝的子孙十二人，即位次年，他又诛杀了西阳王等三王，高、武二帝的血脉日夜惶恐，朝不保夕。到了统治后期，萧鸾还对近臣叹息道："我的孩子都还小，高、武二帝的子孙却逐渐长大成人。"他心狠手辣，说完这句话没多久，又诛杀了河东王等十王。

据清人王鸣盛统计，齐高帝萧道成之子、孙及曾孙三世，被萧鸾所杀的多达二十九人，还有一些年幼的，甚至尚在襁褓者不在统计之列，高帝、武帝子孙几乎被屠戮殆尽。南齐皇室重蹈覆辙，再现了刘宋时宗室相残的惨剧，萧道成若泉下有知，不知做何感想。

齐明帝效仿宋明帝的做法，换来了相同的后果。他去世前，儿子都还年少，选择骄奢淫逸的次子萧宝卷作为继承者，没有才能出众的宗室大臣作为辅佐。萧宝卷一通瞎折腾，此后，南齐迅速走向覆亡，成了南朝四代中最短命的王朝，前后只有二十三年。而从南齐末代皇帝齐和帝萧宝融手中夺取帝位的，正是在南齐内乱中崛起的权臣萧衍。

在齐明帝大肆杀害宗室时，萧衍一直在坐山观虎斗。当有人与他谈论形势，说起"英雄今何在"时，萧衍笑说："汉光武帝刘秀曾说，'安知非仆'。"

风也萧萧，雨也萧萧，相似的轮回，只用了二十三年的时间就再次上演。

北齐之亡，亡于高氏家族的疯癫

在生命的最后几个月，一代枭雄、东魏实际控制者高欢拖着病体，率军十余万围攻西魏的玉壁城（今山西稷山西南）。

东魏大军围攻了五十天，城就是攻不下来。士卒战死和病死，竟高达七万人。高欢内心忧愤，十几年来，他以数倍于对方的强大兵力，与死对头、西魏实际掌权人宇文泰打过四五场大战，结果败多胜少，只能眼看着西魏慢慢坐大。

史载，一颗流星坠落在东魏军营，所有的驴开始长鸣，士卒惊惧。高欢的坐骑也受到惊吓，失蹄将他摔下马。

东魏大军撤退。凛冽寒风中，病倒了的高欢回到他的大本营晋阳（今太原）。

西魏这时散布谣言，说他们的守城大将韦孝宽已将高欢射杀，以此瓦解东魏人心。

为了稳定人心，高欢强行拖着病体，公开露面辟谣。在与军政权贵的见面会上，高欢专门让手下大将斛律金唱起《敕勒歌》，他自己也跟着唱。

敕勒川，阴山下。

天似穹庐，笼盖四野。

天苍苍，野茫茫。

风吹草低见牛羊。

唱着唱着，高欢老泪纵横。

一个多月后，这个南北朝时期的枭雄走到了生命的尽头。高欢死之时，正好碰上日蚀，他说："日蚀其为我耶？死亦何恨！"

这一年是东魏武定五年（547年），离中国北方统一还有三十年，离隋朝实现大一统还有三十四年。不过，历史的凯歌是以高欢家族建立的王朝的覆灭为代价的。

一切的伏笔，高欢在世时皆已埋下。只是他自己并未意识到，他既是成就家族的那个人，也是埋葬整个家族的那个人。

1

乱世出枭雄。魏晋南北朝是中国历史上混乱的时期，也是群雄并起的时期。

公元6世纪20年代，随着六镇起义击垮了北魏的朝局，武人集团开始主导历史的走向。

尔朱荣算是最早得势的大枭雄，一度控制了北魏实权，但最终只是成为那个时代的一颗流星。真正影响历史的"双子星"——高欢和宇文泰，在尔朱荣麾下冉冉升起，这两个人后来崛起为割据掌控中国北方的"双子星"，也是彼此大半生的劲敌。

虽然历史最终以宇文泰家族奠基的西魏—北周—隋朝，作为中国大分裂时期的统一出口，但说起来，高欢的发迹比宇文泰更早，实力也比宇文泰更强。所以高欢及其家族的故事，本质上是一个攒了一手好牌，却把一手好牌打烂的故事。

史书说高欢原籍渤海蓨县（今河北景县），但也有学者说这只是他当年为了结盟河北豪族而"伪冒士籍"，他并非出自汉族，而是鲜卑人或高丽人。

按照正史记载，高欢的祖父高谧，官至北魏侍御史，因犯法流放到怀朔镇（今内蒙古固阳南）。

怀朔镇是北魏六镇之一。六镇是拱卫北魏政权的中坚力量，六镇武人集团一度地位崇高。但自北魏从平城（今大同）迁都洛阳之后，六镇拱卫都城的职能大大降低，以至于军将的选派都十分随意，这埋下了日后六镇起义的根子。六镇甚至成为一些被贬谪官员的流放地，高谧就是因此来到了怀朔镇。

高欢出生时，其家族已在怀朔镇生活三代，"累世北边，故习其俗，遂同鲜卑"，成为鲜卑化汉人。高欢有个鲜卑名，叫"贺六浑"。

高欢是六镇中最底层的人，最早做了一名边兵，具体负责城门站岗。他长得帅，又有才，但无法升职，因为按照规定，当队主的条件是，必须拥有一匹属于自己的战马。他家穷，买不了战马。

家族遗传的帅气，此时成为他的隐形资本。据说他在站岗的时候，被路过的当地鲜卑豪族女娄氏看上了，两人很快结婚，而高欢依靠妻子的彩礼买了一匹战马，终于当上队主，实现了社会阶层的首次上升。

随后，高欢成为一名通信兵，往返于六镇与都城洛阳之间。他的眼界一下子被打开了。

据《北史》记载，高欢有一次从洛阳回到怀朔镇后，"倾产以结客"。亲友对他突然散财结交朋友的做法表示不解。

高欢却说："我在洛阳正好遇见禁军造反，直接烧了他们头儿的宅子，朝廷吭都不敢吭一声。这样的朝廷，还有希望吗？守着财物，又有何用？"

敏锐的高欢从一起动乱，预见了北魏的末路。史书说他从此有澄清天下之志。

很快,"轻财重士"的高欢结交了许多同阶层的朋友,打造了一个前途无量的"朋友圈"。

这些人跟他一样,都是怀朔镇的低级军官或官吏,但他们相互期许,"苟富贵,勿相忘"。只要军中无事,他们便聚在一起,或饮酒高论,或外出狩猎,俨然是一个小集团。

他们中有司马子如、刘贵、贾显智、孙腾、侯景、尉景、蔡俊等人,后来基本成为高欢成就霸业的左臂右膀,被称为"高欢七友"。

2

北魏正光五年（524年）,六镇起义爆发,北魏的权力格局重新配置。

高欢随着六镇降户进入河北地区。北魏镇压六镇起义后,将六镇子弟二十余万人迁入河北地区,以便控制,但实际上整个局面已经失控。

在群起的杜洛周、葛荣、尔朱荣等武人集团之中,高欢经过好友刘贵的推荐,最终选择了投奔尔朱荣。

尔朱荣第一次见到高欢,对这个仅比自己小3岁的破落子弟并无好印象。直到有一次,高欢跟着尔朱荣去马厩,正好有一匹烈马在里面捣乱。尔朱荣让高欢把它驯服。高欢三两下就把烈马整得服服帖帖,技法从容娴熟,完了还对尔朱荣说:"对付恶人,也得这么办。"

尔朱荣颇为震惊,开始意识到高欢是个高人,遂将他请入室内,让他发表时事观点。

高欢问尔朱荣:"您养这么多马,究竟想干什么呢？"

尔朱荣说:"你只管说出你的意思。"

高欢说:"如今天下大乱,但这正是您的时机。您只要打出'清君侧'的旗号,以讨伐嬖臣的名义起兵,霸业可举鞭而成。"

尔朱荣大悦。

两人从中午谈到半夜。

自此，高欢成为尔朱荣的首席军师和心腹。尔朱荣曾公开表示，能代替他统领全军的人，唯有贺六浑（高欢）。

在尔朱荣称霸北方的过程中，高欢与他的旧友出了很大的力气。尔朱荣的劲敌葛荣，就是被高欢的好友侯景生擒的。

北魏永安三年（530年）九月，尔朱荣仅带着贴身随从入洛阳，遭北魏孝庄帝派人刺杀而死。一代枭雄死后，他的军队由其堂侄尔朱兆掌握。

但高欢已经不想再替尔朱家族"打工"。他要自己拉军队"创业"。

他瞄准了葛荣战败后被尔朱荣收编的军队。这支军队以怀朔镇人为主，虽然归降了尔朱荣，但经常受尔朱家族的嫡系兵欺侮。尔朱荣死后，高欢一方面以同乡关系相号召，另一方面诈称"尔朱兆要把你们当奴隶"，惊慌之下，这支军队集体奉高欢为主。

刚刚缢死孝庄帝、掌握北魏朝政的尔朱兆，对造反成瘾的六镇降兵头疼不已，就向高欢问计。高欢趁机说："您只要选一个心腹之人去统领六镇降兵，再有叛乱发生，拿将领问罪就好，不能每次都杀掉大批士兵。"

尔朱兆问，谁能当好这个统领呢？

当时一起在座饮酒的贺拔允赶紧接口："我觉得高欢挺好的。"

高欢佯装大怒，起身一拳打得贺拔允门牙落地，大骂道："太原王（尔朱荣）在世时，说怎么样就怎么样，现在太原王死了，天下事都听大王（尔朱兆）的。你是什么东西，大王没发话能轮到你说三道四！"

尔朱兆很感动，趁着酒劲宣布高欢为六镇降兵的统帅。

高欢心中大喜，担心尔朱兆酒醒后反悔，于是赶紧冲出大营对众人宣布："我受命统管六镇降兵，都到汾东受我号令。"

三 变局已至，谁是最后的赢家

在极短的时间内，六镇降兵集结到高欢麾下。

自此，高欢终于白手起家而拥有了一支属于自己的军队。

但高欢要脱离尔朱兆并与之对抗，实力还太弱。他采取的办法是跟河北地区的豪族结盟。当时的河北豪族，比如渤海高氏、赵郡李氏、范阳卢氏等，都有自己的私人武装，用于乱世中自保。这些豪族武装在动荡的年月里，逐渐发展为社会秩序的整合和稳定力量。

高欢出滏口（滏口陉，太行八陉之一，位于今河北邯郸峰峰矿区）时，号令部下"倍加约束，纤毫之物，不听侵犯"。路过麦田，他亲自牵着战马步行，众将士见此，无不恪守军令，所过之处，秋毫无犯。这些细节，跟尔朱家族治军的粗暴，以及对汉人的仇视，形成了鲜明的对比。高欢因此获得渤海高氏、赵郡李氏两大豪族的青睐，与河北豪族武装的结盟初步形成。

在"创业"过程中，高欢整合了婚姻、朋友、乡里、联盟等多种力量，慢慢攒了一手"好牌"，组建起自己的政治军事集团。随后，正式与尔朱氏决裂。

经过两场决战，北魏永熙二年（533年），尔朱兆兵败自杀，控制北魏朝政多年的尔朱氏彻底垮台。

高欢亲自将尔朱兆厚葬。此前一年他已进入洛阳，拥立新帝，即北魏孝武帝元脩。孝武帝即位后，封高欢为大丞相、太师。

北魏大权事实上已掌控在高欢手中。

这一年，高欢37岁，霸业成了。

3

对高欢而言，接下来的历史只是自己建立霸业的余波罢了。

高欢视孝武帝为傀儡，孝武帝却视自己为真正的君王，双方的矛盾一触即发。

北魏永熙三年（534年），孝武帝假称南伐梁朝，频繁调兵遣将。高欢听到风声，感觉不妙，迅速调集二十万大军，也以南伐梁朝为借口，从晋阳向洛阳进军。

孝武帝无力抵抗，仓促投奔关中，成为宇文泰借以自立、对抗高欢的一张政治底牌。而当孝武帝的政治功能完成之后，第二年年初就被宇文泰鸩杀了。或许他至死才明白，宇文泰是一个隐藏得更深的"高欢"。

在此期间，高欢和宇文泰先后另立元氏皇族成员为帝，北魏分裂为东、西两魏。

高欢选择的是年仅11岁的元善见——北魏孝文帝的曾孙，立他为孝静帝，并从洛阳迁都邺城。这一下，孝静帝成了真正的傀儡皇帝，军国政务皆归晋阳大丞相府。

尔朱荣最初就以"太原王"身份坐镇晋阳，遥制朝廷。高欢继承了尔朱荣的政治遗产，继续将表里山河、易守难攻的晋阳作为政治军事基地。与此同时，他把六镇军士从河北迁到并州、汾州一带，用于拱卫晋阳。

高欢本人长期居住在晋阳，只派心腹在邺城管理朝政。他和儿子高澄，在晋阳开启了长达十六年的霸府统治。

有史学家认为，邺城—晋阳两都制表现了保持权威的旧王朝与新兴的军阀势力并存的状态。高欢父子的霸府统治过程，就是一个以权力不断克服旧权威，并不断强化新权威，从旧政权中逐渐生成新政权的过程。

不过，如同曹操和司马懿一样，高欢也只是做到了无冕之王，并没有触碰伸手可及的改朝换代工作。而捅破那一层窗户纸，是由其儿子来完成的。

高欢控制东魏后的主要精力，都放在怎么吞并老对手宇文泰控制的西魏上。这一野心勃勃的计划，却遭遇了西魏强有力的抵抗，毫无进展。十多年间，在双方正面交手的四五场大战中，东魏徒然占据兵力和国力优势，却败多胜少，眼看着西魏一步步上演以小博大的戏码，甚至在高欢死后三十年，高齐反而被宇文周吞灭，这是为何呢？

从高氏家族自身分析的话，高欢时期就给东魏—北齐埋下了两颗雷——民族矛盾与腐败问题。

4

"创业"之初，高欢为了发展壮大，与河北豪族结盟，并采取了一些民族融合的措施。但当东魏政权稳定地控制了河北地区之后，高欢转而开始抑制汉族豪强，使得河北世家大族在东魏—北齐政坛上只能充当配角。这与宇文泰在关中吸纳本地豪族打造关陇军功集团，缔建多民族共同体的做法，形成了强烈的对比。

同一个时代的两大枭雄，在对待鲜卑化与汉化的根本态度上，决定了谁能最终被历史拣选中。

高欢当然清楚，在那个年代，民族矛盾可以决定一国的存亡。所以在实际的统治过程中，他总以"两面派"的形象来调和民族问题。

号令军士时，对着六镇鲜卑人，他就说："汉民是汝奴，夫为汝耕，妇为汝织，输汝粟帛，令汝温饱，汝何为陵之？"

而对着汉人，他就改口说："鲜卑是汝作客，得汝一斛粟、一疋绢，为汝击贼，令汝安宁，汝何为疾之？"

事实上，这种"巧妙"的姿态并不能掩盖高欢军事政治集团对汉人的利用与歧视。史载，在东魏北齐，"鲜卑共轻中华朝士"。

高敖曹出身渤海高氏豪族，以勇猛善战闻名，被高欢委以大都督之职。但在鲜卑化色彩浓重的东魏政坛上，高敖曹常常感觉不自在。某日，"高欢七友"之一的刘贵与高敖曹在一起，有人进来禀报说，治河溺死了很多人。刘贵回了一句："一钱汉，随之死。"（汉人不值一个钱，死了就死了。）高敖曹闻言大怒，拔刀要砍刘贵。刘贵吓得跑出军营，在侯景等人解围后，事情才平息下来。

高欢自己也不信任汉人，对待高敖曹亦不放心，怕他的军队中全是汉人，刻意给他安排千余鲜卑兵。临死前，他特别跟儿子高澄交代，谁是鲜卑人，谁是敕勒人，这些人"终不负汝"，而谁是汉人，这些人可能有异心。

高欢将他封闭式的民族理念，传递给了下一代，使得东魏北齐的鲜卑化违背了民族融合的大势，在持续不断的内斗中走向了终点。

腐败也是高氏家族政权败亡的催化剂，而高欢生前纵容并见证了贪腐的弥漫。

史载，高欢本人"不尚绮靡"、"雅尚俭素"，他的刀剑鞍勒，绝无金玉之饰。但当年跟着他一起"创业"的人，却没有这种自制力。在霸业既成之后，这些人成为勋贵，贪贿聚敛、荒淫败德、卖官鬻爵，如同家常便饭。《资治通鉴》记载，"孙腾、司马子如、高岳、高隆之，皆（高）欢之亲旧，委以朝政，邺中谓之四贵，其权势熏灼中外，率多专恣骄贪"。

尉景是"高欢七友"之一，也是高欢的姐夫。此人极为贪婪，不管在中枢还是在地方，都索贿成性，毫无廉耻之心。高欢每每提醒他不要太过分，尉景充耳不闻。

有一次，高欢与几位亲戚聚会。席间，高欢的妹夫厍狄干突然请求去担任御史中尉。当时厍狄干已官至太保、太傅，高欢问他为何反而要去当如此小官。厍狄干说，要去捉拿尉景治罪。高欢一笑了之。

然而，面对高欢的劝诫，尉景总是振振有词："我止人上取，尔割天子调。"你连皇帝的整个天下都"贪"了，我贪这点儿根本不算什么。一句话撑得高欢只能笑而不答。

眼看着东魏的风气被这些功臣勋贵带坏，而高欢却睁一只眼闭一只眼，朝廷上的有识之士嗅到了危机。杜弼向高欢陈述反腐的必要性，希望能够引起重视。

谁知道高欢摆出一个刀槊阵，两边的士兵举着刀、槊，引着弓，命令杜弼从中间穿过。杜弼走了一遭后，吓得汗流浃背。高欢大笑，说："矢虽注不射，刀虽举不击，槊虽按不刺，尔犹亡魄失胆。诸勋人身犯锋镝，百死一生，虽或贪鄙，所取者大，岂可同之常人也。"

在高欢看来，勋贵贪腐都是他们冒着生命危险打天下后应得的回报。他只要求勋贵们对他和他的家族保持政治忠诚，其他一概放宽不管。

不仅如此，高欢还有一个纵容贪腐的理由。他曾对杜弼说，贪腐是历史遗留问题，现在三国分立，自己如果厉行反腐，就会逼得功臣宿将们都去投奔关中的宇文泰，或南方的萧衍。

从高欢为贪腐辩护的这番理论来看，他虽然称得上是一个权谋家，但想在乱世中白手起家实现霸业，他的政治视野还是十分有限，治理国家的能力比较欠缺，做一个国家的领导人也有待提升。

高欢长期战斗在一线，以外战掩盖了内忧，然而，他的儿子们很快就要面对他遗留下来的国家乱局。

5

东魏武定五年（547年），52岁的高欢病逝。他的长子高澄以大将军、大行台的身份，控制东魏政权。不过，权力在传到第二代的过程中，并不太顺利。

高欢临死前就预见了侯景可能会叛乱。作为"高欢七友"之一，侯景对高欢一直服服帖帖。高欢对这名猛将也十分信任，"使拥兵十万，专制河南"，让他专心地用兵西魏。史书说，高欢给侯景写信，用的文句像加了密码，只有他们两人能读懂。

但侯景服高欢，却不服高欢的儿子。

在双方失去互信的基础后，侯景率军投降梁朝，并与梁朝组成联军反攻东魏。

高澄不愧是高欢的儿子，或者说，高欢的儿子们都遗传了高欢的权谋天才。在形势十分不利的情况下，高澄使用了一记反间计，就瓦解了侯景与梁朝的关系，并成功将侯景这股祸水引向梁朝，最终，梁朝爆发了震动南北的"侯景之乱"，梁朝日薄西山，东、西魏则趁势而起。

高澄稳定局面后，加紧代魏自立的步伐。

东魏武定七年（549年），高澄到达邺城，与亲信密谋禅代事宜。谁知道历史跟他开了一个大大的玩笑，就在代魏自立万事俱备的时候，政治天赋极高的高澄被一个厨子（膳奴）刺杀了。

高澄被刺，高氏家族的霸业可能遭遇颠覆。这时，从小被家族成员当作"傻子"的高洋出手了。

高洋是高澄的弟弟。与高澄从小就表现出过人的智慧不同，高洋显得很愚笨，常常遭到高澄的耻笑。连他们的母亲娄昭君都瞧不起高洋，后来听到高洋也要谋魏自立，公开反对说："汝父如龙，汝兄如虎，尚以人臣终，汝何容欲行舜、禹事？"

只有高欢生前看出高洋与众不同，曾对人说："此儿意识过吾。"

高洋被推到前台后，立马像换了一个人似的，镇定老练，连放了几个大招，一举稳住了东魏政局。

安定人心——高洋秘不发丧，隐瞒高澄已死的真相，对外宣称高澄只是受伤而已；

控制晋阳——在平叛、处理了刺客之后,高洋留下亲信镇守邺城,自己带队赶赴晋阳,将东魏的政治军事基地牢牢控制在手中;

更改政令——到达晋阳稳定政局之后,高洋立即召见晋阳的旧臣宿将,并宣布调整高澄执政时一些不合时宜的政策,借此树立个人权威。

孝静帝原本想着高澄已死,天意要重振元魏威权。结果来了个更狠的角儿,一下子被镇得死死的。

尽管高洋的母亲娄昭君反对儿子行禅代之事,但高洋还是在掌权的第二年,即东魏武定八年(550年)登上皇位,成为历史上饱受争议的齐文宣帝。从北魏永熙二年(533年)高欢控制北魏朝政算起,历经两代三人十七年的努力,高氏家族终于取代元氏家族,建立起北齐王朝。

建立高齐王朝后,高洋表现出惊人的政治和军事天才。他实行了一系列改革,"留心政术,以法驭下",极大地加强了皇权,并在制度、法律、经济等方面都有所建树。他重新整顿军队,挑选勇敢善战的鲜卑男儿充当中央宿卫军,由他本人亲自指挥;又从汉人中挑选勇武绝伦之人,充任边防军。

北齐立国不久,宇文泰率兵东渡黄河,高洋率领他亲手组建的新军迎战。史载,宇文泰望见北齐军容严盛,惊叹说:"高欢不死矣!"此后,北齐的军事力量一度超过了西魏、北周。

到此时,所有人才发现,他们眼中的那个"傻子"不傻,就政治才干而言,高洋不在高澄之下;而就忍辱负重、韬光养晦等政治性格涵养来说,高洋则明显强过高澄。所以,父兄未竟的改朝换代大业,在高洋手上才最终完成。

不过,在将北齐带到一个高度之后,这个被称为"英雄天子"的开国皇帝彻底放飞自我,将家族和人性的恶释放了出来——纵欲、乱伦、酗酒、滥杀、内斗，连同高欢遗留的民族矛盾和贪腐成风，所有问题一起爆发，使得北齐成了历史上臭名昭著的"禽兽王朝"。

6

高洋前后在位十年，后期做了许多荒唐恶事，以至于唐代史学家李百药在《北齐史》中说，高洋是"淫暴"之君。

现在的一些史学家则指出，高洋前后的反差，可能源于高欢家族的精神病。不仅是高洋，北齐几乎所有的皇帝都有类似的病态表现。

具体来说，高欢家族的精神气质表现为尚武好侠、嗜酒好色、智商较高、情商欠缺等。

高欢的子孙都具有卓越的军事才能，高洋就经常在战场上冲锋陷阵，身先士卒，表现十分勇猛。但他也传承了父亲爱喝酒的基因。高欢"少能剧饮"，他的自制力很好，做大事之后，饮酒必不过三杯。而高洋则经常纵酒肆欲，到他统治晚期竟然只喝酒不吃饭，最后饮酒过度而暴毙，年仅34岁。

从史书记载来看，高洋酒后往往表现出嗜杀和乱性等行为，史学家认为这是精神病发作的表现。比如，北齐重臣杜弼和高德政，都是高洋酒后借故把他们杀掉的。这中间还掺杂着民族矛盾问题，杜弼、高德政都曾屡次谏言高洋，"治国当用汉人"，而整个高氏家族和鲜卑勋贵一直轻视和压制汉人，因此对此类谏言十分恼怒。

而在酒醒后，高洋总是对自己的滥杀后悔不已。这种于事无补的后悔心情，恰好可以说明他是一个精神分裂症患者。

酒色一体，淫乱也是高欢家族的一种病态。高欢本人除了娄昭君和柔然公主算明媒正娶之外，他在控制北魏朝政后，先后娶了北魏孝庄帝皇后大尔朱氏、建明帝（长广王）皇后小尔朱氏、魏广平王妃郑大车、

三 变局已至，谁是最后的赢家

任城王妃冯氏等元魏宗室后妃。

在这方面，高欢的儿子们比其父有过之而无不及。

高澄先后与父亲高欢的两个妃子私通。14岁时，与父亲的妃子郑大车私通，差点遭到废黜；后又与父亲的妃子柔然公主私通，并生下一女。他还曾强奸东魏大将高慎的妻子，造成高慎叛逃西魏，并引发东、西魏之间的邙山大战。

不仅如此，高澄还多次调戏并奸污了二弟高洋的妻子李祖娥。

此事极大地刺激了高洋，故而高洋称帝后，公然强奸高澄的妻子元氏。在强奸元氏时，高洋直言不讳："吾兄昔奸我妇，我今须报。"

同样的事，高欢的另一个儿子、北齐第四任皇帝高湛也做过。高湛在位期间，逼奸二嫂李祖娥，威胁她说："若不许，我当杀尔儿。"李祖娥为了保护儿子，只好顺从。此外，高湛还奸污了齐孝昭帝高演的皇后、六嫂元氏。

仅高欢父子两代人之间，乱伦之事已经频发。

更变态的是，高洋、高湛还曾聚众淫乱。

史载，高洋曾将"高氏女妇无亲疏，皆使左右乱交之于前"。高湛在位期间，则曾把高洋的嫔妃以及几个功臣的女儿全部招入宫中，公开宣淫。

一直以来，史学家尝试着对高氏皇室的乱伦淫荡行为进行解释。通常认为，高氏家族自认为鲜卑人，并对汉化改革十分排斥，因而其观念中没有儒家文化所宣扬的纲常伦理，反而视娶弟媳、纳寡嫂等鲜卑民族习俗为正常之事。另外，高氏家族可能存在的家族遗传病，导致了他们的性格缺陷，容易做出正常人难以理喻的病态举动。

而隐藏在纵酒与淫乱的情色背后的，是这个家族内部的无情与杀戮。

高欢在世时，即在有意无意之中对自己的儿子们进行无情而冷酷的权术训练。当他病重时,看到高澄面有忧色,便问为什么?高澄还没回答,他又问,是不是担心自己死后,侯景要叛乱呀?高澄竟然回答,是。父子之间,关心政治权斗甚于人伦亲情。

高洋建立北齐后,面临着跟他哥哥高澄一样的困局:既需要宗室成员与怀朔勋贵来维持军政统治,又担心这些人的权势膨胀会对皇权构成威胁。

高洋执政后期的一项主要工作,便是对宗室诸王进行重点打压,希望为自己的儿子继位扫清障碍。他先后以各种理由逼死了自己的族叔、清河王高岳,以及自己的两个弟弟——上党王高涣和永安王高浚。

北齐天保十年(559年),高洋暴毙后,他的儿子高殷继位。

第二年,高殷的两个叔叔高演和高湛便联合怀朔勋贵斛律金等人发动政变,废掉了高殷。而他们政变的理由,依然是打着民族分野的旗号,说担心弘农杨氏出身的辅政大臣杨愔独擅朝权,威胁到鲜卑人的利益,所以直接将其诛杀。

但一旦高演、高湛分别上台执政后,他们又都纷纷起用士族或出身寒微之人,来对皇族宗室和怀朔勋贵形成牵制,强化皇权。

在一轮又一轮的内斗中,宗室和勋贵遭到屠戮。

北齐河清二年(563年),齐武成帝高湛杀掉高澄长子、河南王高孝瑜。

北齐天统二年(566年),高湛又杀掉高澄第三子、河间王高孝琬。

北齐天统四年(568年),高湛跟其兄高洋一样,因酒色过度而死。

三年后,北齐武平二年(571年),他的两个儿子——继位的齐后主高纬与琅琊王高俨,在各自势力的支持下兵戎相见,最终高俨兵败被杀。

北齐武平三年(572年),在祖珽、陆令萱等亲信的怂恿下,高纬诱杀了怀朔勋贵中最有权势的斛律光,并以谋反之名,将斛律光灭族。

三 变局已至,谁是最后的赢家

北齐武平四年(573年),高氏皇族最后的名将、兰陵王高长恭,因说了一句"国事即家事",引起高纬的猜忌,随即赐毒酒命其自杀。

三年后,北周集全国之力攻打北齐。早已自毁长城的北齐,在决战中一败涂地。

北齐承光元年(577年),立国二十七年的北齐亡国了,北周统一中国北方。

镇守晋阳的北齐勋贵子弟家族四万户被北周迫令移至关中,显赫一时的高氏家族连同怀朔勋贵集团,随后消失在历史的烟云中。

接下来的三百年,无论朝代如何更替,由宇文泰家族打造的关陇军功集团始终主导着中国的政局。与此形成对比的是,高欢家族及其军政集团完全淡出了历史舞台,只在唐诗中以淫乱亡国的负面形象出现过,如李商隐《北齐二首·其一》:

一笑相倾国便亡,何劳荆棘始堪伤。

小怜玉体横陈夜,已报周师入晋阳。

这首名诗讽刺的是齐后主高纬在荒淫无边时,北周的军队已经攻破了北齐的军政中心、高氏家族的老巢晋阳。

诗歌何其讽刺,历史何其荒诞。

陈霸先：被遗忘的一代霸主

时势造英雄。

在遥远的岭南，南梁大将陈霸先迎奉宗室萧勃为广州刺史，召集地方将士起兵勤王。但萧勃只想看戏，不断劝阻陈霸先带兵北上。

陈霸先却说："君辱臣死，谁敢爱命？"他带领将士们翻越大庾岭，击败了萧勃在南野（今江西南康）拦截的军队，沿赣江北上，与湘东王萧绎部下王僧辩的西路大军会师，对侯景叛军展开了反击。

南朝历来有寒门逆袭的传统，宋武帝刘裕原本是平民出身的北府兵军官，齐高帝萧道成也是当兵出身，梁武帝萧衍与萧齐同宗，祖上是永嘉南渡的次等士族。这几个开国皇帝，都是在立下大功后，以权臣的身份夺取皇位的。

身处战火之中，陈霸先或许可以隐约地感觉到，属于他的时代到来了。

汉末以来三百多年乱世进入终章，而陈霸先将要开创的王朝，会完成南朝最后一个历史使命。

1

出身寒微的人，往往需要贵人相助。

陈霸先的成名之路离不开一个叫萧映的官员，这个人是南梁宗室。

三 变局已至，谁是最后的赢家

新喻侯萧映是梁武帝的侄子，他在陈霸先的出生地吴兴（今浙江湖州）当过太守，十分器重家境贫寒的陈霸先，曾说："此人方将远大。"意思是，这个小伙子一定会有远大前程。

陈霸先年轻时未必有鸿鹄之志。

他起先在家乡当里司，是一个不起眼的小官，后来陈霸先想外出闯闯，跑去建康当了一个油库的库吏。

再后来是给萧映当秘书，负责传令，就这样熬到了快四十岁。

古人云，三十而立，四十不惑。

史载，陈霸先"涉猎史籍，好读兵书，明纬候、孤虚、遁甲（以上皆为方术用语）之术，多武艺"。

南北朝时，吴越之地仍以好勇尚武著称于世，当一个跑腿的小吏注定不是陈霸先的归宿。

南梁大同六年（540年），萧映出任广州刺史，38岁的陈霸先毅然跟随他到了岭南。

前半生碌碌无为，后半生依旧可以奋发，但成功的前提是，找准方向。

陈霸先仿佛就是为战场而生的。他到广州后不久，交州（治所在今越南河内）土豪李贲起兵反梁，控制了整个北越地区。在家拜佛的梁武帝突然听到南边乱了，赶紧让坐镇广州的萧映等人发兵平叛。

但萧映连自己部下都镇压不住。他接到命令后，不顾手下将领秋后发兵的建议，在瘴疠肆虐的春夏季节出兵，结果导致梁军惨败，死者达六七成，负责的主将还被朝廷赐死。

南梁将领周文育、杜僧明听说此事，不满上司与战友们被处罚，发动兵变，包围了广州城。

这两位都是猛人。

周文育原名项猛奴，是个精通水性的浙江人，早年跟随义父周荟从军，在南梁名将陈庆之手下当过先锋。在讨伐外族时，周文育一日之中大战数十回。看到周荟战死后，周文育拼死夺回义父尸体。

杜僧明也是广州军中的一员猛将，他与周文育掀起哗变，一天工夫就召集了数万人。

萧映躲在城里不敢出来，只能寄希望于他的小老弟陈霸先带兵来救。

谁也没有想到，初出茅庐的陈霸先竟然立下奇功。他仅带三千精兵火速救援，一战就解除了广州城下之围，将数万叛军击溃，俘虏了周文育、杜僧明二将。这两人都对陈霸先佩服不已，被赦免后转投其帐下，成了陈霸先的手下。

梁武帝听说陈霸先在广州之战的表现后也大加赞赏，特意派画师到前线画下陈霸先像，送回宫里，看看这小将到底长什么样。

不久后，萧映在广州任上病逝。陈霸先亲自护送恩人灵柩回建康，之后继续讨伐交州叛乱，经过三年苦战除掉了李贲为首的地方分裂势力，官位不断提升。

到侯景之乱前夕，陈霸先已经身兼督七郡诸军事的军职。他的上司萧勃只想龟缩广州、拥兵自重时，陈霸先不顾反对，带着自己的弟兄们踏上了北上平叛的征途。

历史证明，这也是一次正确的决定。

2

南梁大宝二年（551年），陈霸先率领广州义兵组成东路平叛大军，与统领荆州军的大都督王僧辩会师。

一如北朝高氏与宇文氏的恩怨情仇，陈霸先与王僧辩的反目成仇也为人津津乐道。

三 变局已至，谁是最后的赢家

起初，王陈联军一同讨伐侯景时，王僧辩对这支来自岭南的边防军心存忌惮，不敢轻易信任陈霸先，不知他是不是又一个侯景。

陈霸先及时化解了双方矛盾，他北上时带了军粮五十万石，正好当时西路各军缺粮草，他为打消王僧辩的疑虑，主动赠送三十万石军粮给西路军。眼看陈霸先这么仗义，王僧辩也就放心了，他们设坛盟誓，定下盟约，共同讨伐叛臣侯景。

侯景一党本就是乌合之众，靠着南梁内讧才杀进了建康，当然打不过王、陈二人的精锐部队。

建康被联军收复后，侯景带着心腹从沪渎（今上海）乘船下海逃走。昔日为梁武帝死守台城的名将羊侃之子羊鹍混入其中，半路上趁侯景睡觉时骗船员说这边的路他熟，然后指挥船队朝着岸上开。他是为了报仇而来的。

等到侯景醒来一看，船根本就没出海，他正惊问何故，就被羊鹍一刀砍了。史载，侯景死后，暴尸于建康街市。

侯景叛乱引发的连锁反应，却还未结束。

平定侯景之乱后，陈霸先与王僧辩共同拥立荆州刺史、湘东王萧绎为帝，是为梁元帝。

梁元帝是梁武帝的第七子，也是王僧辩的上司，坐镇江陵（今湖北荆州），拥兵十余万，大臣们叫他回建康即位，他就是不回去。

他除了整日读书，就是忙着杀自己的兄弟、侄子，战战兢兢地守着皇位，最终引火烧身。梁元帝仅仅当了两年皇帝，南梁承圣三年（554年），西魏宇文泰派大军攻陷江陵，俘虏了萧绎。陈霸先的儿子陈昌当时在江陵为官，与城中士民一同被掳至长安。

之后，宇文泰扶持梁元帝的侄子萧詧在江陵建立了一个占地不过三百里的"西梁"傀儡朝廷，沦为阶下囚的梁元帝不久就在侄子的辱骂声中被活活闷死。

这个皇帝败亡前干了一件缺德事。

梁元帝平生博览群书，收藏有古今图书十四万卷，与后世的李后主、宋徽宗属于同类。最后被西魏军打败时，他却说："我读书万卷，竟还会有今日！"于是下令焚书，许多珍贵的典籍毁于此次灾难。

梁元帝被俘遇害后，机会摆在了陈霸先与王僧辩这两名军事实力最强的南梁大将面前，但此时他们却因此分道扬镳，并将南梁彻底推向灭亡。

当时，陈霸先与王僧辩商议后，准备迎立梁元帝的第九子萧方智（梁敬帝）为帝，但北齐（东魏已为北齐禅代）的皇帝高洋不满宇文泰占了南梁一大片土地，也想分一杯羹，于是派人护送之前俘虏的梁武帝萧衍之侄、贞阳侯萧渊明回建康即位，以便控制南梁政权。

由此引发了一场皇位争夺战，南梁朝廷分成两派，打得不可开交。

王僧辩权衡利弊后，认为依靠强大的北齐更有利，决定将萧渊明迎到建康，推举他为帝。

如果萧方智即位，陈霸先与王僧辩辅佐，南梁将作为一个独立政权继续存在；如果是萧渊明即位，南梁可能就跟西梁一样沦为北朝的附庸，北齐这如意算盘打得倒是挺好。

高洋横插一脚的行为，直接就让陈霸先、王僧辩的联盟走向分裂。

陈霸先带兵镇守在京口（今江苏镇江），表面上接受萧渊明的封赏，暗地里却在谋划兵变，他散尽家财，将彩绸、金银分发给将士，以鼓舞士气，随后趁王僧辩不备时果断发兵，水陆并进突袭建康，废黜萧渊明，绞杀王僧辩，再次拥立13岁的萧方智为帝，并控制了都城。

之后，陈霸先给北齐送去一封信，痛诉王僧辩之罪是"请称臣于齐，永为藩国"。

三 变局已至,谁是最后的赢家

直到此时,陈霸先终于成为南梁一人之下、万人之上的权臣,他自任尚书令、都督中外诸军事以及扬、南徐二州刺史。但事实上,当时南梁朝廷实际掌握的州郡相当有限,都城建康腹背受敌,北有宇文、高两家劲敌,南有各地刺史、太守不服陈霸先,起兵作乱。

南梁绍泰元年(555年),陈霸先控制南梁朝廷后,坚守建康城,在北齐与南梁各路军阀的围攻下苦战了二百二十多天,其间南、北、东三面被围,退无可退。

陈霸先进行了顽强的抗争,他派出猛将周文育、侯安都等率骑兵突击,不断地骚扰北齐军的补给线;利用南方兵士擅长水战的特点,派三千精兵暗渡长江,缴获了北齐军一百多艘战船与军资器械;自己也亲率铁骑,出城袭击北齐军营寨。

陈霸先与城外围困的大军继续相持,拖到了第二年春夏的梅雨季节,连日大雨使城外积水过膝,北齐与其他各路军的士兵脚趾都泡烂了,而陈霸先却命令城中士兵轮休,养精蓄锐。陈霸先的侄子陈蒨(陈文帝)雪中送炭,为围城中的将士送来了三千斛米、一千只鸭,让士兵们填饱了肚子。

在三面围城的困境之下,陈霸先与各路大军苦战近一年,形势终于逆转,陈霸先及时出兵,围攻北齐军营寨,断其汲水道路,迫使北齐与他议和,之后分兵出击,将起兵的南梁刺史、郡守各个击破,最终以少胜多,击溃了围攻建康的各路军队。

至此,陈霸先才真正掌握了南梁的权柄。南梁太平二年(557年),陈霸先逼迫梁敬帝禅位,自立为帝,史称陈武帝,建立南陈政权。

南陈,是南朝的最后一个朝代,也是中国历史上唯一一个以皇帝姓氏作为国号的王朝。

3

明人归有光评价陈霸先时说:"江左诸帝,号为最贤。"

陈霸先与宋武帝刘裕、齐高帝萧道成等一样都是马上得天下,掌权后再篡夺皇位,却是一位以文治国的贤君。

陈武帝即位时,侯景之乱后的江南依旧千疮百孔,四方动乱,百废待兴。

因此,陈霸先施行"宽政廉平,爱育为本"的仁政,其在位的短短三年内巩固政权,恢复江南经济,政务上崇尚宽简,除非紧急军情,绝不轻易下达严苛政令。

陈霸先即位后,下诏大赦天下,将长期关押的囚徒释放回原籍;给予社会上的鳏寡孤独每人五斛谷;免除了农民欠下的逾期地租与债务;派人对丹徒、兰陵二县的沃土进行开垦,并亲自视察。

这些举措,推动了战乱后江南生产力的恢复。

每当想到下面有弊政,陈霸先就寝食难安。他说:"久知下弊,言念黔黎,无忘寝食……不得辄遣使民间,务存优养,若有侵扰,严为法制。"

乡村出身的他严于律己,平时饮食,菜不过数样,后宫不设丝竹管弦,自起兵以来,他得到玉帛之类的贵重物品全都赏赐给将士,自己分文不取。

陈霸先的完美性格还体现在对敌人的仁慈上。

在受禅称帝后,王僧辩的下属请求改葬故主,给予其身后哀荣。陈霸先当年袭杀王僧辩,将其定为逆臣,如今若为他翻案,也就是否定现政权的合法地位,但是,他竟然默许了这些大臣的请求。

王僧辩的亲信就以自己的家财,为故主购置了七副棺木,并重修坟墓,让他得到应有的礼遇。

不过,《隋书》记载了一个令人发指的故事:陈霸先虽善待王僧辩旧部,但王僧辩之子王颁不忘旧仇,他随隋军灭陈后,勾结其父旧部掘开了陈霸先的陵墓,剖棺焚尸,并将陈霸先的骨灰投入水中,以此为其父报仇。

南陈永定三年(559年),低调的南陈开国皇帝陈霸先,在重病之中安然离世,他将皇位传给了功勋卓著的侄子陈蒨。

当年陈霸先平定侯景之乱后,唯一的儿子陈昌留在江陵跟随梁元帝,城破时被西魏掠往长安,从此未能相见。因此,陈霸先身边没有亲生儿子可以作为继承人。

此时北周已取代西魏,等到陈霸先病逝后陈蒨即位,北周为了给南陈制造混乱,火急火燎地送陈昌回建康。途中,陈昌在渡江时神秘地落水身亡。丧柩运至京师,陈蒨出城哭临,将其厚葬。

关于陈昌之死,一说正是他的堂兄弟陈蒨派人下的毒手。

4

陈霸先在位仅仅三年,却开了一个好头。

有人觉得,南陈就是一个偏安一隅的小朝廷,毫无存在感。当北方统一,隋朝即将开创一个新的大一统帝国时,南陈就像一个不合时宜的尴尬存在。

学者柏杨却有这样一个看法:"南陈是南朝唯一没有出过暴君的政权。"

在北强南弱的形势下,南陈守住了南方最后一个汉人政权,终结了侯景之乱以来的战火,在其存在的三十二年中,五代皇帝都致力于恢复侯景之乱的损耗,重新恢复经济,而这些好处都留给了统一的大隋王朝。

陈文帝陈蒨"勤民听政，旰食宵衣"，继承了其叔父陈霸先的为政措施，一扫王琳等江南残余割据势力，收拾了侯景之乱留下的残局败象，开创南朝最后一个治世——"天嘉之治"。

陈蒨之弟、陈宣帝陈顼是南朝最后一个有进取心的皇帝。

他在位时，北方局势发生变化，齐衰而周强。陈顼野心勃勃，发动了两次北伐，一度攻下了淮、泗之地，但因急于求成，最终还是败于北周手下。他是南陈在位最久的皇帝，在位十四年，虽未能拓土开疆，但国家比较安定，社会经济得以继续恢复发展。

陈宣帝的儿子就是大名鼎鼎的陈后主陈叔宝。

相比当皇帝，陈后主更爱诗歌、乐舞，在宫中养了一大帮美女、文人，他亲自创作的艳曲《玉树后庭花》，成为那个时代的"流行金曲"，但被后世骂为"亡国之音"。即便如此，陈叔宝也与之前几代南陈皇帝一样，采取宽仁的治国方针，先后十次大赦天下，南方一度持续繁荣。

但南陈与统一北方后的隋朝对抗，无异于蚍蜉撼树。

隋开皇九年（589年），隋军发兵五十万南下，隋将韩擒虎一马当先攻入建康，灭了南陈。

韩擒虎进入建康宫中，陈后主仓皇逃命，与宠妃张丽华、孔贵人三人抱成一团躲到井底。隋军发现后，将陈后主从井里拉上来。陈后主的爱妃、近臣等都被作为奸佞枭首，他自己却保住一命，被押到洛阳软禁，得到善终。

陈霸先当年以英武闻名于世，南陈的末代君主陈叔宝却成了笑话，就连隋文帝听说陈叔宝亡国时的荒唐举动，也不禁感到惊奇（"闻之大惊"）。

南陈亡了，可南朝的气韵没亡。

隋文帝灭陈后，获得了南朝的清商乐，他听完演奏，兴奋地说：

"此华夏正声也!"不只有这传承自华夏传统文化的动听弦音,梁陈制度是隋唐制度的三大来源之一,南朝推动江南经济、文化的发展,也为隋唐所继承。

在三百多年的大乱世中,南陈与隋朝完成了最后一棒的交接。正如学者范文澜所说:"东晋南朝时期,长江流域开发出来了,使隋唐封建经济得到比两汉增加一倍的来源,文化事业发展起来了,使隋唐文化得到比两汉提高一层的凭借。"

南朝四百八十寺,多少楼台烟雨中。

没有六朝的经济、文化基础,尤其是南陈对内乱的平复,隋唐盛世可能会缺少一大助力,甚至会推迟一段时间到来。若无吴越的锦绣繁华、荆襄的江湖纵横、岭南的海阔天空、川蜀的天府之国……历史也许会是另一番面貌。

统一的大势不可阻挡,南陈的存在与灭亡,都是在顺应浩浩荡荡的历史潮流。

他死后二十五年,隋朝横空出世

北周大定元年(581年)隋朝的建立,标志着被命名为"魏晋南北朝"的将近四百年的大乱世行将结束,江山即将重归一统。

仅仅八年后,隋朝灭掉南方的陈朝,重新实现了中国大一统。

千百年来,人们赞赏隋朝开国皇帝杨坚的雄才大略,却忘记了他建立的王朝的前身,事实上已经为中国大一统铺好了路。

1

时间拨回北魏永熙三年(534年),在北魏分裂为东、西魏以后,中国的历史发展出现了三条路径:

南梁—南陈;

东魏—北齐;

西魏—北周。

重返大一统的曙光若隐若现,但最终以哪条路径作为历史的出口,事后看得分明,当时却出人意料。

我们知道,公元6世纪的中国以西魏—北周—隋朝作为历史的出口,重新统一并主导了发展的走向。杨坚建立的隋朝,实际上继承的是宇文泰家族控制的西魏—北周政权,完成的也是宇文泰家族未竟的统一大业。

然而，一开始没有人看好西魏。

假如你不知道后来发生的事情，让你猜测南梁、东魏、西魏三者的胜者，你觉得谁会是最后的赢家？

估计有50%的人会选南梁，那是纯正的汉人政权，具有无可替代的正统性；剩下50%的人会选东魏，那里兵强马壮，人口密集，经济发达，是中国北方的核心所在。

显然，没有人会选西魏。

当时，东、西魏这对死敌的实力对比尤其悬殊：东魏占据的是中原最富庶之地，辖下河北一带是粮食和丝绢的高质产地，而西魏的地盘除了关中平原，大部分是贫瘠的黄土高原和沙漠地带；东魏人口逾两千万，而西魏人口不及千万；东魏由高欢家族掌控的军队超过二十万人，而西魏宇文泰掌控的军队不及其十分之一……

这就是底牌。

最终的输赢，却因一个人而完全改写——西魏的实际掌权者宇文泰，他通过四场赌局，在最短的时间内由弱变强，实现了对东魏和南梁的逆袭。

西魏—北周—隋朝—唐朝的历史一脉相承，而其背后真正的奠基者，正是传奇人物宇文泰。

2

宇文泰的第一场赌局，赌的是正统地位。

北魏末年的六镇起义，拉开北方乱局的序幕。在长达十年左右的北魏乱局中，最终杀出了两大权臣家族，一个是高欢家族，一个是宇文泰家族。

高欢的崛起比宇文泰更早。北魏中兴二年（532年），当高欢拥立北魏孝武帝元脩登位，自己遥掌朝权的时候，宇文泰还只是关中地区实际控制者贺拔岳底下的一员将领。

北魏永熙三年（534年），高欢为占领关中，利用关中另一支军队首领侯莫陈悦除掉了贺拔岳。

贺拔岳死后，宇文泰被赵贵、侯莫陈崇等武川镇（北魏六镇之一）豪强酋帅拥立为新首领。

历史学家认为，宇文泰能够在贺拔岳突然遇害的情况下成功接收其军团，主要源于武川豪酋家族的出身、个人的政治军事才能，以及在关陇地区四年间积累下来的口碑。

不过，此时的宇文泰远远未能与高欢抗衡。他需要赌一把，与北魏"傀儡皇帝"——孝武帝联手，取得政治合法性。

孝武帝生不逢时，却不甘心接受被权臣操控的命运。他无时无刻不在关注和希望借助不愿降服于高欢的军事势力。

于是，两人一拍即合，各取所需。

为了让宇文泰尽快率军东下，与高欢决战，孝武帝不断满足宇文泰的各种政治要求。而宇文泰的首要目的并不是勤王，而是消灭同在关陇地区的侯莫陈悦，称霸关陇。

宇文泰赌赢了。在"匡辅魏室"的旗帜下（尽管还没有任何"匡辅魏室"的实际行动），宇文泰以孝武帝的名义调动了各种效忠魏室的政治势力，导致侯莫陈悦的部将李弼等人阵前倒戈，侯莫陈悦被杀，其军队基本被宇文泰吞并。

灭掉侯莫陈悦之后，宇文泰称霸关陇已成定局。孝武帝也在第一时间派使臣慰劳宇文泰，正式承认其享有关陇地区的最高统治权。言外之意还是那句话：赶紧来洛阳打高欢，匡辅魏室呀！

宇文泰知道自己远非高欢的对手，仅象征性地派了一千轻骑奔赴洛阳,并做出请孝武帝迁都长安的政治表态。

孝武帝随后与高欢公开决裂。高欢从晋阳率军南下,进逼洛阳,孝武帝慌忙带领自己的人马西逃,投奔宇文泰。

这又是宇文泰的一步高招。通过迎奉孝武帝迁都长安,把高欢置于乱臣贼子的舆论高压之下,自己则成为"宽仁大度,有霸王之略"的忠臣。关陇很多豪族死心塌地地跟随宇文泰征战,正是基于宇文泰所塑造的政治正统性。这跟当年曹操"挟天子以令诸侯"如出一辙。

但事实上,孝武帝与宇文泰的关系并不协调。

孝武帝本质上是一个权力欲很强的年轻人,如同不愿受高欢摆布一样,他亦不会心甘情愿成为宇文泰的傀儡。入关之后,孝武帝采取了一系列打压限制宇文泰的策略,呈现出杀伐赏赐由己出的势头。

眼看着自己在关陇地区的政治威望受到强有力的威胁,宇文泰决定先下手为强,在北魏永熙三年年末,即535年年初秘密鸩杀了年仅26岁的孝武帝。

随后,宇文泰改立好控制的元宝炬为帝。而在此之前,高欢以孝武帝弃国逃跑为由,废其帝号,另立元善见为帝,并迁都邺城。北魏从此正式分裂为东、西魏。

从跟随贺拔岳进入关中,到成为西魏政权的实际掌权者,宇文泰仅用了不到五年时间,一代"赌神"冉冉升起。

3

宇文泰的第二场赌局,赌的是改革。

改革为的是富国强兵,但在此之前,改革成少败多。

离宇文泰最近的一场改革,是北魏孝文帝的改革。这场改革在北魏立国一百年左右,鲜卑贵族利益板结的时候进行,以汉化为核心。改革者的魄力是有的,但改完了北魏也乱了,六十多年就分裂成了东、西魏。

从这个意义上看,宇文泰在西魏的改革,是一场冒险式的赌博。

没有人知道这场改革是否会成功,连改革的"推手"宇文泰自己心里也没底。他只知道,改革,西魏可能会亡,但不改革,西魏肯定会亡。所以他选择了相对有活路的一条路。

这场改革涉及广泛,政治、经济、军事、文化等各方面无所不包。其建立起来的各项制度,成为北周、隋朝、唐朝的制度滥觞,堪称影响深远。史学界认为,隋唐帝国是"北朝化"的中国,很大程度上指的是西魏制度的影响力。

尤其是在军事制度上,宇文泰建立的府兵制,以及由此形成的"关中本位政策",深刻影响了此后三百多年的中国历史。

东魏对于西魏的绝对兵力优势和军事压迫,使得宇文泰必须考虑一个根本性的问题:如何使弱势的西魏不被吞并,并迅速变强?

史学大师陈寅恪指出,宇文泰所凭借的人才、地利远在高欢之下,如果要与高欢抗衡,一则须随顺当时鲜卑反对汉化的潮流,二则要有异于东魏北齐的鲜卑化等,争取汉化的政策。

鲜卑化与汉化,是北魏以来最为棘手的一对矛盾,宇文泰的厉害之处,是从中找到一条高明智慧的道路,实现了两者的有效结合。而府兵制则是宇文泰民族政策最重要的内容。

东西魏分立之时,均以北魏六镇军事力量为基础立国。只是高欢分走了六镇的绝大部分主力,宇文泰仅有武川镇一镇的军力。这成为高欢动辄以强势兵力碾压宇文泰的原因。

宇文泰要改变军力不足的局面,就必须扩大兵力来源。在原来以鲜卑为骨干的军队基础上,一方面不断吸纳各方部队,包括贺拔岳部、侯莫陈悦投降的军队，以及孝武帝西逃的追随者，等等；另一方面则持续吸收关陇地区地方豪强的私有兵力，这些地方大族及其乡兵虽以汉族为主，但被宇文泰吸纳后，既为原来的鲜卑军队注入了新鲜血液，也解决了地方豪族拥兵自重、尾大不掉的问题。

由于当时盛行军阀割据，而鲜卑的军队部落属性很强，基本只认各自的头儿，不认中央，宇文泰还亟须解决军权的中央集权化问题。

宇文泰采取了很高明的一招：设置八柱国、十二大将军的组织结构。

具体而言，八柱国除宇文泰自己和元魏宗室代表元欣之外，其余六人各督二大将军，分掌禁旅，合计十二大将军。每个大将军各领开府二人，每一开府各领一军，合计二十四军。

柱国与大将军的势力相互交错、牵制、制衡，有利于宇文泰进行最终的驾驭。特别是各个柱国依次被任命为朝廷公卿，身份由边镇将领变成开国元勋、朝廷重臣，逐渐脱离军旅生涯，从而变相削弱了他们的军事实力，实现军权的初步集权化。

此外，宇文泰将西迁的汉族将领原来的山东（崤山以东）籍贯，一律改为关陇郡望。按照陈寅恪的说法，此举是为了断绝西迁汉将的乡土之思，并给予大批出身寒微的汉将附会士族高门的机会。而更重要的意义在于，由此构建"关中本位"或"关中正统"观念，强化本地各族群的凝聚力和认同感，从而与山东、江左争中原正统。宇文泰家族很看重立足关中的周朝历史资源，后来自立的政权干脆以"周"为国号，这些都是民族融合"关中化"的体现。

府兵制的创建和完备，在宇文泰手上前后历时十二年才宣告完成。最终西魏的军队人数翻了一番，府兵达到五万人左右；中央对军权实现了强有力的控制，结束了地方割据、私兵林立的状态；而且，府兵制是兵民分离的职业兵，相比东魏北齐兵民合一的义务兵，整体素质和战斗力更强。

经过这场赌博式的改革，西魏缩短了与东魏的实力差距，并在某些方面能对东魏进行降维打击。宇文泰又赌赢了。

历史表明，"关中本位政策"使西魏变弱为强，到北周后，消灭了北齐，统一了中国北方，隋朝代北周后，又南下消灭了陈，最终实现了国家的统一。从北周到隋朝再到唐朝，三个朝代的权力更替，实际上是在关陇集团内部进行的，说得更具体一点，是在同一个婚姻圈内、一堆亲戚之间进行的。追溯这一切的根源，都在宇文泰的改革中埋下了伏笔。

4

宇文泰的第三场赌局，赌的是真刀真枪的战争。

整军、扩军、军制改革的最终目的，是要应对来自东魏的灭国威胁。在军事上抵御东魏，是宇文泰最为艰难的征程。

西魏大统二年（536年），东西魏在潼关进行了第一次大战。当时，关中地区遭遇天灾，出现"人相食"的惨状，高欢趁机发起战争，兵分三路进逼西魏。

大都督窦泰率上万兵力直趋潼关；司徒高敖曹率军围攻上洛（今陕西商州）；高欢自己率军自晋阳赴蒲坂（今山西永济西南），在黄河上造三座浮桥，扬言要西渡黄河。

宇文泰率军进抵广阳（今陕西临潼北），准备迎击。

面对东魏三路进攻，西魏一些将领建议分兵把守诸道。但如按此部署，则使本来就处于弱势的西魏兵力更为分散，极有可能被各个击破。

宇文泰没有采纳这种主张。

关键时刻，他做了一个赌徒式的判断——他赌高欢造浮桥渡河只是虚张声势，实则要转移西魏的注意力，掩护窦泰从潼关乘虚而入。

高欢的真实打算是否如此，当时西魏各级将领无从得知。但宇文泰的冒险精神，让他决定搏一搏：暂且不管高欢这一路军，先集中优势兵力，消灭窦泰再说。

宇文泰放出烟幕弹，扬言欲保陇右，佯装退还长安，暗地里却率六千骑兵东出，日夜兼程，很快抵达小关（今陕西潼关附近）。窦泰听闻宇文泰军突至，惶惧不已，仓促应战。宇文泰则利用有利地形，四面设伏，引诱窦泰部陷入泥淖。这时，宇文泰军千弩齐发，窦泰军死伤大半，被俘万余人。窦泰兵败自杀（一说被杀）。

高欢闻窦泰军败，只好撤去浮桥，退回晋阳。高敖曹部虽攻陷西魏上洛城，因恐孤军深入，亦弃城而走。

这是西魏阻击东魏的第一次较大胜利。

宇文泰在与高欢的心理博弈中，押中了后者兵分三路的真实目的，最终出奇兵以少胜多击败窦泰，造成东魏军队的全面撤退。

潼关之战后，宇文泰以攻为守，数次出兵侵蚀东魏领土。

西魏大统三年（537年）八月，宇文泰主动出击，派兵攻克东魏弘农（今河南三门峡）等郡，获取大量粮食，缓解了关中饥荒造成的军队补给困难。

高欢听闻弘农丢失，大为震怒，集结十万大军渡河西击，又派大将高敖曹率兵三万围攻弘农。宇文泰部不过万人，只好从弘农回撤，匆忙入关，至渭水南岸迎战高欢。

双方兵力太过悬殊。西魏诸将认定必败无疑，提议放弃长安，继续西撤。

宇文泰唯恐西撤引起人心骚乱，决意在渭河南岸坚守。宇文泰率部渡过渭水，到达沙苑（今陕西大荔南，洛水与渭水之间），距高欢军仅六十余里。

战前，宇文泰采纳李弼的建议，在沙苑东面一个叫渭曲的地方设伏，背水东西列阵，命将士们埋伏于芦苇丛中，届时闻鼓声出击。

高欢率大军跟随到渭曲，以为西魏兵少不足为虑，竟指挥大队人马一拥而上，结果兵多塞道。高欢只得下令大军稍稍退却。就在高欢大军进退之间自乱阵脚之时，宇文泰把握时机击鼓，让芦苇丛中的伏兵突起奋击，东魏军队措手不及，纷纷败下阵来。

此战，西魏斩杀东魏军队两万多人，在追击途中，又"前后虏其卒七万"，高欢主力折损严重，自己狼狈东逃。

西魏取得沙苑大捷后，东魏再无法随意侵入关中。东、西魏的主战场，由此转移到河东（今山西西南）和河南境内。

之后，西魏大统四年（538年）和西魏大统九年（543年），洛阳河桥与邙山两场大战，宇文泰皆先胜后败。这表明，西魏军事实力仍弱于东魏，宇文泰打防御战能成功，但主动出击则难以吞下巨象。西魏还得积蓄力量。

西魏大统十二年（546年）秋，东、西魏迎来形势逆转的一战。

当时，高欢率军十余万围攻玉壁城（今山西稷山西南）。此地是东魏入侵西魏的必经之处，故高欢志在必得。然而，东魏大军昼夜不息苦攻五十天，玉壁城在西魏大将韦孝宽的固守下，安然无恙。

最终，东魏大军战死及病故者约七万人，尸首埋成了一座山。高欢攻一座孤城而不克，遂忧愤成疾，解围撤军。回到晋阳不久，西魏大统十三年（547年），高欢就病故了，时年52岁。

几场硬仗扛下来，东魏还是那个东魏，但西魏已不再是那个西魏了。

高欢死后三十年，他的儿子代东魏自立的北齐政权，被宇文泰家族的北周政权攻灭。

什么是弱国的逆袭？这就是。

5

宇文泰的第四场赌局，赌的是时运。

如果说成功是 90% 的努力加上 10% 的运气，那么，东魏猛将侯景的"搅局"就是宇文泰那 10% 的运气。

侯景何许人也？

这么说吧，东魏如果没有高欢，侯景早就称王称霸了。据说，当年沙苑大战后，高欢愤于战败，侯景请求率精锐骑兵数千，直入关中擒斩宇文泰，以雪此奇耻大辱。高欢起初表示同意，但回家和夫人娄昭君提起此事，娄昭君说，以侯景之能，干掉宇文泰后他肯定不回来了。高欢被一语惊醒，当即停止了这个动议。

高欢在世时，侯景拥兵十万，兢兢业业镇守着他的地盘。史称侯景"专制河南"，即黄河以南直到梁境、洛阳以东直到大海的原北魏的大片领土，都是侯景的地盘。

但高欢病逝仅数日，侯景就造反了。

侯景的地盘，处于东魏、西魏、南梁三国的交界处。这块地虽然不小，但毕竟是四战之地，凭这个自立，独自对抗三国的哪一方，都是很难的事。因此，在举起反旗的那一刻，侯景就张罗着找靠山了。

他首先想到的是西魏。

应该说，侯景的选择是很精明的。身为东魏原大将，又求以河南六州内附，这对西魏来说，难道不是稳赚不赔的买卖吗？

宇文泰起初也觉得划算，遂派兵去支援侯景。这时，宇文泰的部将王悦站出来劝谏，说侯景这个人反复无常，高欢一死便叛离，又怎会忠于西魏呢？他只是不愿做被困池中的蛟龙，想利用我们的军事支援罢了。

宇文泰一听,赶紧叫人把派出去的援军追回来。这才避免了一场惹火上身的大祸。

最终,侯景这枚苦果被晚年昏庸的梁武帝萧衍吞食了,酿成历史上著名的"侯景之乱"。

梁武帝本人被活活饿死,而梁朝原本有统一天下的可能,经此大乱,变成了无力复兴、任人宰割的弱者。北齐趁机侵蚀了长江以北的大片梁朝国土,西魏更是借机吃成了一个"大胖子",成为"侯景之乱"中最大的赢家。

在梁朝最强盛时,兵锋几乎直抵长安城外,搞得宇文泰很紧张。现在,梁朝崩溃后,梁武帝的子侄们又陷入无尽的内斗,这让宇文泰看到了机会。

西魏大统十七年(551年),宇文泰夺回汉中要塞。

西魏废帝二年(553年),西魏军吞并西蜀后,变成一个真正的大国。蜀中土地肥沃,号称天府,人口众多,为西魏提供了巨大的财源与兵力。

西魏恭帝元年(554年),宇文泰派上柱国于谨、大将军杨忠、大将军宇文护等将领以五万兵马进攻江陵。江陵是梁元帝萧绎的大本营,而江陵北面的门户襄阳则由萧绎的侄子萧詧控制。萧詧为了灭掉亲叔,不惜向西魏称臣,史称西梁。西魏大军很快攻下江陵,萧绎被萧詧用土袋闷死。从此,荆襄成了西魏的地盘。

不仅如此,连荆襄以南的湘州(今湖南)也一度被西魏拿下,只不过名义上属于西梁。

至此,西魏已发展成为三国中的头号强国,综合实力在北齐之上,更不要说后来的陈朝了。

回看西魏这段攻城略地的"爆发史",从西魏大统十四年(548年)

侯景之乱算起，不过短短六七年时间。但设想，若没有梁武帝昏聩到引入侯景、自我毁灭，宇文泰连关中都出不了，更遑论蜀中和荆襄。所以这就叫机遇，在宇文泰生命中的最后数年，被他牢牢捕捉到了。

西魏恭帝三年（556年），宇文泰病逝，年仅50岁。临终前交代子侄，要完成他未竟的志向。

次年正月初一，宇文泰家族取代西魏自立，建立北周。

二十年后，北周建德六年（577年），宇文泰之子、北周武帝宇文邕攻灭北齐，统一北方。宇文泰生前曾说，"成吾志者，必此儿也"，果不其然。

可惜，北周宣政元年（578年），正当宇文邕打算平突厥、定江南，实现全国统一的时候，不幸在出征前夕病逝。

三年后，北周大定元年（581年），杨坚篡北周自立，建立隋朝，拉开了隋唐盛世的序幕。此时，距离宇文泰之死，仅仅过去二十五年。

不难想象，如果没有宇文泰、宇文邕父子为隋文帝杨坚打下的基础，杨坚想在立国后短短的七八年内实现大一统，是绝对不可能的事。

离隋朝最近的一个统一朝代，是西晋。跟隋朝一样，西晋也是借助前朝奠定的统一基础，分别攻灭蜀、吴，完成统一大业的。

有所不同的是，追溯西晋的历史，在曹操掌权时，其部本身就是三国中最强大的一方，由其后继者来实现统一，并无多少悬念；而隋朝的起源西魏，立国时却是三国中最弱小的一方，最终在宇文泰父子的主导下能够强势逆袭，成为中国大分裂时期的统一出口，这就确实出人意料了。由此看来，宇文泰不愧是一个能够创造奇迹的人物。

或许，宇文泰没有料到北周—隋朝的政权更替，但他肯定看到了中国大一统的未来。因为，不管接下来三百多年的朝代如何变换，历史的进程基本都在他架设好的制度机器下运行而已。

他计划用三十年平天下,可老天只给了五年半

宋太祖赵匡胤,曾经因为顶不住一名侍御史的"正面刚",当场打掉了他两颗牙齿。这名侍御史忍痛趴在地上,把牙齿捡起来。

赵匡胤嘲讽说:"什么情况了,你还要拿牙齿当证据,告朕的状不成?"侍御史不慌不忙地答道:"我告不了您,但自有史官把此事记下来。"赵匡胤一听,慌了,赶紧向侍御史赔礼道歉,赐金帛慰问。

这件事告诉我们,宋朝的史官很厉害,是一个小官员敢当面撑皇帝的靠山。这些史官对历任皇帝的要求都很高,即便是宋仁宗这样的仁君,也经常被他们在史书里揪"小辫子"。

但是,有一位皇帝,宋朝的历任史官均给予了极高的评价,简直是他们眼中的完美帝王:薛居正《旧五代史》,说他"乃一代之英主";欧阳修《新五代史》,称赞他是"雄杰""贤主";司马光《资治通鉴》,说他是仁君和明君……

这可不是政治压力下的歌功颂德,因为,对于宋朝史官来说,这名完美的帝王是前朝皇帝。

1

历史上有小官吏当上皇帝的,有做手工当上皇帝的,有和尚当皇帝的,而柴荣的皇帝生涯起点,则是一个商人。

柴荣出身家道中落的富家。他有个姑姑，曾被选入后唐庄宗的后宫，后被遣散回家，途中，一眼相中了郭威，带着嫁妆跟着郭威跑了。当时，郭威只是一个落魄的军卒。

柴荣后来投奔姑父郭威，并成为郭威的养子。此时，郭威处在事业的上升期，柴荣帮助他做生意，累积资本，一度到江陵贩茶。

经商的同时，只要有空，柴荣就坚持习文练武，不仅通读史书，而且精通武艺。绝对是个聪明、上进的年轻人。

后晋开运四年（947年），刘知远称帝，建立后汉。郭威是刘知远的心腹，辅佐有功，一路晋升，成为统帅大军的将相。柴荣跟随养父，进入军界。

后汉继位的皇帝刘承祐（即后汉隐帝）十分忌惮拥兵在外的郭威，意欲诛杀他。事泄，郭威起兵"清君侧"。后晋乾祐三年（950年），刘承祐将留在京城的郭威家人杀得一干二净，史书说"婴孺无免者"，连尚在襁褓中的郭威儿子，也杀了。

郭威于是起兵反叛，围攻汴京，次年在澶州黄袍加身，建立后周。十年后，赵匡胤如法炮制，建立大宋，终结了后周的历史。这是后话。

郭威做了三年皇帝，就因病去世，年仅51岁。因为他的家人已被后汉隐帝杀光，使他成了真正的"孤家寡人"，在考虑皇位继承人时，养子柴荣就是第一人选。

郭威称帝后，有意让柴荣掌管军队，以立军功，树威望，但在后周开国功勋、枢密使王峻等人的阻挠下，此事只能搁置下来。

后周立国的第二年，慕容彦超在兖州造反，柴荣请求带兵平叛，郭威也公开表示支持，说："如果我出师不利，就让柴荣出兵击贼，才能替我平定此事。"王峻不愿柴荣带兵，最终只得由郭威率军亲征。

在逝世前一年，郭威察觉到王峻的野心，将他软禁起来。当天退朝后，郭威向太师冯道等人哭诉，说："王峻欺人太甚，欲尽逐大臣，剪除朕之羽翼。朕只有一子（指养子柴荣），他也要从中离间我们。"

"通气"工作做完，第二天直接贬王峻为商州司马。然后，升任柴荣为开封尹，封晋王。这样，柴荣继承皇位的局势，已经很明朗了。

不过，时任禁军高级将领的李重进，是郭威的外甥，有可能成为柴荣顺利继位的障碍。郭威对此了然于胸，故在后周权力交接的关键时期，召李重进进宫，交代后事，命李重进当着他的面跪拜柴荣，"以定君臣之分"。

后周显德元年（954 年），郭威驾崩，34 岁的柴荣继位，是为后周世宗。

2

柴荣继位，并不意味着万事大吉。恰恰相反，真正的考验才到来。

整个五代时期，共五十三年，光后梁、后唐、后晋、后汉、后周就出了十四个皇帝，平均不到四年就换一个皇帝。

皇帝上位的方式，也很多样化。其中，父子（包括养父子）传位形式的有五个，约占三分之一。而且通过父亲（包括养父）传位的继承者，政权寿命大多不长。在柴荣之前，后唐李从厚从父亲李嗣源那里继位，不到一年即被夺；后汉刘承祐继承父亲刘知远的皇位，两年即亡；后晋石重贵时间稍长一点，从养父石敬瑭那儿继位，但不到四年就被契丹人掳走了。刚上位的柴荣，想到这些离自己很近的历史，也很焦躁。

事实证明，他的忧虑不无道理。柴荣继位不到十天，北汉开国君主刘崇听说郭威死了，立马联合契丹，发兵五万，进攻后周，想趁着新君立身未稳，灭掉后周。

柴荣决定御驾亲征。但他的决定，却引来了朝廷上的群嘲。以太师

三 变局已至，谁是最后的赢家

冯道为首的群臣，一个个站出来竭力反对。当时的对话是这样的：

柴荣："刘崇趁我国丧，闻我新立，自以为是吞并天下的时机到了，用心险恶，我不可不亲征。想当年唐太宗创业，无不亲征，我又何惧？"

冯道："陛下不能和唐太宗比。"

柴荣："我兵强马壮，破刘崇必如泰山压卵。"

冯道："陛下你不是泰山。"

柴荣被撑得无言以答。这个冯道，历仕四朝十帝，始终担任将相、三公、三师之位。乱世中，没有什么忠君观念，谁赢了就听谁的。军队更是如此。五代时期，兵骄将悍，战胜则擅兵挟主，战败则倒戈投敌。

柴荣的困境，外有强敌临境，内有准投降派在观望站队。这逼迫他必须亲征，在前线应对一切突发事变。

两军战于高平（今属山西晋城）。刚开打，后周右路军就崩了。大将樊爱能、何徽望贼而遁，千余人投降了北汉，南逃的数千人则沿途劫掠粮草。柴荣下令禁止劫掠，樊爱能、何徽均不听。设想一下，如果柴荣没有御驾亲征，樊、何极有可能倒戈一击，打回开封，将毫无威望的新皇帝干掉。要知道，将领前线战败后，掉头灭掉故主，拥立新君，几乎是五代权力更替的一项"传统"。

关键时刻，柴荣亲率军队，冒着箭矢，督促诸将奋战，直到斩杀北汉骁将张元徽。

后周打赢了。柴荣的皇位，稳了。

明清之际大思想家王夫之说，经过高平之战，"主乃成乎其为主，臣乃成乎其为臣"。他还说，柴荣坐稳天下，不是依靠养父郭威，而是靠自己"以死生为生民请命而得焉者也"，是拼了自己一条命，打赢高平之战的回报。

3

高平之战后,树立了威信的柴荣,开始整肃军队,并拉开了被后世称为"周世宗改革"的序幕。

第一件事,是斩杀望敌而退的降将。当时,樊爱能是侍卫马军都指挥使,何徽是侍卫步军都指挥使,二人位高权重。但鉴于二人在高平之战中的表现,柴荣毫不手软,果断处死,同时处死的还有二人所部军将七十余人。经过这次大规模的杀伐立威,"骄将惰卒,始知所惧"。

柴荣经常对身边的人说,高平之战是检验我们军队战斗力的一战,可惜临敌不堪一战,差点丧败,"兵在精不在众,宜令一一点选"。由此,后周开始挑选精锐士兵留充禁军,裁汰老弱之兵。当时,全国的勇士猛人,基本都在地方节镇,柴荣于是公开招募武艺高强的人充当殿前军,设殿前都点检统一指挥禁军。

在柴荣的强力整顿下,初步扭转了兵力外强内弱的局面,中央禁军已经比地方节镇强大。后周的军队战斗力因此大大提高,史书说是"士卒精强,近代无比,征伐四方,所向皆捷"。柴荣死后,赵匡胤以殿前都点检为资本,演出了"黄袍加身"的戏码。他上台后,担心历史重演,于是改变了柴荣强化禁军战斗力的做法,反其道而行,通过剥夺将帅兵权、推行更戍法等措施,严重削弱了宋代军队的战斗力。这是后话。

除了军事,在经济、人事、法律等诸多方面,柴荣都有相应的重磅改革措施。

中国历史上出了几个以"毁佛"闻名的皇帝,柴荣是其中一个。清代摊丁入亩以前,很长的时间内,政府都按人头征税,这导致很多人以遁入空门的方式,不事生产,躲避赋税。当僧尼的人数超过正常的比例，一个国家（尤其是非大一统的朝代，比如南朝、五代）就会因劳动力严重不足而被拖垮。柴荣改革之前，后周境内平均每个县有二十多家寺院。佛教兴盛到这种程度——寺院销铜钱造佛像，造成了流通钱币严重短缺。

柴荣继位第二年，规定有国家许可的寺院才能保留，其他一律废除。很多官员对毁佛心有忌惮，柴荣亲自带头，砸毁了一尊别人不敢冒犯的观音铜像。他说："卿辈勿以毁佛为疑。夫佛以善道化人，苟志于善，斯奉佛矣。""吾闻佛说以身世为妄，而以利人为急，使其真身尚在，苟利于世，犹欲割截，况此铜像，岂有所惜哉？"拜佛不一定是真心奉佛，行善才是真心奉佛。佛祖愿以真身救世人，如今牺牲铜像，造福天下，肯定在所不惜。柴荣的说辞，放在今天，仍然很有说服力。

在他的推动下，最终废除寺院三万余所，六万多名僧尼还籍。佛像被销毁后，重新用于铸造钱币，恢复经济。

柴荣的另一项改革措施，是恢复五代以来沦为形式的科举制度，注重人才选拔。

有一年，礼部草率录取了十六名进士，他知道后，亲自组织重考，最后仅录取四人。他还多次以"失于选士"为由，处分主考官。

更难得的是，他不是一个机械的规则主义者，而是强调制度与破格相结合。

柴荣想任用小吏出身的魏仁浦为枢密使，有人反对，理由不是魏仁浦能力不行，是说他非由科举出身。柴荣当场反驳，说自古以来，明君都是用有文才武略的人辅佐自己，这些人难道都是科举出身吗？最终还是破格任用魏仁浦为相。

赵匡胤极为敬畏的后周名臣王朴，也是柴荣破格提拔的。赵匡胤建立大宋后，曾指着自己的黄袍对近臣感慨，说如果王朴还活着，他穿不了这黄袍。

柴荣虚心纳谏,在历史上也很出名。他说过:"言之不入,罪实在予。"意思是,你们尽管讲,讲错了算我的。在位期间,他从未因言论问题杀害过一个大臣。

作为"五代第一明君",柴荣最为人欣赏的地方,其实是他的权力观。儒家虽然一直讲"民贵君轻",但历史上的皇帝没几个真心认同的,他们讲得最多的是两点:第一,百姓愚昧,要朝廷来开导;第二,百姓狡诈,要好好管理。柴荣的认识,却完全不同。对此,他与近臣有几次对话,一次是:

臣子:"现在的老百姓,坏得很。"

柴荣:"这样看不对,这是因为当地的官员没选好,让百姓遭殃了,他们才会去做坏事。"

臣子:"淮南闹饥荒,您下诏要求贷米给饥民赈灾,但是百姓穷困,我怕他们偿还不了啊。"

柴荣:"百姓是朕的子民,天底下哪有儿子饿肚子,而父亲不管的?谁又要求他们一定要偿还呢?"

还有一次,柴荣曾问王朴:"朕当得几年?"

王朴答道:"臣固陋,辄以所学推之,三十年后非所知也。"

柴荣听了很高兴,向王朴吐露了他的理想:"若如卿所言,寡人当以十年开拓天下,十年养百姓,十年致太平,足矣!"

4

从柴荣继位的第一天起,他就笃定地按照他的第一个十年计划在推进工作。

他的改革,强国富民,最终目的是"开拓天下"。统一是当时的历史趋势，符合广大人民群众的根本利益。后周位处中原，北有辽国和北汉，南有南唐、后蜀、南汉等政权。如何推进统一进程，这里涉及中国历史的一个重要战略问题："先南后北"，还是"先北后南"？

枢密使王朴为柴荣献上《平边策》，按照王朴的设计，后周应该先灭南唐、南汉，次取巴蜀，再次而幽、云，最后攻取北汉。这是典型的"先南后北"而且"先东后西"的战略。后来北宋的统一进程，大体上与此类似，但略有不同。北宋赵匡胤、赵光义两任皇帝，采取"先南后北"，但又"先西后东"的策略，最终实现了相对大一统。但正因为北宋太过强调先易后难，以致在灭掉五代十国之后，国力消退，始终都无法从辽国手中夺回幽云十六州，成为宋人永远的痛。

柴荣的做法，其实跟王朴的策略，以及后来北宋的操作，都不一样。他有自己的一套谋略。他先派大将西征，不到半年，攻取了后蜀的秦、凤、成、阶四州。随后，开始南征。他三次御驾南征，最终拿下南唐的江北十四州。

就在所有人认为柴荣要灭掉南唐，连南唐都自认国祚不保、遣使求和的时候，柴荣却对南唐使者说："划江而治就好了，我在位时，绝对不会灭你的国，至于后世我就不打包票了。"

这个时候，柴荣已经将他的目标锁定在最强大的敌人——辽国身上了。

我们可以复盘一下柴荣的整个计划：他先攻打并不强大的后蜀，取了四个州，但未灭人国，可见是震慑的目的；接着攻打南方最强大的南唐，取了江北之地，仍未灭人国，目的仍然是震慑，让所有南方的政权都老老实实别动，奉自己为正朔。他应该是一个民族意识很强的国君，心目中真正的敌人是辽国，他要干掉辽国，夺回幽云十六州。所以针对北方，他也没有先打北汉，而是直奔幽云而去。这一点，与王朴倒是意见相同，一定要先夺幽云，再打北汉。

为什么要先幽云后北汉呢？王朴分析得很有道理，他说，幽云既下，则北汉"不足以为边患，可为后图。候其便，则一削以平之"；如果先北汉而后幽云，虽北汉可灭，然已师老兵疲，幽云难下。后来的北宋则反过来，先打了北汉，再去夺幽云，结果真的错失机会，怎么都夺不回来。这是后话。

柴荣在震慑了南方政权之后，按计划出兵辽国，还基于一个现实的考虑。当时的辽国，国力虽强，但矛盾激烈。时任皇帝辽穆宗，晚上喝酒，白天睡觉，被辽国人称为"睡王"。以辽国的国力，遇上昏君当政，中原政权收复幽云还有胜算，若是明君当政，基本就没戏了。柴荣攻打辽国，正是想抓住其内乱的机会。

后周显德六年（959年），柴荣在位的第六个年头。四月，他率军北上伐辽，势如破竹，接连收复瀛、莫、易三州，以及瓦桥、益津、淤口三关，仅用了四十二天。这对辽国的震慑很大，史书说，辽国"凡蕃部之在幽州者，亦连宵遁去"。

五月，柴荣正要乘胜进取幽州，却突然患病。传说他行至一地，询问当地人地名，答之"病龙台"，他听完默然，病情加重。回到开封，六月病逝，年仅39岁。

后来，宋真宗赵恒曾无限惋惜地说："（柴荣）非遇疾班师，则克复幽蓟矣。"

王夫之对比了柴荣、王朴和赵匡胤三人的统一战略，推柴荣为第一，王朴第二，赵匡胤第三。他深有感触地说："其有疾而竟不克者，天也；其略则实足以一天下，而绍汉、唐者也。……天假之年，中原其底定乎！"

历史无法假设，而老天如果再给柴荣一些时间，历史会往哪里走？

这成为古今无数读史者，心中无解的谜团，永远的遗憾。

5

柴荣希望用三十年致太平，可惜老天只给了他五年半时间，这对于一个想要有大作为的统治者而言，实在太吝啬了。

考察历史上一些公认的治世，它们的创造者，在位时间通常在十年至二十五年之间。

文景之治的缔造者：汉文帝在位二十三年，汉景帝在位十六年；孝宣中兴的缔造者：汉宣帝在位二十六年；开皇之治的缔造者：隋文帝在位二十四年；贞观之治的缔造者：唐太宗在位二十三年；仁宣之治的实际缔造者：明宣宗在位十年……

当然，一个统治者在位时间太长，往往也不是好事。在位时间超过四十年的皇帝，后期容易昏聩怠政，酿成政治恶果。比如，历史上这些著名皇帝——汉武帝，在位五十四年；梁武帝，在位四十七年；唐玄宗，在位四十四年；嘉靖、万历这两个皇帝，在位都超过四十年；乾隆帝，在位六十年……

而柴荣真正厉害的地方则在于，哪怕他只有五年半的时间，他仍然赢得了历史的至高评价。他在位五年半获得的口碑，不亚于治世明君的十年二十年。

欧阳修对柴荣佩服得五体投地，他在《新五代史》里赞道："世宗（柴荣）区区五六年间，取秦陇，平淮右，复三关，威武之声震慑夷夏。而方内延儒学文章之士，考制度、修《通礼》、定《正乐》、议《刑统》，其制作之法皆可施于后世。其为人明达英果，论议伟然……其英武之材可谓雄杰，及其虚心听纳，用人不疑，岂非所谓贤主哉？"

司马光写史，对历代皇帝持论颇为苛刻，但他同样对柴荣不吝赞誉:"若周世宗,可谓仁矣,不爱其身而爱民。若周世宗,可谓明矣,不以无益废有益。"

当代史学家亦公认柴荣是中国历史上继唐太宗之后,又一个取得治国治军突出成就的统治者。史学界认为,柴荣在他的历史时代,取得了三个重要成就:第一,五代时期数十年分崩离析的残局,到柴荣统治时期,才有了统一的端绪;第二,唐末五代以来,军阀混战中遭受严重破坏的社会经济,到柴荣统治时期,才有了复苏的转机;第三,由于统一的端绪和经济复苏转机的出现,以及对内的全面改革,对外的军事行动都卓有成效,使人们在分裂动乱的局势下,在存亡未卜的命运中看到了光明,看到了希望。

自封宇宙大将军，史上仅此一人

梁太清二年（548年）八月，丧家之犬侯景向梁武帝萧衍上表，提了一个惊人的要求——请求婚配王谢家的女子。

魏晋南北朝时，极其重视门阀出身，婚配要求门当户对。羯人武将的地位很低，如果这样的男人胆敢开口求娶金字塔顶端的王家、谢家闺女，铁定被笑不知天高地厚。

可侯景就这样干了，也毫无意外地被梁武帝直接拒绝了。一般人被拒绝吧，可能回家郁闷两天也就过去了，然而侯景是什么人？南北朝最猛的投机分子。他显然不会善罢甘休。

梁武帝拒绝侯景时，估计也没太把侯景放在眼里。但出乎所有人的意料，被嫌弃的侯景最终饿死梁武帝，逼死梁武帝儿子，强娶梁武帝孙女，还给自己起了个史上最豪气的称号——宇宙大将军。

一切，从一个梦讲起。

1

传统中国讲究臣子的忠诚，一个数次背叛主上的人，更是显得品行不好。侯景的名声，梁朝大臣都早有耳闻。所以当侯景来归降的时候，朝臣们都跳出来抗议，我们怎么能接收这种危险人物、无耻小人！

当一个皇帝想达到一个目标时，他总是有很多手段。手段之一，便是利用封建迷信来合理化自己的行为。

梁武帝是出了名的"佞佛",曾经三次舍身到佛寺,用"赎身钱"来补贴寺院。他在善言殿读佛经之后做梦,梦到中原牧守带着土地来投降,自此就天下太平了。

善于揣摩上意的宠臣朱异说此梦是好的征兆。侯景的使者丁和来到梁朝的时候,也吹嘘说侯景决定降梁的日期和萧衍做梦的日期相同。

以此为理由,萧衍接受了侯景的投降。

要说帝王能有什么崇高的宗教理想呢,实际上也没有。大部分不过是借着宗教的由头来巩固自己的统治。梁武帝会这么傻,做了个梦就改变主意了吗?

非也。关键是他北伐的远大理想缺乏军事能人的支持。

侯景虽然是来自北朝,但只要能打仗,能为自己效力,出身和人品都不是问题。

南朝赖以与北朝抗衡的,是所谓文化正朔。既然是正统的继承者,当然要有完整的国土,收复北方土地显得至为关键。

除了拔尖的军事才能,侯景还带来了河南十三州。这就不得了了,梁武帝萧衍乐呵呵地封侯景为河南王。

此时的梁武帝,断断是想不到自己惹来的是怎样的大麻烦。

2

在南北朝时期,如果说王家、谢家的士族子弟想混出头,开启的是容易模式,那侯景开启的便是困难模式。

论家境,侯景一般家族出身,没有显赫的家世可以混得一官半职,还正好碰上北方六镇最混乱的时候,不死于非命就算偷笑了。

论相貌,史书称侯景"长不满七尺,而眉目疏秀"(矮矮的,但长得也不丑），身长脚短，还跛了一条腿。

论学识，没有。

文化名士之路是走不通了，幸好在那个乱世，武力值还是很被看重的。

根据记载，侯景"骁勇有膂力，善骑射"，身体素质很好，当过北魏怀朔镇的功曹史。

北魏孝明帝死后，胡太后临朝。由于政治腐败，北魏正光四年（523年），六镇起义爆发，北魏的统治被逼上悬崖。各地的军事豪强纷纷起兵，希望趁机捡个大便宜，这批起兵的武将中，以尔朱荣实力最强。

侯景看尔朱荣得势，便率军投奔他。不知怎的，尔朱荣觉得他是个人才，当即把他留下来了。

实际上，尔朱荣也不是大大咧咧的人。侯景父亲之墓在朔州，他朔州人的身份应无可疑。朔州侯氏就算比不上士族高门，但也算是当地土豪。根据记载，侯景的祖先与北魏献文帝拓跋弘的嫔妃侯氏可能是同族。但侯景祖上这支到侯景出生的时候已经衰败，不然侯景就不会流落街头了。侯景的出身，应是尔朱荣将他视为心腹的重要原因。

除了能互相喊一句老乡之外，侯景也是一员猛将。北魏武泰元年（528年），尔朱荣派侯景为先锋，到河内讨拿义军。侯景不仅大破义军，还生擒了义军首领葛荣。证明了自己实力的侯景，被提拔为定州刺史、大行台。

只是，尔朱荣的风光没有维持多久。河阴之变中，尔朱荣大肆屠杀北魏皇族和百官，树了太多的敌人，北魏永安三年（530年）为北魏孝庄帝所诛。

3

不看重仁义礼智信的侯景,眼看着尔朱荣被杀,老友高欢自立门户,于是改投到了高欢的门下。

侯景是高欢在怀朔担任军官时期的老熟人了,靠着旧日情分,他毫不费力就加入了高欢的阵营。

北齐先祖高欢,祖籍渤海蓨县,但到高欢出生时家里早已迁徙到怀朔定居。高欢成年以后成为北魏一名低级军吏,这段时间内,他结交的好友如侯景、刘贵、贾显智等人,都成了他日后打天下的难兄难弟。

自小便是乡间小霸王的侯景,除了擅长骑射,打仗谋略上也是很有天分的。侯景曾跟慕容绍宗学习兵法,学着学着,倒是慕容绍宗掉过头来请教侯景了。

屡立奇功的侯景,很得新"老板"的器重,以火箭般的上升速度任职司徒,能够统领十万人的大军队。高欢在把持东魏政局期间,能专心地与西魏开打,也有赖于侯景替他守住南边的地盘。

侯景虽然信服高欢,但对高欢的儿子高澄却向来很轻视。

东魏武定五年(547年),高欢去世,高澄上台后,急匆匆地召时任司徒、河南道大行台的侯景入朝。侯景看这情况不对劲,立刻起兵据河南反叛。

高欢还在世的时候,侯景已经看不起高澄了,高澄呢,也觉得侯景不顺眼。

反正双方都互看不顺眼。高欢知道侯景是个什么人,临死的时候,就跟儿子说:"能搞定侯景的只有慕容绍宗了。我故意不抬举慕容绍宗,留着给你,你要好好对他。"

早已做好准备的高澄,派遣司空韩轨把侯景包围在颍川。被围困的侯景，先是拿出六个州投降西魏，不久又拿着自己全副家当——河南十三州投降梁朝。

高澄一边使劲打侯景，一边劝说他投降。

侯景坚决不降，由东魏武定五年（547年）正月打到八月，这场兵叛东魏占了上风。高欢留给儿子的撒手锏——慕容绍宗，在寒山把援助侯景的梁军打得大败，掉转头追击侯景去了。侯景刹那间变为丧家之犬，出走梁朝寿阳城。

东魏、西魏、梁，三者原来是靠着微妙的平衡来维持稳定的，侯景的反叛打破了这个平衡。虽然侯景不能与三者之中的任何一个对抗，但河南十三州的土地和人口是不容忽视的。

对于三个政权来说，侯景若不能为自己所用，那就把他消灭掉吧。

4

梁武帝刚接手侯景的烂摊子，把侄子贞阳侯萧渊明派去支援，却等来了重击。高家早就防范着侯景的反叛，做好万全准备了。

东魏武定五年（547年）八月，萧渊明带十万大军支援，十一月高澄的军队把梁军打得落花流水，绑了萧渊明，逼走了侯景，还收复了失地。

没有了土地的侯景身价大减。

梁武帝非常生气。我把你要来，一是要你的战斗力，二是要你的土地。结果你打仗打得这么差，还把地都给弄没了，还要你侯景干什么呢？

东魏高澄那边派人提出和解，表示两边都好说话。此情此景，侯景有点怕了，万一新"老板"真把自己给卖了呢？于是假冒高澄给梁武帝写了一封信，称只要他把自己的仇人侯景交出，就能换回侄儿萧渊明。

梁武帝答应了。

知道新"老板"想拿他做交易，侯景气不打一处来。

怕终有一日当冤死鬼的侯景，与麾下谋士商量对策。王伟建议侯景，干脆起兵反梁算了。侯景同意了。

王伟，陈留人，在侯景的篡位之路上是不可或缺的人物。侯景只有行兵打仗是能干的，写作各种公文的事，一概是王伟代笔的。政治上的谋划，也是全赖王伟在背后指点。这个侯氏第一号谋士，在侯景覆灭后，结局十分悲惨。

侯景最初反叛东魏时，妻子儿女还留在家里。受到他的牵连，被高澄全部处死了。这次不知道是为了麻痹梁武帝，还是真的想另娶家室，侯景派人向梁武帝上表，请求皇帝赐婚。

赐婚是小问题，但求娶的对象是士族头头王、谢两家，就是大问题了。别说是侯景这样身份低下的羯人武夫，就连皇家都不被他们放在眼里，他们又怎会把女儿嫁给侯景这样的人？皇帝即使命令他们，他们也绝对不会服从。

梁武帝苦口婆心地说，王、谢两家门第太过高贵了，不如试试向稍次些的家族求亲？

听到这样的话，侯景可不开心了！发下毒誓，将来要将你这些吴地女子全都配给奴隶做妻子！

这个可怕的誓言，居然实现了。

5

敢想敢做是侯景的"优点"之一。为了实现誓言，他暗地和梁武帝的另一个侄子、宗室大臣萧正德密谋举兵。侯景骗萧正德，事成之后要把皇位拱手奉上。

早年萧衍无子,收养了萧正德做儿子,当亲生儿子萧纲出世后,萧正德就被抛弃了,被封为西丰侯。唾手可得的太子之位就此飞走,给萧正德的心灵留下深深的创伤,所以才和侯景一拍即合。

梁太清二年(548年)八月,侯景在寿阳起兵,用雷霆之速打下谯州、历阳,军临长江。萧衍想着,谅这个侯景也渡不过长江,只派了王质带着三千人马到江边防范。

利令智昏,萧正德想做皇帝想疯了,给侯景送人送钱送兵器。同年十月二十日,萧正德派了数十艘船帮侯景偷渡长江。正因为出了内鬼,梁朝的防守才被破得飞快。

侯景军队的突然出现,引起了建康臣民极大的恐慌。

庾信、王质、谢禧等人都临阵逃脱了,只有都官尚书羊侃还在奋力指挥抗击。羊侃病死以后,受困军民只能担惊受怕地等待援兵。

建康附近的三十余万勤王之师眼睁睁地看着侯景攻城一百多日,城内居民死了大半。侯、梁双方僵持不下,侯景假装议和。萧衍和儿子萧纲本就无心应战,也就真的信了让步能让侯景退兵。

太清三年(549年)二月底,梁朝与侯景歃血为盟,宣布停战,命令援军收起兵器。怎料过了十多日,侯景又露出狰狞面目,补充粮草以后继续开打。

三月十二日,台城陷落。侯景攻城途中,纵容士兵杀人劫掠,尸体堆叠起来连路都堵住了,驱使民众筑建土山,把老弱病残杀了用来填山。还鼓励将领杀戮,好让天下人"知吾威名"。建康城内百姓抵死不从,各地豪强、人民自发组织抵抗。

他实现了自己的毒誓,大肆屠杀王、谢族人和萧姓宗室,族中女子则配给士兵做奴隶。

曾经想把侯景交给高澄的梁武帝,被幽禁在净居殿饿死。可怜这个

39岁即位，统治长达四十七年的梁武帝，最后竟然死于降将侯景之手。

外敌当前，而梁朝的萧氏宗室还在为了抢夺皇位大打出手。萧梁皇室名存实亡。

6

萧正德到死也没料到自己只是个工具。自立为皇帝没几个月，就被侯景抛弃了。

侯景跳过了萧正德，立了萧纲做傀儡皇帝，第一件事就是向萧纲要一个能威震天下人的封号。

萧纲，即后来的梁简文帝，以诗才流传后世。这位才华横溢的文学青年，居然也不能编出一个让侯景满意的称号。

刚开始侯景霸占的地盘，只比建康大那么一点。随着地盘的陆续扩大，他开始觉得自己太牛了，要怎样威武的称号，才能配得上大将军侯景呢？

思来想去，他干脆代替萧纲起草诏书，在里面给自己想了一个我们看来魔性、他看来挺妙的称号——宇宙大将军。

萧纲想不到这样的名称，正常人也想不到这样的名称。但是侯景还是如愿当上了"宇宙大将军"。

不过这位宇宙大将军，最后也没能统一宇宙。

当年求婚王、谢女子被拒绝的耻辱已经宣泄完了，宇宙大将军娶谁做妻子好呢？

47岁的侯景，要皇帝把14岁的女儿溧阳公主嫁给他。

7

曾经有童谣说"青丝白马寿阳来"。侯景为了应验童谣所言，骑乘白马,以青丝为马辔,后来果然打胜仗的时候多了。

娶了貌美的公主后,好日子没过几天,宇宙大将军开始马不停蹄地镇压梁朝各地的藩王和敌对势力。

不知道是不是名字听着太霸气,反而折煞了侯景的运气,这下打仗屡战屡败。

侯景趁乱西上,以任约为前锋攻打荆州水师。任约是在侯景降梁之前投奔他的西魏将领,战斗力也很强。但是侯军被对方打得落花流水。梁大宝元年(550年)二月,侯景支援任约,在赤亭大战被打得溃不成军,还害得任约被擒。

梁大宝二年(551年),湘东王萧绎麾下的将领,胡僧祐、王僧辩把侯景打得惨败,宇宙大将军灰溜溜地逃回建康城。

同年八月,萧纲被废,过了不久被侯景的手下谋杀了。侯景把豫章王萧栋推上皇帝的宝座做了几天样子,就迫不及待地登位自己当皇帝了,国号为汉。追尊汉朝司徒侯霸为始祖,父亲侯标为元皇帝。

王僧辩正努力着要捉拿侯景呢,侯景立马干了一件蠢事——把王僧辩的祖坟给挖了。这下彻底把王僧辩给惹恼了,他疯狂进攻建康城。

就算是侯景这样的人,面对激烈的攻势也害怕了起来。他把两个儿子带上,又一次弃城溜走了。

不过这一次他就没这么幸运了。

半路上,受追兵惊吓,侯景只顾着逃命,连亲儿子都给扔水里了。逃到壶豆洲的时候,前太子舍人羊鹍把他给杀了,将尸体运送给王僧辩。

侯景妄求把握权柄,作恶多端,既不得民心,又无经天纬地之才。他凭一己之力搅乱了南北政权的平衡,带着求婚被拒的耻辱,对南方进行了残酷的报复,变相助长了北方政权。

被后人称为"侯景之乱"的动乱,是一场文化劫难(烧毁了梁朝三万余卷藏书），也是江南士族的末日。侥幸逃脱的士族，千辛万苦跑到江陵投奔萧绎，气都没理顺，西魏又来了，一同被掳入关。

由于太遭人恨了，侯景死后被"肢解"了。他的手被送给北齐的高洋，头被送到江陵，剩余的尸身挂在建康街头暴晒。

当地百姓恨死侯景了，争相分食他的肉。

得到侯景头颅的梁元帝萧绎下令把头颅挂在闹市上，随后再做成了"标本"，放武库里保存。

宇宙大将军的生命就此终结，侯景之乱使江南地区的社会经济遭到毁灭性的破坏，这更加剧了南弱北强的形势。

四

时也，命也，寂寞身后事

楚霸王为什么必须死？

在拜别乌江亭长，送走自己心爱的乌骓马后，项羽率领着仅存的二十六名骑兵，向汉军发起了最后的冲锋。

此前，他在垓下之围中率领八百名骑兵突围而出，一路折耗损伤。在乌江，亭长劝说他渡江以图东山再起，面对自己仅存的最后二十六名骑兵，项羽说：

"天要亡我，我渡江又有何用！况且当初我率领江东八千子弟渡江西进，如今却无一人生还，今天即使苟且逃生，我又有何面目见江东父老？即使他们不说，我内心难道就不会惭愧吗？"

于是，项羽将自己的坐骑乌骓马赠送给乌江亭长，自己则与二十六名骑兵全部下马步行，拿着短兵器与刘邦派来的五千追兵进行最后的战斗。

项羽手持着短兵器，亲手奋勇杀死了百十个汉军士兵，然而他自己也身中十多处创伤，就在生命的最后时刻，他回头看见重重包围中的汉军汉骑司马吕马童，项羽奋勇地呐喊着说：

"这不是我的老朋友嘛！我听说刘邦扬言，只要得到我的人头，就赏千金，赐邑万户，我就为你做点好事吧！"

说完，一代霸王自刎而亡，结束了自己年仅 31 岁的生命。

楚霸王轰然倒下。

汉军将领郎中骑王翳立马上前,割下了项羽的人头,而为了争夺项羽的残尸邀赏,汉军内部也展开了激烈的自相残杀,有数十人因此丧命。

郎中骑杨喜,骑司马吕马童,郎中吕胜、杨武各自抢得了项羽的残尸,加上王翳割下的人头,项羽的尸体最终被砍切成了五大块。在刘邦面前,五个人将各自抢夺到的尸体拼凑起来,确认无误后,刘邦兑现了他"杀项羽者,赏千金、赐邑万户"的封赏——当然,刘邦按五个人平分,一个人分别赏赐二百金和两千户邑民。

而这五个人也分别被封侯:吕马童被封为中水侯,王翳被封为杜衍侯,杨喜被封为赤泉侯,杨武被封为吴防侯,吕胜被封为涅阳侯。

前202年,刘邦在山东定陶汜水(今山东曹县北)之阳举行登基大典,定国号为汉,是为汉高祖。

项羽的死,标志着古典时代的英雄气概与贵族精神的消亡,而崇尚权谋诈术的刘邦,则笑到了最后。

1

说起来,项羽的灭亡,从他告别咸阳、衣锦还乡时,就已经埋下伏笔。

前206年,项羽在巨鹿之战中击败秦军主力后,率领关东联军西进咸阳,在坑杀活埋二十万秦军降军、入关击杀秦王子婴后,又火烧阿房宫,然后带着从秦国搜集的宝物、美女准备返回江东。

当时,有人建议项羽说,以咸阳为首的关中地区山河阻隔,土地肥沃,可以立都以成霸业,然而项羽的回答是:"为人富贵如果不还故乡,那岂不是跟穿着锦绣衣服,在黑夜中出行一般,有谁能知道?"

这正是成语"锦衣夜行"的由来。

四 时也，命也，寂寞身后事

进谏的人笑了，私底下说："别人说楚人沐猴而冠，看来果真如此。"恼怒的项羽立马将进谏的人扔到沸水锅里煮了，"烹之"。

此后，项羽率军返回江东，定都于华北平原东南、无险可守的彭城（今江苏徐州），并自称西楚霸王。

同样作为楚国人，刘邦在战胜项羽称帝后，立都最先选择的也不是咸阳，而是洛阳。

在秦朝末年参与击灭秦国的群雄中，绝大部分都是关东（函谷关以东）的原楚国、韩国、赵国、魏国、燕国、齐国等六国人，因此对于他们来说，隶属秦人故地的咸阳和关中地区尽管"山河四塞、土地肥沃"，但与项羽一样，他们也都觉得咸阳距离故乡太远，刘邦和他手下的臣子们自然也觉得它并非立都的第一选择。

对此，反而是来自原齐国故地的一名小兵、戍卒娄敬看出了问题的重要性。

在刘邦起初选择立都洛阳后，娄敬就以小兵的身份求见，向刘邦进谏说：

"秦地（关中地区）被（崤）山带（黄）河，四塞以为固，卒然有急，百万之众可具。"还说这是秦人辛苦经营留下的土地和资本，可谓天府之国啊！

娄敬进谏的核心，是劝说刘邦立都咸阳，也就是日后的长安，并凭借关中地区作为经营帝国的资本。

刘邦举棋不定，最终在张良的全力支持下，刘邦才决定迁都长安。

在中国历史上，从夏商周开始的经营核心，一直都在黄河中游以河南为核心的中原地带，西周时期，国都长期建在镐京（西安），但前771年，镐京被游牧部族犬戎攻破，此后的东周则立都洛邑（洛阳）。

由于秦襄公护送周平王东迁有功，于是周平王许诺，只要秦人能够收复被游牧部族攻战的陕西故土，这些土地就全部归属秦人，于是，秦人历经百年辛苦创业，终于逐渐收复关中地区，并耗时数百年，将关中地区经营成为此后击灭东方诸国的政治经济基础。

实际上，关注中国的历史地理就可以发现，中国从周朝开始至唐朝末年，军事地理上就一直呈现一种从西向东的趋势。

在商周交替之际，周武王依托关中，向东征伐灭亡位处河南安阳一带的商国；秦国同样也是依托关中平原，最终耀武东方、消灭六国、统一天下。

而在楚汉相争的四年时间里，刘邦也是凭借着关中地区的兵力和资源，虽然被项羽屡屡击败，最终反败为胜夺取天下的。

汉朝之后，北周武帝宇文邕也是凭借着立都长安、坐拥关中的有利形势，最终以弱小的国力反而消灭了位处东方的强大北齐，从而统一北方，并为后来的隋朝统一天下奠定了基础。

唐朝建立之初，唐高祖李渊也是首先从晋阳（太原）出兵夺取关中，然后以关中地区为大本营，最终逐渐歼灭隋末群雄，鼎定天下。

当项羽抛弃关中地区、东向而行定都彭城后，衰亡的种子就已埋下。衣锦还乡时，也是霸业衰亡日。

2

不仅如此，对于天下走势的判断，楚霸王也出现了重大失误。

夏商周时期，以共主为中心的邦国制，一直是中华大地上的主要政治形式，其中周人就是以商人的邦国身份，起兵推翻了商人的统治，成为新的天下共主。

周人取得天下后，采取了分封各国的封建制，因此，在以周王为名义中心的基础上，春秋战国时期列国争霸的局面愈演愈烈，这种争霸的结果,就是秦人最终统一天下,并建立了中央集权的郡县制,来取代分裂的邦国制。

尽管率领联军攻灭了秦朝,但项羽仍然活在战国时代的体制和思想里。

于是,在尊称楚怀王为"义帝",意思就是名义皇帝、假皇帝后,项羽又自称西楚霸王,然后分封了十八个诸侯王。

这十八个诸侯王,分别是汉王刘邦、雍王章邯、塞王司马欣、翟王董翳、西魏王魏豹、河南王申阳、韩王韩成、殷王司马卬、代王赵歇、常山王张耳、九江王英布、衡山王吴芮、临江王共敖、辽东王韩广、燕王臧荼、胶东王田市、齐王田都、济北王田安等。

于是,在历经春秋战国数百年探索后,由秦人最终确定成型的郡县制,在项羽的分配下,又变成了春秋战国时期有天子、有霸主、有诸侯的列国争霸局面。

项羽分封十八诸侯王仅仅一个月后,天下再次陷入大乱。

大乱的原因,除了邦国制的问题,表面的原因,是项羽分赏不均。

项羽分封后仅仅一个月,齐国首先大乱。

在秦末群雄并起的乱世中,田荣当时实际控制着原来齐国的大部分故土,但由于与项羽有矛盾,田荣不肯出兵帮助项羽攻灭秦国,于是,在分封十八路诸侯王时,项羽故意忽视田荣实际控制齐国的现实,改而将齐国领土分裂为三:其中原来的齐王田市被改封为胶东王;原来的齐国将领田都因为跟随项羽灭秦有功,被改立为齐王;前齐王田建的孙子田安因为协助灭亲、投靠项羽,也被分封为济北王。

田荣自然大怒,于是,就在项羽分封的三位王进入齐国故土后,田荣立即叛变,并攻灭其他三王,重新统一了齐国。不仅如此,田荣还收编了彭越的土匪,让他们四处攻击项羽的军队。

除了齐国，赵国也在项羽分封不久后出事了。

在项羽率领联军灭秦前，当时赵国已立赵歇为王，另任张耳为相，陈馀为将。但在咸阳分封诸侯王时，由于张耳追随自己西灭秦国，项羽就封张耳为常山王，将赵歇改迁为代王。

陈馀没有跟随灭秦，一点好处没捞着，但他控制着赵国的领土，自然不肯善罢甘休。

于是，陈馀很快就赶跑了项羽分封的张耳，改而迎回了赵歇，赵歇则投桃送李，将陈馀封为代王。为了抗衡项羽，陈馀与赵歇又联合齐国的田荣一起对抗项羽，于是，刚刚分封诸侯王不久的项羽，很快就在楚国的北面，给自己树立了齐、赵两大强敌。

而在西面，来自汉王刘邦的威胁，则更加强大。

项羽在分封十八路诸侯王时，为了瓦解削弱原来秦国的势力，故意将原来秦国的领土分封赐给了雍王章邯、塞王司马欣、翟王董翳三个人。在项羽看来，这样还有一个好处就是，刘邦被从秦地贬黜到巴蜀和汉中地区，可以让章邯、司马欣、董翳三人抑制均衡刘邦的势力。

但刘邦在田荣、陈馀等人相继起兵反抗项羽后，明修栈道，暗度陈仓，重返关中地区，并很快击败章邯，追降司马欣、董翳。在平定关中地区后，刘邦又致信项羽，表示自己只是想夺回关中地区、实现原先群雄约定的"先入关者为王"的约定而已，刘邦表示自己无意东进与项羽争霸，这就使得项羽放松了警惕，改而集中全力进攻北方的田荣。

趁着项羽主力军鏖战北方齐国的空隙，刘邦又在萧何的举荐下起用韩信为将，并很快就击败了西魏王魏豹、俘虏了殷王司马卬，并占领洛阳，势力挺进到项羽的心腹地带。

项羽毫无察觉，仍然在全力进攻齐国。不仅如此，项羽还命人在郴县（今湖南郴州）杀死了号为天下共主的义帝，这就给了刘邦以讨伐的口实。于是，刘邦在洛阳以诸侯首领的身份公开讨伐项羽，在假惺惺地为义帝痛哭一场举行发丧后，随即率领五十六万诸侯联军公开进攻项羽，并很快就攻破了楚国的国都彭城。

从出兵关中，到率领联军攻破楚国国都彭城，不到一年时间刘邦进展迅速，于是，像当初攻破咸阳后置酒高歌一样，刘邦在彭城也以为击败了项羽，开始放纵高歌，没想到项羽反戈一击，留下大军继续进攻齐国，自己则率领三万精兵反攻彭城，大破刘邦和诸侯的五十六万联军。

彭城一战，刘邦的汉军死伤二十多万，由于汉军尸体太多，以致"睢水为之不流"。

3

就在历史转折的关键时刻，萧何和韩信组合开始为刘邦力挽狂澜。

彭城之战中，刘邦被打得狼狈逃窜，在率领残余的几十人逃命时，由于担心被楚军追击，嫌弃马车走得太慢的刘邦，甚至几次将同车的儿子刘盈和女儿推下车。

而刘盈，正是日后的汉惠帝；女儿，就是日后的鲁元公主。

为了自己逃命，刘邦全然不顾骨肉亲情，反而是马车夫夏侯婴不忍心，几次停车将被刘邦踢下车的刘盈和鲁元公主重新抱上车。

为此，刘邦大怒，多次想挥剑斩杀夏侯婴，夏侯婴则坚持说："这是你的亲生骨肉，虽然事态危急，但怎么能忍心抛下儿女呢？"

汉惠帝刘盈即位后，为了感念夏侯婴当年的救命之恩，特意把皇城北面第一等的宅第赏赐给夏侯婴，并赐名"近我"。

刘邦是彻头彻尾的利己主义者，幸运的是，他拥有萧何。

在听闻汉军惨败后，为刘邦坐镇关中的萧何，立即将关中地区残余的老弱病残全部征发服役，并为刘邦全力输送粮草物资，帮助刘邦东山再起，从而使刘邦得以重整旗鼓，可以拥有兵力与项羽相持于荥阳、成皋一带。

可以说，假如没有萧何，刘邦根本无法撑过彭城之败。

刘邦与萧何以关中地区作为根据地，始终拥有大量的兵员和粮草物资，这为刘邦最终击败项羽奠定了坚实的军事和物质基础。

相反，与关中地区历经秦国数百年治理，被称为中国最早的"天府之国"相比，项羽的大本营江东地区，此时仍然人口稀少、经济凋敝，根本不足以作为长期争霸的大本营和大后方。

从本质来说，秦国能够击灭六国，是依托关中地区，在物质基础上的成功。

项羽没有看到秦国成功背后的奥秘，轻易抛弃了关中地区，所以，他试图以江东为基地称王称霸，从本质上看，缺乏雄厚的人口和物质基础。

从中国的军事地理走向来说，从周朝到唐朝，是从西向东的胜利；而宋元和明末清初时期，是从北向南的胜利。

中国历史，只有在元末明初和民国北伐时期，在南方经济急速发展后，才实现了从南到北的北伐成功。

所以从这层意义上来说，项羽的失败，除了个人到处树敌、四处杀降，不会团结盟友外，其根本的原因，也有军事地理上、经济基础上和政治制度安排上的失败（从郡县制恢复为邦国制）。

但项羽不愧是项羽，尽管四面受敌，但他仍然以三万大军击败了刘邦的五十六万联军，正如当初他在巨鹿之战中以少胜多、以弱胜强，大败秦军一样。

依托着萧何和来自关中地区源源不断的支援，刘邦在荥阳、成皋一带与项羽的军队展开对峙，此后双方互有胜负。

但在荥阳一战中，刘邦再次被项羽打得大败，仅仅带着数十人出城逃命。

当时，汉军在城内被四面围困，刘邦不得已让手下将军纪信假扮成自己出荥阳东门投降，自己则趁机带着几十人从西门出城逃命。

刘邦甚至一度把萧何支援的关中老本都给败光了，但他还有萧何赠送的另外一个财富——奇才韩信。

此前，月下追回韩信的萧何，在刘邦面前全力举荐韩信为将，韩信也不负所望，带兵先后平定了魏国和代国，并击败楚军，夺取了赵国。

尽管刘邦在河南地区被项羽多次打得狼狈不堪，但当时大半个北方已入韩信之手，刘邦在逃出荥阳后，单独带着夏侯婴，趁着韩信上午睡觉还没起床，直接闯入了韩信的中军大营夺取了将印，然后开始发号施令，夺韩信军为自己的军队东山再起。

当时，韩信一觉睡醒，才被告知汉王刘邦回来夺取了兵权，不由得大惊，但不管开拓的疆土如何广阔，韩信毕竟还是汉王刘邦手下的兵将，于是，韩信只得听命，收集还没调到荥阳的赵兵去进攻齐国。

当时，齐国田荣已被项羽攻杀，田荣的弟弟田横改立田荣的儿子、自己的侄子田广为齐王继续抗衡楚国。

刘邦自然不会放过机会，于是，刘邦一方面派出号为高阳酒徒的使者郦食其去游说田横、田广叔侄一起抗衡项羽；另一方面，趁着齐国放松守备全力抵抗楚国之际，又秘密派遣韩信进攻齐国，以致田横、田广大怒，烹杀了郦食其。

韩信顺利攻取了齐国，在此情况下，韩信已经与刘邦、项羽并列，成为当时三足鼎立的势力。可以说，韩信投向刘邦，则刘邦胜；投向项羽，则项羽胜。

韩信自然知道自己的分量，于是他派出使者对刘邦说："我如今虽然控制齐国，但权力不够大，齐国人又狡诈多变，楚国也对我虎视眈眈，如果不封我为假王，恐怕难以安定齐国啊。"

刘邦听到韩信派来的使者说明后，立即破口大骂说："我跟项羽相持不下，日夜盼望韩信来救我，结果这臭小子却来要挟我。"

张良、陈平一听急了，立马上去暗中踩刘邦的脚，然后凑近刘邦耳朵说："现在楚汉相争，汉军处于下风，韩信是能改变战争格局的决定性力量，如今既然他这么说，不如趁此机会立他为王，否则很有可能发生动乱。"

刘邦反应机灵，立马改口，大声冲着韩信的使者说："大丈夫平定诸侯，要做就做真王，做什么假王。"

随后刘邦派出张良去立韩信为齐王，并调派韩信军队来进攻项羽。

项羽自然也急了，多年征战，楚国后方经济凋敝、民生艰难，如果韩信从北向南，楚汉相争的格局势必将发生倾斜性的变化，于是，项羽派出说客武涉前往游说韩信，希望韩信能助力项羽，但韩信表示："我当初追随项王，官不过郎中，位不过执戟，言不听计不从，所以才投靠了刘邦，刘邦授我上将军印，让我有机会统领数十万雄兵，方才成就我的今天，所以我不会背汉投楚，请替我向项王谢罪。"

武涉无功而返，但韩信的谋士蒯通却深悉利害。

蒯通此时出面游说韩信说："大王此时既不应该助楚，也不应该助汉，而是应该与刘邦和项羽一起，三分天下、鼎足而立。否则你功高震主，恐怕会是死路一条。"

但知恩图报的韩信不听蒯通之言，他不愿意背叛刘邦。

4

楚汉相持，始终无法决出胜负，尤其是对于项羽来说，他没有关中地区一样的大本营源源不断地提供支援，而北方的魏国、赵国、齐国等地被刘邦和韩信占据，并且彭越也在他周边不断游击骚扰，无奈之下，项羽决定与刘邦讲和。

在刘邦看来，自己占据的领地虽然逐渐扩大，但在兵势上却始终无法击败项羽，相反还几次被打得狼狈逃命，于是，刘邦也同意了，双方约定以鸿沟为界，楚汉一起中分天下。

眼看刘邦真的要撤兵，张良和陈平说，汉军已经兼并天下大半，并且粮草充足，反观项羽虽然军力强盛，但根本没有稳固的大后方，所以不如趁楚军退兵之际，出其不意跟在背后袭击他们。

刘邦觉得有理，于是通知韩信一起南下攻击项羽，随后，刘邦开始迅速出击。

没想到的是，韩信的兵根本没来，刘邦再次被楚军打得大败。

在这危急时刻，张良再次献计说，只能利诱。

于是，刘邦向韩信"许诺"说："只要你来帮我干掉项羽，事成之后，陈县以东的地盘都归你韩信。"

另外，刘邦又邀请到处游击的彭越说："只要你来，睢阳以东的地方也都归你。"

不仅如此，刘邦还邀请了九江王英布（黥布），策反了项羽手下的大司马周殷等人一起围攻项羽。

于是，被许以重利的韩信终于出兵，连同刘邦、彭越、英布、周殷等人在内，刘邦的五路联军共七十万人与项羽残余的十万楚军在垓下（今安徽灵璧）展开决战。

征战多年的项羽，最终兵败自尽。

但终年仅31岁的项羽，并不明白自己失败的原因，在乌江自刎前，他仍然向部下们呐喊说："天亡我，非战之罪也。"

作为从列国时代进入帝国时代的一位盖世英雄，项羽从 24 岁就跟随叔父项梁起兵抗击暴秦，25 岁就在巨鹿之战中率兵大破秦军主力，从而奠定了消灭暴秦的根基，可以说，作为一位快意恩仇的时代英雄，项羽有自己独特的价值观，但他曾经联合关东联军坑杀二十万秦军降兵，并几次在攻城略地中杀降，对于自己的政治对手也不知道争取收服，才会最终被刘邦联军击败。

项羽死后，在迁都长安前，刘邦有一次曾经在洛阳南宫大宴群臣，并与臣子们讨论自己与项羽胜败的原因，对此将军高起和王陵说，刘邦派人攻城略地，所得的利益经常赏赐给大家，与天下同利；但项羽打胜仗却经常不给好处，土地不给功劳也不给，以致四处树敌，最后成了孤家寡人。

刘邦在表示部分同意之余，也补充了自己的意见：

"你们只知其一，不知其二。运筹于帷幄之中，决胜于千里之外，我不如子房（张良）；镇国家、抚百姓、供军需、给粮饷，我不如萧何；指挥百万大军，战必胜，攻必克，我不如韩信。这三个人都是人中豪杰，他们为我所用，所以能取得天下。项羽只有一个范增还不去重用，才因此败在我的手中。"

项羽死后，汉帝国境内仍然有七个异姓诸侯王，为了铲除这些势力，刘邦开始逐一对盟友们下手。刘邦称帝几个月后，前 202 年，试图谋反的燕王臧荼被杀。

前 198 年，刘邦又废掉赵国，将自己的女婿、赵王张敖（张耳死后袭位）降格为宣平侯。

前 196 年，刘邦又逼反韩王信，将其斩杀；同年，为刘邦打下半壁江山的名将韩信也被吕后下令杀害，刘邦获悉后，"且喜且怜之"。

韩信、韩王信相继被杀后仅仅一个多月，刘邦又设计擒拿梁王彭

四 时也，命也，寂寞身后事

越，随后下令将彭越灭三族，并将彭越剁成肉酱，分赐给各个诸侯王。

在收到刘邦"赏赐"的梁王彭越的肉酱后，内心震恐的淮南王英布也在几个月后起兵叛乱，三个月后，淮南王英布也在兵败后被杀。

就在刘邦疯狂屠戮异姓诸侯王的这一年，代替臧荼成为燕王的刘邦的发小、新燕王卢绾也战战兢兢，在对手下们聊天时，卢绾说："现在不是刘姓而做王的，只有我和长沙王了。我自己也危险了。"

于是，卢绾暗中勾结匈奴，后来，卢绾干脆逃亡前往匈奴境内，最终老死于匈奴。

原长沙王吴芮死后，其长子吴臣则因为实力弱小，加上刘邦在讨伐英布时身受箭伤复发，而被暂时搁置处理。

于是，刘邦称帝后曾经先后存在的八个异姓诸侯王，最终仅存长沙王一人。

对此，刘邦在临死前仍不放心，他甚至胁迫王公大臣们举行"白马之盟"，要求臣子们将白马血涂在嘴唇上向刘氏家族宣誓效忠：

"非刘氏而王者，天下共击之！"

在相继剿灭几大异姓诸侯王和举行"白马之盟"后几个月，前195年，刘邦最终在长安去世。

此时，距离项羽自刎，相隔仅仅七年。

临死前，这位帝王曾经回到故乡沛县（今江苏丰县），他亲手击筑，痛饮高歌：

大风起兮云飞扬，

威加海内兮归故乡，

安得猛士兮守四方！

带着遗憾，这位平民出身的帝王，和贵族出身的项羽，相会黄泉。

一个崭新的时代，开始了。

用仁义道德立身的传奇人物

刘备醉了,他一生中从来没有这样过。

建安十七年(212),52岁的刘备找了个借口讨伐益州牧刘璋,斩杀其白水关守将,占据涪城(今四川绵阳),剑指成都。

史载,拿下涪城后,刘备召集将士,大摆酒席,欢庆胜利。

举办这么大规模的宴乐,对于一生"喜怒不形于色"的刘备而言,还是头一回。

喝着喝着,刘备对身边的庞统说:"今日之会,可谓乐矣!"

庞统却回了一句:"伐人之国而以为欢,非仁者之兵也。"

原本醉醺醺的刘备一听,勃然大怒,辩驳说:"武王伐纣,前歌后舞,非仁者邪?卿言不当,宜速起出。"即你在胡说什么,给我出去。

过了一会儿,有点清醒了,刘备才发现自己刚才的失态,匆匆派人把庞统请回来。

一句"非仁者之兵"让刘备当场暴怒失态,可见这句话正好戳中了刘备的痛处:他一生以仁德和信义树立口碑,到头来却只是这个结果吗?

1

不管孙权愿不愿意,大部分读者眼中的三国史,其实就是"两国"的历史:曹魏与蜀汉。

更具体一点，是曹操与刘备的人气争夺战。

苏轼曾记载说，他生活的北宋年间，民间说书人一讲到刘备战败了，听者就跟着流泪，但一讲到曹操输了，听者都大声叫好。

这说明，至少在一千年前，曹操和刘备各自代表的道德形象，已经深入人心了。

2

众所周知，刘备的家庭环境并不好，曾与母亲贩履织席为业。

但他从小就热衷富贵，有次跟同族少年在院子里的大桑树下玩耍，刘备突然说了一句："吾必当乘此羽葆盖车。"羽葆盖车，大概是指皇帝专车，这跟当年刘邦看到秦始皇出游感叹"大丈夫当如此也"，基本是同一个意思。吓得刘备的叔父赶紧跑出来制止他乱发狂语："汝勿妄语，灭吾门也。"

一个出身卑微的有志者，通过构建家族谱系来提升自己的自信心和社会地位，这样的例子，在注重门阀的时代并不罕见。刘备也是如此。

所以说，他的发家并不是靠这层所谓的皇族宗室身份，而是靠道义——道德和信义。

在早年的拼搏中，刘备并无自己的地盘，但他以道义相号召，团结了关羽、张飞、赵云等一帮兄弟。他的兄弟们始终不渝，留下了最为感人的情义。

当名士孔融被黄巾军围困时，太史慈向刘备求救，说孔融说了，只有刘备能救他。刘备一听，十分欢喜，问："孔北海（孔融）知世间有刘备邪？"

此外，刘备在底层人中的口碑很好。

在任平原相时，31岁的刘备仁政爱民，"士之下者，必与同席而坐，同簋而食，无所简择，众多归焉"。有人看着不爽，派刺客去杀刘备，结果"客不忍刺，语之而去"。陈寿在《三国志》中感慨："其得人心如此。"

刘备着力于向世人塑造一副仁德的形象。虽然他没什么军事实力，也没有固定地盘，在公孙瓒、陶谦、吕布、曹操、袁绍等群雄之间辗转，时而投靠，时而背叛。他几乎屡战屡败，四次丢妻弃子，但他愈挫，名声愈大。

追随他的人不离不弃，接纳他的人越来越多。

为什么？

刘备的道德立身策略，生效了。

3

刘备没有曹操的权谋与能力，也没有孙权的背景与家业，他白手起家，纵横四海，无数次跌倒后，却发现自己身后站着越来越多的拥趸。

道德，给了他用之不尽的资本。

道德，对同时代其他人而言，只是道德本身。但对刘备而言，道德就是谋略。

他每时每刻都在标榜自己的道德理念。

我们看看刘备的履历：28岁，投奔公孙瓒，后弃投他人；34岁，投奔陶谦；36岁，投奔曹操；40岁，投奔袁绍；41岁，投奔刘表；48岁，与孙权结盟，后背盟；51岁，投刘璋，后叛璋夺蜀……

在二十年间，刘备数次易主，其中大多是败则投靠，归而后叛。

建安三年（198年），曹操亲自讨伐吕布，吕布被俘。吕布请曹操饶命，愿为曹操率领骑兵，平定天下。曹操颇有些心动。

此时，已经投靠曹操的刘备进言说："明公不见（吕）布之事丁建阳及董太师乎？"

曹操醒悟，下定决心杀吕布。

吕布知道自己没命了，怒斥刘备："是儿最叵信者！"

吕布看穿了刘备的真面目。

本质上，吕布与刘备是同一类人，用当时的话说，就是"反覆难养"。

4

刘备的道德伪装，之所以能迷惑人，还因为他是一个心理大师，善于窥探人心，所以总是能够趋利避害。

裴松之给《三国志》作注说，刘备的能力和谋略不如曹操，"然折而不挠，终不为下者，抑揆彼之量必不容己，非唯竞利，且以避害云尔"。

刘备投靠曹操后，深居简出，没事就在花园里种菜，装出一副心满意足的样子。暗地里却联络反曹人士，以汉献帝的衣带密诏，准备谋刺曹操。

某次，曹操宴请刘备，纵论天下英雄，随口说了一句："今天下英雄，唯使君与操耳。"

刘备一听，大惊失色，以为谋刺之事泄露，手中的筷子都拿不住了，掉落在地。恰好天上打雷，这才把自己的失态掩盖过去。随后，刘备以截击袁术为名，带上兵马，脱离了曹操。后投靠了袁绍。

再后来，刘备又把趋利避害的做法演绎到极致。

在曹操和袁绍的官渡大战开始前，刘备施计脱离袁绍，避免了灭顶之灾。后归附了刘表。

投靠刘表的七八年间，刘备内心焦灼，一直在寻访人才、组建队伍、笼络人心。

建安十三年（208年），曹操率大军南下，此时刘表病死，死前向刘备托孤。刘表次子刘琮很快向曹操投降，得知消息后，诸葛亮建议刘备攻打刘琮，直接占据荆州。刘备说，"吾不忍也"。

当刘备由樊城向南撤退时，"（刘）琮左右及荆州人多归先主（刘备）。比到当阳，众十余万，辎重数千辆，日行十余里"。带着百姓跑路，肯定跑不过曹操的追兵。有人劝刘备抛开百姓，速行保江陵，刘备断然拒绝："夫济大事必以人为本，今人归吾，吾何忍弃去！"

整个三国，人口是第一竞争力，其次才是地盘。曹魏实力最强，说白了就是其辖下的人口最多。刘备也是站在现实的角度，去看待跟随他的百姓的价值的。

刘备与孙权在赤壁之战中的联手，正是在刘备被打得没有退路的背景下实现的。

赤壁之战中，曹操军因火攻及瘟疫败走，刘备自此才迎来一生事业的大转机。

建安十四年（209年）正月，刘表的长子刘琦去世，刘备顺理成章领荆州牧，成为荆州真正的领袖。就此，刘备集团得以在荆襄地区发展壮大。

尽管口中声称"不忍"，但事实则是，刘备最终取代刘表家族，占据了荆州。

5

以道德掩盖权术，正是刘备的拿手好戏。在夺取益州的进程中，刘备将这手"好戏"，演绎得淋漓尽致。

当曹操派出大将来攻汉中时，益州牧刘璋深感恐慌，于是，听从了属下张松、法正的建议，求助于刘备。

法正得到刘璋的明确指令后，带上礼物、人马，到荆州请刘备入蜀抵御张鲁和曹军。法正私下献策说，他愿与张松一起作为内应，助刘备

四 时也，命也，寂寞身后事

趁机夺取益州，"然后资益州之殷富，凭天府之险阻，以此成业，犹反掌也"。

话都说到这个份上了，刘备怎么可能不心动？当年，诸葛亮凭借隆中对赢得刘备赞赏，并成为刘备打天下的指导方针。"隆中对"提到，第一步占荆州，这已经实现了；第二步占益州，从而"跨有荆益"。

心动归心动，刘备却迟迟未行动。为什么呢？

纠结呀！如果按照法正的建议，简单粗暴诈取益州，那他刘备就跟曹操没区别了。刘备做梦都想据有益州，却又不能给天下人遗下诡诈无德的口舌，玷污了他一直以来精心打造的仁德形象，这就得好好琢磨怎么巧取了。

庞统站出来献计了，说荆州荒残，益州富强，"今可权借，以定大事"。

刘备说：不是我不想借呀，你叫我怎么借呀？原话是："今指与吾为水火者，曹操也。操以急，吾以宽；操以暴，吾以仁；操以谲，吾以忠。每与操反，事乃可成耳。"

这段话说明刘备奉行的仁德和信义原则，并不是出于内心的道德律，而仅仅是他自我标榜的、刻意与曹操对立的一种谋略和手段而已。道德只是刘备的政治工具。勇者善用武力，弱者善用道德，各取所长，在兵家诡诈之道上，二者并无本质区别。

但以道德为权术的禁忌在于，你必须将诡诈掩藏得深一些，最好不要让人发觉你的诡诈。这就对刘备"借"益州提出了很高的要求。

建安十六年（211年），刘备领兵西上益州。沿途蜀中官员热情接待，提供一切必需品，刘备"入境如归"。

达到涪城时，刘璋亲自从成都赶来接风洗尘，天天宴席款待。

庞统献计，在宴会上拿下刘璋，益州轻易就到手了。

刘备说，不可。

刘璋返回成都前，资助了刘备一批军资、士卒。刘备遂北上讨伐张鲁，但整整一年，他并未采取任何军事行动。

建安十七年（212年），曹操出兵攻打孙权，孙权向刘备求救，刘备终于找到了机会。

刘备"乃从（刘）璋求万兵及资实，欲以东行"。

刘璋虽然不满，但仅对刘备所要求的军资、士卒减半提供。

没想到，刘备倒有了借口攻打刘璋。恰好此时，作为刘备内应的张松身份暴露，被刘璋斩首，刘备遂诱杀了刘璋的白水关守将，攻下涪城，控制了涪城以北地区。

刘备与刘璋的故事，是三国版"农夫与蛇"的故事。而孙权求救于刘备，结果被刘备当借口使，气得孙权大骂刘备"猾虏"。

在涪城那场欢宴中，刘备借着酒意，已经把自己的道德伪装脱了下来。庞统于是赶紧说，这场胜利不是仁者的胜利，没什么值得高兴的。

庞统的本意，是要刘备收敛点，不要过于暴露自己的真实面目。

刘备一开始没领会到庞统的深意，一怒之下把庞统骂了出去。后来才醒悟，遂派人把庞统请回来，二人心照不宣，宴乐如初。

再后来，刘璋投降，刘备拿下成都，竟然放纵将士抢劫府库。有人提议将成都士民的房屋田园拿来瓜分，幸好赵云反对，刘备才没有同意。

而与刘备的所谓仁义相比，刘璋在决定开城投降的那一刻，才真正诠释了什么是最后的仁义。

据《三国志》记载，在刘备围城数十日后，成都城中尚有精兵三万，粮食够吃一年，官民都表示要与刘备血战到底，但刘璋说："父子在州二十余年，无恩德以加百姓。百姓攻战三年，肌膏草野者，以璋故也，何心能安！"

为了百姓而出城投降，光凭这一点，刘璋就比刘备仁义得多。

6

关羽被孙吴杀死后，刘备做出了一生中最后一个重大决策：东征孙权。

蜀汉章武元年（221年）秋，称帝才三个月的刘备亲率大军伐吴。陈寿在《三国志》中说，刘备东征的原因是"忿孙权之袭关羽"。

这场战争，史称夷陵之战，是刘备与孙权之间最大规模的战争。不过，很多人不能理解，向来精于形势算计的刘备，为什么放弃最大的敌人曹魏，转向攻击曾经的盟友孙吴？

众人都劝刘备不要冲动，要慎重。赵云说得最明白："国贼，曹操，非孙权也，若先灭魏，则权自服。"

但这些理由显然不能打动刘备。

反倒是曹魏那边有人看得真切。曹丕曾让群臣讨论刘备会不会替关羽报仇，群臣也说不会，但一个叫刘晔的人说会："蜀虽狭弱，而（刘）备之谋欲以威武自强，势必用众以示其有余。且关羽与（刘）备，义为君臣，恩犹父子，羽死不能为兴军报敌，于终始之分不足。"

两个理由，一个是刘备刚称帝，需要通过一场战争来炫耀武力；另一个是刘备是否为关羽报仇，关系到刘备的立身之本。

这才算是真正看透刘备的人。

如果说曹操的政治资本是战功，孙权的政治资本是父兄家业，那么刘备的政治资本就是他给自己塑造的道义。关羽是刘备起家最核心的旧将，刘备若不为关羽之死报仇，世人会怎么看他？刘备的核心竞争力——道义至上，还站得住脚吗？

所以，没有人能够阻止刘备出兵伐吴。与其说他是为关羽报仇，不如说他是为自己的道德化身而战。

夷陵之战历时一年多，结果是刘备惨败。

蜀汉章武三年（223年）三月，63岁的刘备托孤于诸葛亮，病逝白帝城。

四 时也，命也，寂寞身后事

大清真正的末代皇帝，死于1861年

有一段日子，道光皇帝比较烦。

道光苦恼的，是他两个儿子，皇四子奕詝与皇六子奕䜣，谁才是储君的最佳人选？

奕詝与奕䜣并非一母所生，却在同一个屋檐下生活多年，只因奕詝10岁时，其生母孝全皇后早逝。孝全皇后在临终前将儿子奕詝托付给了道光的宠妃，即奕䜣的生母，后来的静皇贵妃。

因此，奕詝与奕䜣都由静皇贵妃抚养成人，"如亲昆弟"，可说是穿一条裤子长大的。

兄弟俩的妈妈都是道光深爱的女人，而在年长的皇子中，这哥俩也是最具资质的。道光朝的储君之争，就在皇四子奕詝与皇六子奕䜣之间展开。

知子莫若父。

道光知道这两个儿子的能耐，大致上是皇四子性格好，皇六子智商高。比如拿出一些物品赏赐给兄弟俩，奕詝都会让着弟弟，让奕䜣先挑；平时读书，奕詝都是早早起床到书房苦读，奕䜣却经常赖床，但功课一点儿不比哥哥差。

他们一个胜在贤德，一个赢在才智。

但是，奕詝有一个好老师杜受田，屡次为他送上助攻。

有一次，道光帝带诸皇子到南苑猎场比赛打猎。杜受田听说此事，就跟学生奕詝说："四阿哥，您到那儿啥也别干，看着别人骑射就行，等皇上问起，您就说，现在是春天，正是鸟兽孕育的季节，不忍伤生，也不想与诸弟相争。"

奕詝听老师的话，乖乖照做。道光听到他的回答十分满意，开心地说："我儿有人君之度啊！"

随着道光帝年老体衰，奕詝与奕䜣的明争暗斗愈发激烈，他们时常向各自的老师请教。

奕䜣的老师知道学生才识过人，就向皇六子建议："若皇上平时问您问题，要知无不言，言无不尽。"

杜受田却跟学生奕詝说："若是比聪明才智，您肯定不如六爷，只有一个办法，假如皇上说自己老了，将不久于人世，你就伏地大哭，以表孺慕之情。"奕詝终是按着老师说的去做，道光听了后很是欣慰，说："皇四子仁爱孝顺啊！"

到了道光三十年（1850年），谜底终于揭晓。道光皇帝病危，召集重臣，宣布四年前立下的密诏：皇四子奕詝立为皇太子，皇六子奕䜣封为亲王（即日后叱咤风云的恭亲王）。

内忧外患之中，阴霾笼罩在紫禁城上空，道光皇帝永远闭上了疲倦的双眼。

道光万万想不到，他选出来的储君，将成为清朝乃至中国历史上最后一位掌握实权的皇帝。

1

20岁的奕詝即位，次年改年号为"咸丰"，取"四海丰盈，天下富足"之意。

四 时也，命也，寂寞身后事

虽然大清是否还配得上这个年号要打个问号，但此时的咸丰，绝对是一位意气风发、极具贵族气质的年轻皇帝。

史书记载，咸丰帝在清朝诸位皇帝中文学最佳，批阅奏章颇有文采。

他还喜欢绘画，尤其擅长画人物、山水、骏马，如今还有几幅画藏于故宫博物院。

他还是一个戏痴，为父亲道光服丧时不能听戏，他就偷偷命人找来戏班的刀枪剑戟，自己在宫里摆弄。京剧在晚清发扬光大，风靡全国，正是始于咸丰的热爱。

咸丰后宫中最著名的人物，是懿贵妃叶赫那拉氏，即后来的慈禧太后，她是借选秀女之机进宫的。

据野史记载，慈禧的祖先叶赫部与爱新觉罗家族有仇，她们一族本来不能与皇室通婚，慈禧初入宫时只能当宫女，闲着没事干就唱歌，余音袅袅，动人心弦，一下子吸引了咸丰。慈禧从此得宠，并生下了皇子载淳（即同治皇帝）。

实际上，这个故事是经不起推敲的，满洲贵族中，爱新觉罗与叶赫那拉两家确实有仇，但从努尔哈赤开始他们就经常通婚，这本身也是一种政治联姻。清朝历史上有十多个姓叶赫那拉的嫔妃，慈禧不过是其中之一，她入宫不久后就被封为兰贵人。

慈禧讨皇帝欢心的是才华。

咸丰在位时，清朝正面临前所未有的危机，他每天都要处理堆积如山的奏折，各地官员个个跟他要兵要钱要粮，他根本没时间沉醉在嫔妃的温柔乡中。

此时，后妃中文化水平较高的慈禧，经常助咸丰一臂之力，在旁侍候他批折子，听他倒苦水。后妃本来不得干政，但慈禧从旁协助，耳濡目染，政治野心也与日俱增。

咸丰没想到,眼前这位可人,会在将来掀起惊涛骇浪。

2

道光选择奕詝,是希望他成为一个贤明之君,而咸丰起初也想做个好皇帝。

咸丰继承了父亲节俭的生活习惯。

上书房门坏了,官员请求换新门。咸丰说,修一修得了,一看报销经费,五千两银子!咸丰很生气,官员赶紧回复,不是五千两,是五十两,自己写错了。

咸丰衣服被烧了个窟窿,太监说不能再穿了。咸丰说,补补就行。太监感动,说主子俭德,堪比古代贤君。

天不遂人愿。

咸丰在位十一年,几乎天天都在"水逆",各地奏折如雪片般飞入紫禁城,铺天盖地全是坏消息,无一日安宁。

他即位后第八个月,黄河决堤,洪水肆虐六十余州县,北方各地田屋被淹,房舍倒塌,遇难者不计其数。几乎与此同时,四川发生了大地震,两万余灾民丧生。咸丰最信任的大臣,他的老师杜受田在咸丰二年(1852年)外出处理赈灾时突发急病去世,这让他悲痛不已。

咸丰元年(1851年),太平天国运动爆发,这场史上最大规模的农民起义,将清朝拉入了衰退的深渊。

每次有天灾人祸,咸丰都要做检讨、想法子,他在三年内发了两次"罪己诏",自认"皆吾罪也",向列祖列宗与黎民百姓请罪,同时兢兢业业,半夜处理政事更是习以为常。

关于咸丰勤政的记载,晚清大臣张集馨曾在给幕僚的信中写道:"凡军机大政,有急报,虽深夜,(咸丰)必令内监就榻前跪读。其大者,即炳烛披衣而起,御榻之内列小几一,上设笔砚文具,率凭几批答,或朱笔宣召大臣,无不立时施措,无片刻延缓者。其寻常小事,讫后,即将原折置几,黎明临御时,宣付军机。"

可见,咸丰每天被繁忙的政事缠住,国家大事压得他喘不过气。

为了对抗太平军,咸丰帝想尽办法筹钱,他命弟弟恭亲王将乾隆年间铸造的金钟投入熔炉,化成几千条金条,送到前线当军费。他批准了征收"厘金"的建议,加大对商人的征税,此举有违祖制,且动摇民心。

但咸丰顾不了那么多。

他想起了明朝末代皇帝崇祯,对大臣说:"天启当亡国而弗亡,崇祯不当亡而亡。"

在咸丰在位的第四年,太平军攻陷南京城,半壁江山换了颜色。之后几年,活跃于淮河流域的私盐贩子、游民组成了"捻军",拥兵十余万;遍布各地的小刀会、三合会等起义;在偏远的云贵高原,还有苗民起义、彝民起义。

当太平军发起北伐时,咸丰心情沉重,更是说:"朕也要像崇祯一样,不当亡而亡了。"

咸丰陷入了无尽的忧虑,他面对的是三千年未有之变局,也是清朝立国以来最大的危机,而他,却只是想做个好皇帝而已。

咸丰四年(1854年),太平军攻占扬州,清军围攻不下,上书皇帝,请求挖开城外的大堤,以水灌城,让太平军与扬州城同归于尽。

对于这一计策,咸丰亲笔做出批示:"城可缓取,勿伤吾百姓。"

3

咸丰没有成为第二个崇祯,清朝在他死后还存在了半个世纪,个中缘由,主要是咸丰"会用人"。

崇祯当年也是进行多线作战，手下也有不少能干之人，可这些人，不是被杀，就是被逼自杀，不然就是被他坑，然后丢了命，比如袁崇焕、杨嗣昌、孙传庭等等。

咸丰"治乱世，用重典"，在太平天国起义期间也处置了一大批失职的督抚大臣，但这更多的是为真正的人才登上历史舞台扫清障碍。

太平军刚起义的时候，广西官员连洪秀全的名字都没写对，告诉了远在千山万水之外的皇帝，洪秀全就一万多人，成不了气候，收拾他们易如反掌。

结果呢，太平军转眼间都打到南京了。

咸丰知道，大清的正规军八旗、绿营已经糜烂不堪，就采纳大臣的建议，在各地办团练，也就是由地方汉人士绅带头，将本地的农民、佃户武装起来对抗太平军。

咸丰说："朕用人行政，一秉大公，从无分于满汉。"他一口气任命了四十多名"团练大臣"，其中就包括日后打败太平军的最大功臣曾国藩。

湖南人曾国藩丁忧在家，受命帮办团练，就这样组成了湘军的最初班底。

咸丰发现曾国藩的湘军办得风生水起，连发圣旨，让曾国藩赶紧出兵，充当救火队长。

在给曾国藩的信中，咸丰展现出了出色的辩才，嬉笑嘲弄之间还带着皇帝的威严："试问汝之才力能乎？否乎？平时漫自矜诩，以为无出己之右者；及至临事，果能尽符其言甚好，若稍涉张皇，岂不贻笑于天下？……言既出诸汝口，必须尽如所言，办与朕看！"

皇帝都发话了，曾国藩只好出兵。湘军初出茅庐，屡败屡战，文官出身的曾国藩现学现卖，在战争中学打仗，失败数次后，夺回了被太平

四 时也，命也，寂寞身后事

军占领的长江重镇武昌。

咸丰帝此前收到的都是各地失守的消息，突然翻到曾国藩攻克武昌的战报，一时大喜过望，说："不意曾国藩一书生，乃能建此奇功！"

湘军在此后几年迅速崛起，这是中国近代史上一件影响深远的大事，从此以后，汉族势力开始崛起，而这一切，可说是源于咸丰帝的默许。

4

即便当时身处内忧外患之中，咸丰仍有整顿吏治的理想。

刚即位时，咸丰就发现大清的官场有不少毛病，他重用肃顺等宗室，对朝中进行了大清洗。

肃顺为咸丰提出了大刀阔斧的改革措施，其中包括削减八旗钱粮。

八旗子弟是"铁饭碗"，不事生产，全靠领军饷养家糊口。可满人入关二百年了，八旗人口越来越多，生活日渐腐败，战斗力也日渐低下。肃顺当上户部尚书后，上书请求把给八旗子弟的救济取消，几乎得罪了全部满族贵胄。

肃顺的改革得到了咸丰的支持。

另外，肃顺还查办了因朝廷滥印纸钞而引发的贪污案——"五宇官号案"，查出赃款上千万两，牵扯不少中央官员，包括皇帝的弟弟奕訢。

到了咸丰八年（1858年），发生了清朝最大的科场案——戊午科场案。

这一年全国各地举行乡试，天子脚下的顺天乡试出了大事。此次顺天乡试录取了三百名举人，其中，当地一个伶人、满族人平龄金榜题名，而且名列第七名。

读书人都有自己的"圈子"，考生们一打听，知道这平龄竟是个伶人，按律伶人是不能应考的，更别说中举了。于是有人上奏皇帝，请求查明此事，咸丰就让陈孚恩等大臣前往调查。

陈孚恩一查，发现平龄的试卷果然有问题。

当时科举实行"糊名制"，为了避免评卷人碰到认识的考生，还特地分为"墨卷"与"朱卷"，前者是考生的卷子，后者是考官将其答卷抄写一遍，用来评分。平龄的墨卷上错漏百出，到了朱卷上却全被改正了。

谁改的？只能是负责抄写的相关人员。

意外的是，平龄下狱后不久就死得不明不白。本来有大臣说，将顺天乡试的考官罚俸一年，就可以结案了。咸丰却听从肃顺的建议，下令再查，往死里查！

陈孚恩等人对顺天乡试中举者的试卷进行了全面复查，发现三百名举人，有五十份试卷出了问题，也就是说，至少有六分之一的人本来不应该中举。

咸丰看完报告立马气急。科举考试是为大清选拔人才，竟有人敢如此胡作非为，而且是在天子脚下，简直无法无天。

在咸丰的支持下，陈孚恩等人揭开黑幕，将参与此次舞弊的考生、官员一一揪出来，一直查到内阁大学士、军机大臣柏葰身上。

案发次年，经过陈孚恩等人审理，包括柏葰在内的四名主要涉案官员被判处斩首，其他几十人被流放、撤职、降级、罚俸。

咸丰念及过去对柏葰的倚重，有意对柏葰从轻发落。

咸丰问大臣意见，一时鸦雀无声，只有肃顺站了出来，说，科举是国家大典，一旦徇私舞弊，处分极严，柏葰是一品大员，且是科甲出身，是他辜负了皇帝的恩典，也藐视了国家的法令，应该严格执法，明正典刑。

肃顺的话，坚定了咸丰的决心，一年后，柏葰等四人被处死。咸丰叹道："虽然情有可原，但法令如山，不能宽宥，柏葰必须死。朕想到此处，不禁垂泪。"

作为最后一位掌握实权的皇帝，龙颜大怒的咸丰，在这一刻显现出了自己的铁腕。

这一科场大案，扭转了清朝科举的黑暗，朝廷用柏葰的死，一扫科场弊端。此后数十年，直到科举被废除，清朝再没有此等大案。

5

内忧未解，外患又至。

同样是在咸丰八年（1858年），另一件事，也让咸丰伤透了心。

两年前，英法在美、俄的支持下联合发动侵华战争。这一年，列强步步紧逼，强迫清廷签订了《天津条约》。

之后双方要交换批准文件，也就是"换约"，英法两国坚持要到北京来，咸丰却想阻止外邦使者进京，冲突一时难以化解，且愈演愈烈，英法联军又一次向大沽口进军。

内外交困的咸丰即将迎来自己的30岁生日，风华正茂的青年皇帝，早已身心俱疲。

有学者认为，咸丰十年（1860年），是清朝立国以来危机空前严峻的一年，咸丰的列祖列宗从未遇到过这样的难题，甚至可以说，大清已经到了亡国的边缘。

这一年，江南大营溃败，太平军气势正盛。

帝国大厦即将倾颓，曾国藩却与咸丰出现了战略分歧，咸丰希望曾国藩放弃围攻安庆，率军东下救援江南大营，曾国藩却认为要从长江中游着手，君臣二人一时相持不下。

这一年，英法联军卷土重来，在北塘登陆，兵临北京城下。

北京失守前夕，咸丰以"木兰秋狝"（清朝皇室秋季围猎盛事）为名逃往承德避暑山庄，这是清朝皇帝从未有过的屈辱。大臣潘祖荫甚至直言相劝："国君死社稷，上欲何往！"

《清稗类钞》记载，咸丰带着嫔妃、皇子与近臣，从圆明园离京当天，发生了一件怪事。

咸丰乘船离开的渡口叫"安乐渡"，每逢皇帝御舟在此启程，太监、宫女必一声接一声呼喊："安乐渡。"其声悠扬不绝，直到船到对岸才停下来。

咸丰的儿子载淳却跟着太监、宫女一声声地喊着"安乐渡"，年仅5岁的他，还不知道发生了什么变故。咸丰一把抱住儿子，潸然泪下，说："今日无复有是矣！"

这一刻，咸丰帝与北京城永别。

逃到热河行宫后，咸丰帝一改往日的勤政习惯，耽于行乐，纵情声色，甚至有一种至今无法求证的说法：此时的咸丰帝，有自求速死的嫌疑。

31岁的他体形消瘦，咳中带血，却不顾身体，在热河行宫拼了命地饮酒，经常喝到酩酊大醉，甚至借此发泄情绪，每次喝醉，必怒骂太监、宫女，连宠妃也不能幸免。

咸丰十一年（1861年）七月，这个苦命天子，在热河行宫走完了自己忧伤的一生，他曾不甘沉沦，却无力回天。

在咸丰之后，清朝还有最后三代皇帝：同治、光绪、宣统。

咸丰至死都以为，大清要亡了，却不知，在他死后，清朝的太阳照常升起，清朝继续苟活了五十年。

但那时，阳光不再耀眼，只有刺骨的阴寒。

末代皇帝溥仪：一个找不到自己的人

末代皇帝溥仪得了尿毒症，在人生的最后时刻，他很想抽一根烟。可医生不让。

弥留之际，一同在1959年被特赦出狱的抗日名将杜聿明来看他。呢喃中，溥仪对杜聿明说："好久没抽烟了，我想吸，就给我点上一支吧！"

这是1967年10月。

人生和命运诡异的安排，末代皇帝和抗日名将以这样的方式告别。杜聿明流着眼泪，为溥仪点上了最后一根烟。

溥仪有很多放不下。临死前，他对妻子李淑贤说："我对不起你。我们结婚才五年多，现在眼看要把你一个人扔下了。我年岁大，从各方面说都很对不起你。你体弱多病，我又没什么东西留下，你今后怎么生活？……谁能管你的事？我最不放心的，就是你呀！"

与清朝的倒数第三位皇帝同治以及倒数第二位皇帝光绪一样，溥仪也没有孩子。但对于自己的这最后一位妻子，他付出了真感情。

他放不下。

1

1908年入宫继承帝位时，溥仪还是一个实际年龄不到3岁的孩子。

当年 11 月，弥留之际的慈禧挣扎着，下令迎入醇亲王奕谭的孙子、当时年仅 2 岁 9 个月的溥仪继承大统，是为中国的末代皇帝宣统。

溥仪的亲生父亲，是醇亲王奕谭的儿子、光绪皇帝的弟弟、继承醇亲王爵位的载沣。

军机大臣要来接这位不到 3 岁的孩子入宫，从小照顾溥仪长大的庶祖母刘佳氏知道深宫似海，听说溥仪即将被选入宫，立即昏厥过去。家族中，光绪皇帝被慈禧软禁多年形同废人，眼下孙儿溥仪又被选为继承人，刘佳氏知道，这绝非家族之福。

溥仪还小，他不懂，可是即将离开醇亲王府，他也拼命哭。后来，这名末代皇帝在回忆录中说："乳母看我可怜，拿出奶来喂我，这才止住了我的哭叫。这个举动启发了束手无策的老爷们。军机大臣和我父亲（载沣）商量了一下，决定由乳母抱我一起去，到了中南海，再交内监抱我见慈禧太后。"

溥仪进宫第二天，光绪帝驾崩；进宫第三天，慈禧也病重身亡。

办完皇帝和太后的丧事，新皇帝要举行登基大典。在紫禁城太和殿上，不到 3 岁的新皇帝溥仪号啕大哭。"我被他们折腾了半天，加上那天天气奇冷，因此当他们把我抬到太和殿，放到又高又大的宝座上的时候，早超过了我的耐性限度。我父亲单膝侧身跪在宝座下面，双手扶我，不叫我乱动，我却挣扎着哭喊：'我不挨这儿！我要回家！我不挨这儿！我要回家！'父亲急得满头是汗。文武百官的三跪九叩，没完没了，我的哭叫也越来越响。我父亲只好哄我说：'别哭别哭，快完了，快完了！'"

摄政王载沣的一干言语，也让底下的文武百官窃窃私语。在大清帝国风雨飘摇的末日中，所有人都感觉到了一种不祥预兆："怎么能说'快完了'呢？'说要回家'是什么意思？"

登基大典上的哭闹，很快就成了现实。在辛亥革命的狂风暴雨中，1912年2月12日，清朝以宣统皇帝奉光绪帝妻子隆裕太后懿旨的名义，发布了退位诏书："予与皇帝得以退处宽闲，优游岁月，长受国民之优礼，亲见郅治之告成，岂不懿欤！"

清朝的落幕，与两千多年帝制的终结，以从容的一句"岂不懿欤"画上句号。此后，很多人都对实际操刀这篇退位诏书的杨廷栋深表赞许。

帝制结束了，但溥仪和时代的颠沛动荡，才刚刚开始。

2

许多民国初期的人回忆北京，都说那时候，北京分成了紫禁城、东交民巷和真正的北京城三个部分。

那时候，东交民巷是洋人的地方；紫禁城里，还住着末代皇帝溥仪。按照民国政府与清朝皇室达成的"优待皇室条件"，溥仪住在紫禁城的深宫大院里。从1912年清朝终结到1924年冯玉祥发动政变，末代皇帝还将在这里度过十二年的时光。

清朝结束时，溥仪年仅7岁。可在紫禁城的深宫里，他仍然享受着皇帝的威仪。隆裕太后为他请了状元陆润庠、翰林陈宝琛，以及精通满汉双语的进士伊克坦等名师教他读书写字。时代巨变，可他学习的仍然是四书五经等儒家经典，以及《庭训格言》《圣谕广训》《御批通鉴辑览》之类的君王文集。

身边都是大人，他没有朋友。

他最亲近的人，是当初追随他进宫的奶妈王焦氏，溥仪管她叫"二嬷"。

二嬷是穷苦人家出身，16岁就嫁给一个姓王的差役，刚生儿子没多久，丈夫就去世了。不得已，王焦氏只得到醇亲王府当奶妈。不久，王焦氏的亲生儿子也病故了。这位苦女子对幼小的溥仪倾注了真心，1908年跟随溥仪进宫后，一直陪护溥仪到1917年，才被宫里的太妃们赶走。

可溥仪想念她，紫禁城空荡冷漠的深宫里，只有奶妈王焦氏才是他精神深处的安慰。溥仪到伪满洲国后，特地下令将二嬷接到了长春。1945年溥仪被苏联红军俘虏后，王焦氏流落民间，1946年死于乱世之中。

很多人都看出了这位少年的孤独。1919年，英国军官庄士敦受李鸿章的儿子李经迈推荐，入宫担任溥仪的英语老师，庄士敦回忆说："当我跨过神武门进入紫禁城的时候，我意识到我已经从共和制回到了古老的君主制。"

与溥仪相处日久后，庄士敦感慨说："皇帝陛下是世界上最孤独的孩子，紫禁城的墙是世界上最高的墙。"

从来只接触四书五经和帝王治世之道的溥仪，在庄士敦的传授下，开始接触英文、数学、历史和地理等现代科学。在庄士敦的影响下，他剪去了辫子，穿上了西服，戴上了近视眼镜，在紫禁城里骑自行车、打网球，还有了一个英文名：Henry（亨利）。

后来，在被苏联红军俘虏后，他还自称说："我是Henry溥仪。"

1917年6月，前清的两江总督张勋借调停民国总统黎元洪与总理段祺瑞"府院之争"的名义，率领五千辫子兵闯入北京，拥戴年仅12岁的溥仪复辟。在第二次当上皇帝，重新过了十二天皇帝瘾后，随着张勋的兵败，此次"宣统复辟"宣告失败，张勋则在德国人的保护下逃入荷兰使馆。

复辟的清朝遗老们一时又做猢狲散。

懵懵懂懂之中，在帝师陈宝琛等人的教育下，溥仪开始植入了所谓

"光复大清"的"宏愿",尽管这将在此后成为困扰他一生的噩梦。

紫禁城里的生活实在无聊,少年叛逆的溥仪,便经常跟光绪帝的妃子端康太妃等人吵架。1921年,端康太妃在一次被溥仪顶撞后,恼怒之下召见溥仪的亲生母亲瓜尔佳·幼兰,并让瓜尔佳·幼兰和溥仪的老祖母在永和宫大殿跪了一个上午。

作为武卫军创始人荣禄的女儿,心高气傲的瓜尔佳受不了这口气,当天回到醇亲王府后,将鸦片掺着烧酒和金面儿,一起吞进肚中自杀。

作为溥仪的亲生父亲,载沣却不敢对溥仪透露瓜尔佳·幼兰的真实死因,只是对溥仪说瓜尔佳·幼兰是死于"紧痰绝"。溥仪自1908年进宫后,时隔十三年第一次返回他出生的醇亲王府,并郑重对着母亲的灵柩磕了三个响头。一直到多年后,溥仪才了解到母亲的真正死因。

尽管被困深宫,但少年溥仪还是多少听说了外头的事。他甚至知道"新文化运动",还看了胡适的文集。那时,紫禁城里刚装好电话,他就打电话,让"东兴楼饭庄"给送外卖,又打电话调侃当时著名的京剧演员杨小楼,然后学着京剧里的腔调说:"来者可是杨——小——楼啊?"

某一天,胡适也突然接到了一个电话,对方第一句就是:"你是胡博士啊?好极了,你猜我是谁?"

胡适当然猜不出,电话那头一阵大笑,然后说:"甭猜了,我说吧,我是宣统啊!你说话我听见了,我还不知道你是什么样儿。你有空到宫里来,叫我瞅瞅吧。"

宣统皇帝溥仪,要见留洋回来的哥伦比亚大学哲学博士胡适。

胡适也很好奇,在跟溥仪的英文老师庄士敦联系确认此事后,胡适进宫觐见了溥仪。

新闻吵得沸沸扬扬,说胡适竟然进宫觐见了废帝溥仪。倒是胡适很坦然,他在报纸上刊文写了一篇文章《宣统与胡适》,里面写道:"一个人去看一个人，本也没有什么稀奇。清宫里这一位十七岁的少年，处境是很寂寞的，很可怜的；他在这寂寞之中，想寻一个比较也可算得是一个少年的人来谈谈：这也是人情上很平常的一件事。不料中国人脑筋里的帝王思想，还不曾洗刷干净。所以这一件本来很有人味儿的事，到了新闻记者的笔下，便成了一条怪诧的新闻了。"

胡适读出了这位废帝的天真与寂寞。后来，胡适在日记里，用白话文写了一首诗《有感》：

咬不开，捶不碎的核儿，

关不住核儿里的一点生意；

百尺的宫墙，千年的礼教，

锁不住一个少年的心！

溥仪当然寂寞，在紫禁城里，只有奶妈王焦氏、师父陈宝琛、英文老师庄士敦才是他信赖的人。而自从奶妈王焦氏在1917年被赶走后，他日益孤单。

这一切庄士敦看在眼里，于是给推荐自己任教的李经迈写信说："我想我应该提醒您，皇帝目前过的这种虚假生活，对他的健康、体质、智力发展和道德培养都非常不利……尽管他是皇帝，但他首先是个孩子，如果忽视这一点，在未来三四年中，结果可能会很糟糕。"

溥仪非常想离开紫禁城，可皇宫里的太妃、遗老遗少还有太监们总是对他说，外面乱哄哄的，都是革命党，一出去就有生命危险！

于是，这位废帝经常爬上紫禁城的假山和城楼，眺望外面的世界。他甚至用望远镜观察天空，想要寻找英文教师庄士敦口中的火星。

庄士敦在给友人的信中写道："看，他的兴趣不仅仅是其他国家，也包括其他世界。"

溥仪对庄士敦也非常信赖，后来溥仪在回忆录里写道，他5岁时开始，陈宝琛就担任他的老师，"陈宝琛本来是我唯一的灵魂，不过自从来了庄士敦，我又多了一个灵魂"。

少年溥仪动了心，很想到英国去留学，庄士敦帮助他制订了逃出紫禁城的计划。然而消息走漏，溥仪的梦想未能实现。

但他很快就将被迫离开紫禁城。

3

清军进关的第一位皇帝顺治帝福临，登基时年仅6岁。而清朝的最后三位皇帝，同治帝登基时6岁，光绪帝登基时4岁，宣统帝溥仪登基时不到3岁。在权臣和后宫的强势干政下，满洲入主中原后的统治，以幼童始，以幼童终。而身处权力和时代旋涡中无法自拔的帝王们，最终也将用自己的生命和青春，来为帝制时代殉葬。

从这一点来说，溥仪从1908年入宫伊始，悲剧就已经埋下。

清朝灭亡十二年后，1924年10月，冯玉祥率兵进入北京，发动政变，限令溥仪必须在两个小时内撤离。

无奈之下，溥仪只得在修正清室优待条件上签字。临走前，他交出了"皇帝之宝"和"宣统之宝"两颗印玺，并逃到自己出生的醇亲王府避难。

由于担心革命党人会加害自己，溥仪随后又从醇亲王府潜逃进入日本公使馆，然后辗转进入天津租界，并先后入住张园和静园。

身处天津的日子，这位废帝仍然像在紫禁城里一样，非常渴望能到英国留学。在跟英国《伦敦每日新闻》记者凡尔农·麦克尼兹聊天时，溥仪聊到他很想见英国的瓦利斯王子，还有希望与英国首相大卫·劳合·乔治、著名演员查理·卓别林、美国总统胡佛，以及当时闻名世界的德国飞行员林白尼会面。

但英国驻华使馆很快就对溥仪的英文教师庄士敦回复说:"英王陛下政府对溥仪朝廷没有任何兴趣。"

凡尔农·麦克尼兹也看得很透彻:"目前他(溥仪)在世界上已无任何重要价值。看起来,也永远不会再有显赫的一天了。"

溥仪又想东渡日本,但当时的日本外相币原喜重郎宣称:"如果溥仪到访日本,固当郑重礼遇,但按照帝王办法殊感困难。"

在国内,当时北洋政府执政段祺瑞则表示,如果溥仪以"个人资格"赴日本或游历欧美,北洋政府"均不加束缚"。

但溥仪没钱出国。

离开紫禁城后,由于失去了每年四百万元的"清室优待岁费",这就使得溥仪只能依靠出售从紫禁城带出来的珍宝,还有清朝遗老们的进贡勉强度日,以致有时连身边侍从人员的工资都要拖欠。

溥仪的亲生父亲载沣,还有溥仪最信任的老师陈宝琛也极力反对溥仪东渡日本。在陈宝琛等人看来,如果溥仪东渡日本,则势必将放弃帝王之尊而沦为平民,况且也绝对不能让外国人"领养"溥仪。

陈宝琛仍然孜孜追求的,是希望能跟当时的北洋政府谈判,让溥仪"复号还宫",恢复皇帝尊号和原来的优待条件,在返回紫禁城后再徐图复辟"大业"。

尽管因为经济等各种原因被困天津,但从1925年到1932年,溥仪却因此过上了他一生中最为自由的日子。

离开了紫禁城的束缚,虽然生活捉襟见肘,溥仪却因此收获了他一直想要的自由。

凡尔农·麦克尼兹在《被放逐的皇帝》中写道,"溥仪在天津再没有高高的宫墙障眼了,他接触了街市的喧闹,感到很新鲜,经常独自上街,或带着(皇后)婉容和(淑妃)文绣,逛珠宝店、百货店、服装店和餐馆",尽管变卖的珍宝和遗老们的进贡收入有限,但溥仪仍然"喜欢什么便流水般地花钱"。

溥仪甚至自己跑到理发店里理发,又到开明戏院看梅兰芳唱戏,惹得溥仪在天津的大管家、清朝遗老胡嗣瑗上奏要求辞职引退,说外界对他在天津四处游荡"颇形轻侮"。溥仪于是赏赐了一顶貂皮,"以旌忠直",才把胡嗣瑗留了下来。

但在天津的日子并不安生。1928年,军阀孙殿英盗挖清朝东陵,挖开了乾隆皇帝和慈禧的陵墓,溥仪为此悲伤气愤,每日在天津住处摆设乾隆和慈禧的香案祭拜,并且发誓"不报此仇,便不是爱新觉罗的子孙"。

由于手中无兵无权,溥仪等人于是将希望寄托在当时北伐成功的国民政府上。蒋介石就此委托阎锡山查办此事,可当时兵荒马乱,加上军阀们各自为政,此事不久就不了了之。而溥仪和清朝遗老们也从来没有放弃过复辟的想法,甚至不惜依托外力。

就在溥仪和遗老们加紧与日本势力勾结的同时,1931年8月23日,溥仪的"淑妃"文绣却假装出门散心,随后离开溥仪居住的天津静园,与溥仪打起了离婚官司,史称"刀妃革命"。

"妃子"要与"皇帝"离婚,这一史无前例之事,随即轰动了整个民国。而溥仪不育的秘密,由他的妃子文绣的曝光,也开始被公开。

据文绣的公开说法,她从1922年嫁给溥仪,到1931年,溥仪从未与她有过性生活,以致她结婚九年仍是处女:"事帝九年,未蒙一幸,孤衾独抱,悲泪暗流,备受虐待,不堪忍受。"

为了尽快结束这宗皇家丑闻,溥仪在律师和中间人的协调下,不得已赔偿给了文绣五万五千元赡养费,双方最终于1931年10月22日签下了离婚协议书。

溥仪则下令颁发了一道"废淑妃（文绣）为庶人"的"谕旨"，以挽回面子。其中称："淑妃擅离行园，显违祖制，应撤去原封位号，废为庶人，放归母家居住省愆，钦此。"

文绣因此获得自由。随后，文绣先后在北平当过中小学老师，甚至沿街卖过烟卷，还在华北日报社当过校对员。1947年，文绣经人介绍，嫁给了当时国民党的少校军官刘振东。1953年，文绣因心肌梗死去世，年仅44岁。

4

文绣出走不到一个月，"九一八事变"爆发。不久，东北全境沦陷。

在日本特务土肥原贤二的穿针引线下，溥仪在与文绣签订离婚协议后的第十九天，也就是1931年11月11日秘密离开天津，并潜往东北企图复辟。抵达东北第二年，1932年3月1日，溥仪在日本人的扶持下建立了伪满洲国，并自称"承蒙满洲国三千万民众之热切希望"，出任伪满执政。

在回忆录中，溥仪说："（1925年）到了天津之后，我一天比一天更相信，日本人是我将来复辟的第一个外援力量……我拉拢军阀、收买政客、任用客卿全不见效之后，日本人在我的心里的位置，就更加重要了。"

在溥仪等人的请求和日本人的运作下，到了1934年3月1日，溥仪又在"新京"长春举行登基典礼，并将国号从"满洲国"改为"大满洲帝国"，并自称"皇帝"，改元"康德"。

这是继1908年和1917年之后，溥仪第三次登基"称帝"。

但溥仪只是日本人的傀儡而已。

由于与"皇后"婉容感情不和，1937年，溥仪又迎娶了第三位妻子"祥贵人"谭玉龄。因溥仪有生理障碍，谭玉龄曾经痛苦地对别人说："生小孩子这种事，我今生算是不能了……"

溥仪则对外承认，谭玉龄只是他"挂名的妻子"，是一个"牺牲品"，只是"为了表示对婉容的惩罚，也为了有个必不可少的摆设"。

尽管对外这么说，但溥仪对谭玉龄仍然倾注了感情。

1942年，谭玉龄暴毙，溥仪一直怀疑是日本人加害所致。因为当时日本人一直想逼迫溥仪娶一位日本妻子，但溥仪一直婉言拒绝。谭玉龄死后，溥仪将谭玉龄的相片一直随身携带，并在相片背面亲笔写下了"我的最亲爱的玉龄"字样。

为了逃脱日本人的控制，1940年，溥仪派人秘密联系萨尔瓦多外交代表团人员，希望能逃亡萨尔瓦多。没想到事情败露，这使得日本人对溥仪更加严防死守。

很快，日本人的崩溃速度，超过了溥仪的想象。对此，溥仪的五妹韫馨对自己丈夫万嘉熙私下说："我们的死灭就要来临，你为的是忠孝，问心无愧，我盼望日本快完，也可以说盼望我们自己去就死灭，因为只有这样，我们的第二代，才有可能当上真正的中国人。"

1945年8月6日和8月9日，美国人先后在日本广岛和长崎投下了原子弹。同年8月9日，苏联百万大军兵分四路，向驻守中国东北的日本关东军发动全线进攻。两天后，溥仪跟随关东军开始撤退，并于8月19日，在潜逃日本前夕，在沈阳机场被苏联红军俘获。

溥仪的弟弟溥杰后来回忆说，当看到一队队手持冲锋枪的苏联红军迎面走来时，他内心无比沮丧，心想"万事休矣！溥仪还不得像（沙皇）尼古拉第二？我们也得白白地陪着他去死"。

溥仪等人被苏联红军俘虏之时，"皇后"婉容则一路奔逃返回了长春，但婉容家中却没有亲戚愿意收留这位末代皇后。1946年，婉容最终病死在延吉。当时，溥仪正被苏联人关押在苏联伯力战俘营。

1950年8月，溥仪连同二百六十三名伪满洲国战犯一起，被苏联移交给了中国政府，此后在辽宁抚顺战俘营经历了近十年的思想再教育与劳动改造。

在战俘营里，他的身份编号是981。

抚顺，是清朝的创始人努尔哈赤崛起的地方。最终，也成了清朝末代皇帝的关押改造之地。

5

1959年12月，溥仪到中国科学院植物研究所植物园报到上班。1964年，溥仪又调到全国政协文史资料研究委员会任资料专员，并担任第四届全国政协委员和中央文史馆馆员。

1960年11月26日，获得公民身份的溥仪郑重其事地穿上了只有在会见外宾时才穿的中山装，与同事们一起参加了社区的选举。在投下选票时，他激动得流下了眼泪，后来溥仪写道："1960年11月26日，我拿到了那张写着'爱新觉罗·溥仪'的选民证，我觉得把我有生以来的一切珍宝加起来，也没有它贵重。我把选票投入了那个红色票箱，那一刹那，我觉得自己是世界最富有的人。我和中国六亿五千万同胞一起，成了这块九百六十万平方公里土地上的主人。"

在经历多次相亲后，1962年4月30日，溥仪最终和在北京朝阳关厢医院做护士的李淑贤结婚。后来溥仪回忆说："过去，我从来不懂得什么叫作友谊，更不懂得什么叫作爱情。只有'君臣''主权'，没有'夫妻''朋友'。如今，我有了朋友，有了真正的伴侣。1962年的五一节，我和李淑贤建立了温暖的家，这是我平生第一次有了真正的家。"

对于自己生命中的最后一位妻子，溥仪倾注了真心：当时，李淑贤有时在医院值夜班,溥仪往往一晚上要打好几次电话嘘寒问暖,甚至亲自乘坐电车到朝阳门外的关厢医院看望,有时候送件衣服,有时候是带点吃的。

李淑贤身体不好经常上医院,为此,溥仪经常在清晨四点钟就起来去医院给妻子挂号。对于这样一位此前连生活自理都搞不懂的末代皇帝来说,只有发自内心的真爱,才能驱使他如此奔劳。

1963年夏天,北京有一次倾盆大雨,全城交通堵塞,溥仪下班后就赶紧打着雨伞去接妻子下班,没想到没有接到。在往回走的路上,溥仪发现有一处下水道口没有井盖,由于积水太深,人们已无法看到下水道口,溥仪担心李淑贤路过会掉落进去,于是竟然在北京的倾盆大雨中,撑着伞,像一名警卫战士一样直挺挺地守护在下水道口旁边,痴痴等候妻子。

后来李淑贤回忆,说溥仪有一次这么对她说:"我是从来不知爱情为何物的。只是遇到了你,我才晓得人世间还有这样甜蜜的东西存在。"

1967年10月17日凌晨2时30分,溥仪在北京去世,享年62岁。

溥仪去世后二十八年,溥仪的遗孀李淑贤最终决定,将溥仪的骨灰迁葬到清西陵北侧的华龙皇家陵园内。陵园选址在陵园自选区正中央,这里距离溥仪名义上的父亲、清朝倒数第二位皇帝光绪的崇陵宝顶只有三四百米远。

五 「打工人」的自我修养

大汉第一相：我是如何活下来的

1

有一阵子，萧何的名声很差。

汉高祖十二年（前195年），身为大汉相国的萧何，借职务之便四处强占田宅，放高利贷，惹得关中百姓怨声载道。昔日的开国功臣一时竟成了千夫所指的地主恶霸。

俗话说，好事不出门，坏事传千里。

在外征讨淮南王英布叛军的汉高祖刘邦，不久就得知关中民众都在埋怨萧何，可他非但没有发怒，还面露喜色。

刘邦班师回朝时，京城老百姓拦路上书，控告萧何强买民田，价值多达数千万，请刘邦主持公道。刘邦毫不在意。

回宫后，刘邦笑着对萧何说："相国竟然侵夺百姓财产，为自己谋利！"随后将民众上书拿给萧何看，说，"你自己去向老百姓们谢罪吧！"

萧何诚惶诚恐，辞别刘邦后急忙将田宅退还百姓，但民生怨恨，难以抚平。

2

实际上，这是萧何自导自演的一出戏。

此前，刘邦带兵平定英布叛乱，一如往常委托萧何留守京城总揽全局，供应粮草。

萧何每次派人输送军粮到前线，刘邦都要问一声，相国最近忙于何事。

使者老实答道，相国整日忙于为陛下筹办粮草兵器，抚恤京城百姓。每每听到这句话，刘邦都沉默不语，似乎心生不快。

使者将此事告知萧何，萧何也不明其意。明明自己还是和以前一样兢兢业业，爱民如子，刘邦为何还三番五次询问。

萧何的一名属下听闻此事，告诫道："相国不久就会有灭族之灾了！"

萧何大惊失色。

他接着对萧何说："您位居相国，居功第一，主上已经没有什么可以赏赐给您。况且您入关这些年来勤勉为民，深得人心。如今陛下屡次打听您的动向，是唯恐您在关中乘机起事。既然如此，您何不逼迫百姓贱卖田地，对他们放高利贷，借此自毁名声。这样百姓对您生怨，主上闻知也不会对您猜疑。"

萧何恍然大悟，就如其所言，在关中强占民田，欺压百姓，以"自污"的方式来糟践自己的名声，换取刘邦的信任。

伴君如伴虎，萧何有苦难言。

3

这阵风波过去后，萧何自以为安全了，仍为大汉社稷奔忙，为百姓谋福利。

不久后，萧何上书请求刘邦开放上林苑。

上林苑是秦朝的皇家苑囿，纵横三百里，山水环绕，物产丰饶。汉高祖二年（前205年），为了适应战争需要，曾一度开放给百姓耕作。

后来，汉朝一统天下，刘邦又将上林苑收归国有，一片良田无人打理。

萧何视察时发现上林苑荒芜已久，于是为民请命，请求开禁。这本是一件利国利民的好事，也是一项赢得民心的德政，不想引来一场牢狱之灾。

萧何上表写道："长安地少，民田不够耕种，且人口日益增多。上林苑中土地肥沃，却废弃多年，不如将空地开辟为良田，交给百姓开垦。百姓种植粮食以自足，禾秸则不必收取，可以作为兽食。"

可刘邦看后，怀疑他有意收买人心，当即大怒，骂道："相国一定是收受商人贿赂，才敢来要我的禁苑。"

之后，刘邦下令廷尉将萧何逮捕，并戴上刑具，投入狱中。

萧何想不到，自己尽忠职守，做事处处小心，甚至不惜自毁名声，竟然还是祸从天降。

之后几日，萧何除去冠带，身戴锁链，困于斗室之内，朝中群臣无人敢出面营救。只怕萧何的昔日好友刘邦已经给他安排好了结局，一如韩信、彭越、英布。

年事已高的萧何，唯有仰天长叹。

4

往事只能回味，狱中的萧何或许很怀念沛县那段阳光灿烂的日子。

年轻时，萧何是沛县的主吏掾，而刘邦是泗水亭长，两人是同乡的小官吏，也是铁哥们。

每次刘邦去咸阳出差，都要向县中长吏申请报销费用。照规矩，每个长吏要给三百钱，只有萧何知道刘邦生活艰难，每次都会私自多给他二百钱。尽管那时候，萧何自己也不过是个俸禄仅有一百石的小吏。

这份恩情,刘邦一直记在心里。

刘邦称帝后封赏功臣,就因为这二百钱,给萧何多封了两千户封地。

当初,曹参还在看管监狱,周勃还在当吹鼓手,樊哙还在屠狗,夏侯婴还在喂马。

刘邦与萧何,还有他们的好兄弟,在平静地过着自己的日子,如果没有意外,可能就这样平淡地度过一生。

秦二世元年(前209年),陈胜、吴广在大泽乡揭竿而起,反秦浪潮席卷各地,沛县百姓也响应起义。

经过一场惊险的沛县争夺战后,刘邦被推举为首领。

原本官职比刘邦高的萧何甘愿担任其副手,帮他招兵买马,征集了三千多沛县子弟,并将县中政务处理得井井有条,还大肆宣传刘邦是"赤帝之子"的传闻。附近几个县的百姓知道刘邦的大名后,也纷纷前来投奔。

之后几年,刘邦和萧何这对好友合作无间。

亡秦灭楚,刘邦征战在外,萧何安抚于后,为前线大军"足食足兵"。如果没有萧何,汉军几乎无以为战。

这个本来毫不起眼的团队,用了七年时间就走上权力之巅,萧何功不可没。

5

然而,刘邦对萧何的猜忌,正是始于楚汉战争。

按照张良当时的下邑之谋,刘邦必须坐镇前线,在正面战场牵制项羽主力。同时,派韩信带兵开辟第二战场,最终迂回包围项羽,将其一战击溃。后方根据地关中、汉中等地,则需委任萧何全权处理。

萧何在关中统筹粮草,输送士兵。当刘邦在前线输得惨时,萧何总是能源源不断地运来粮草和兵源，甚至连未成年的15岁少年和年过花甲的老者也被送到战场。

关中百姓甘愿为此牺牲，毫无怨言，只因萧何一改秦朝暴政，安抚百姓，甚至开放秦朝的皇家苑囿上林苑给农民耕作，还将大量饥民转移到蜀地获取粮食，以解决关中饥荒的问题。

因此，萧何深得民心，有些关中子弟虽是为汉军效命，却只知有萧何，不知有刘邦。

刘邦难免有些顾虑，一旦萧何怀有异心，在关中称王，后果不堪设想。

汉高祖三年（前204年），正是楚汉双方在荥阳交战最激烈的时候，刘邦屡次派使者慰劳后方，每次来使都只是寒暄几句。

萧何不敢怠慢，又疑惑不解，毕竟战事吃紧，应该是后方慰劳前线才是，岂有前线慰劳后方之理。

萧何的属下鲍生看出了刘邦的猜忌，对萧何说道："汉王在外带兵，数次遣使慰劳，看来是不放心您啊。您可以从自己的亲属中挑选丁壮，让他们奔赴前线作战，这样才能让他信任您。"

萧何听从鲍生的建议，急忙从自己家族的子侄、兄弟中选出丁壮，加紧训练，送往荥阳，实际上就是让他们到刘邦身边充当人质。

萧何将自己家族的青壮子弟全部送到前线为人质，表明自己坚定地追随刘邦，甚至将家族命运全部托付给他的立场。

刘邦知道萧何不敢背叛，甚是欣慰。史书载，"汉王大悦"。

6

汉高祖五年（前202年），刘邦击败项羽后，在洛阳南宫举行盛大酒会，对文臣武将论功行赏，将萧何列为群臣首功，之后特赐他可带剑穿鞋上殿、入朝不趋的特权。

刘邦说："镇国家，抚百姓，给馈饷，不绝粮道，吾不如萧何。"

刘邦似乎并未忘记与萧何的情谊。但是，被列为第一功臣的萧何，却日渐谨小慎微，终日战战兢兢，害怕刘邦的屠刀有一天架到自己脖子上。

历代帝王，猜疑大臣，都是很司空见惯的，刘邦以一介平民出身而得政权，疑心更重。

萧何不得不采取一些措施，来换取刘邦的信任，与吕后合谋杀韩信，也是为了避嫌，不得已而为之。

汉高祖十一年（前196年），刘邦御驾亲征，平定陈豨叛乱。此时，有人上书告韩信与陈豨通谋，吕后得书后决定趁机铲除韩信。

留守京城的萧何就向吕后献计，可派人扮成军人入城，诈称陈豨已破，命满朝官员入宫庆贺，将韩信诱骗进宫。

朝臣不知有诈，接到命令后纷纷入宫，只有韩信称病不到。萧何只好亲自劝说他："你就算有病在身，也得进宫一趟，以免主上怀疑。"

当年萧何月下追韩信，将还在当仓库管理员的韩信举荐给刘邦，才成就这位名将一番事业。韩信不好驳萧何的面子，就随萧何入宫。

韩信也许想不到，终结自己生命的人，正是那个当初改变自己命运的人。

结果，韩信一跨入宫门就被擒拿，随后命丧长乐宫的钟室。

萧何在诛杀韩信的过程中立下大功，刘邦听闻后，将他晋封为相国，加封五千户封地，并派一支五百人卫队担任其护卫。

朝中大臣见萧何荣宠至极，又是升官又是赏赐，还有卫队护卫，都向他表示祝贺。

但有一个局外人看出其中玄机，此人是长安城东的瓜农召平。召平原本是秦朝的东陵侯,秦亡后沦为平民,只能靠种瓜创业,他种的瓜有口皆碑,人称"东陵瓜"。

召平不是一个简单的瓜农。

别人都在给萧何贺喜,只有召平特意登门拜访,给萧何报忧,告诉他,刘邦派兵保卫他,其实是担心他造反,以此监视其一举一动。

召平劝萧何不如将自己的财产捐献出来,以讨刘邦的欢心,打消他的疑虑。

韩信不久前刚死在自己面前,萧何也不知厄运何时会降临在自己身上,赶紧听从召平之计,将自己的钱财捐出来,用来资助国家军队,助刘邦平叛。

史书记载,"高帝乃大喜"。

7

往事历历在目,故人心却易变。

此前遣送人质是为自保,自污名声也是为自保,而向吕后献计杀韩信,也是为了自保。

萧何知道刘邦多疑,处处小心,可在上林苑事件中,还是难逃牢狱之灾。群臣无人敢为其申冤,年老体衰的萧何恐怕就要老死狱中了。

萧何下狱几日后,一个姓王的卫尉见刘邦心情不错,就趁机询问:"不知相国有何罪,遭此大狱?"

刘邦一时高兴,就与他聊起来:"我听说李斯为秦相时,有功归主上,有恶归自身。如今相国受商人贿赂,向我请求开放上林苑,这是向百姓献媚,陷我于不义。所以我将他关押,并无不妥。"

王卫尉替萧何求情:"臣曾听说,百姓足则君王足。相国为百姓着想,请求开放上林苑,正是宰相的职责,陛下为什么怀疑他收受商人贿赂呢？当初陛下率兵灭楚、讨伐陈豨、英布，相国都坐镇关中，那时他可轻易谋取关中。可他效忠陛下，命兄弟子侄从征，又散尽家财作为军资，时至今日难道还会贪图商贾贿赂吗？"

之后他又当面反驳刘邦的观点，说："秦之所以亡国，就是因国君不肯闻过，而李斯将恶名归于自身，又怎么可以效法呢？陛下实在是误会相国了。"

经卫尉这么一说，刘邦冷静下来，想起往日情谊，心生悔意，便遣使持节，赦免萧何。

萧何在狱中命悬一线，没想到自己还能重见天日。他年事已高，经过牢狱折磨，早已虚弱不堪，只好蓬头赤足，颤颤巍巍地上殿谢恩，执礼甚恭。

刘邦见状，强作笑颜，说出一番逻辑不通的话，安慰这位老友："相国不必多礼！相国为民请愿，是一位贤相，而我却不过是桀纣之君。我之所以关押相国，是想让百姓知道你的贤能和我的过失啊。"

萧何怕了，自年轻时在秦朝为吏，直到今日才总算醒悟过来，原来在他那位所谓的朋友眼里，自己的性命微不足道。

从此，年迈的萧何不再过问朝政，仅仅是挂着相国的职位，在刘邦去世后如履薄冰地多活了两年。

去世时，萧何只给子孙留下一句遗训，大概意思是说：后世如果有贤子贤孙，就应当学我勤俭；如果后世无能，也不过是徒积家财而被豪家所夺。

在开国皇帝手下做事，太难了。

大唐第一名将：李靖

李靖在历史爱好者的心目中地位很高，被封为"战神"。

这可能主要得益于小说和演义的影响。在传奇和演义里，李靖很风光，是"风尘三侠"之一，有红拂女知己；又是托塔天王，是哪吒父亲。但这些，基本都是附会和传说，跟真实的李靖没啥关系。

真实的李靖，一生的政治处境挺凶险的。

史书说他一度"阖门自守，杜绝宾客，虽亲戚不得妄进"，把自己封闭起来，不是抑郁，至少也是郁闷。

一个战功赫赫的名将，为何内心如此难受？

因为，皇帝对他不放心。

1

对于李唐帝国的领导核心来说，李靖是个有政治"污点"的人。

早在李渊密谋反隋的时候，李靖就干过一件事：自锁上变。

李靖打算到扬州向隋炀帝告发李渊的阴谋，是效忠隋王朝的行为，应该大大有赏。

但为什么要"自锁"，给自己戴个枷子呢？这不是表明自己是待罪之人吗？

对这件事，我们只能这样理解：李靖参与了李渊的密谋事业，但由于意志不坚定，想戴罪立功。

没想到，李渊的胜利来得太快，李靖走到半路，长安已经沦陷。

李靖被抓了，李渊准备处决他，以儆效尤。

临行刑前，李靖大喊："公（指李渊）兴义兵，欲平暴乱，乃以私怨杀壮士乎？"

李靖话少，是出了名的。史书记载，他在朝廷上经常嘴巴嚅嗫半天，说不出一个字。

如果你以为李靖是武将出身，大老粗不会说话，那就大错特错了。时人对他的评价是"才兼文武，出将入相"，说明李靖文武双全。不说话，是不想说话，不是不会说话。

要把话留到最关键的时候说。

2

要不是李靖才堪大用，他早已死过好几回了。

基于对李靖的极度不信任，李渊长期把他放在边疆地区任行军总管，一方面是利用他的作战才能，另一方面则考虑用得不顺心就杀。

大唐初期，萧铣以梁朝皇族后裔的身份，趁着乱世，控制了长江流域大片土地，定都江陵，仗着水势与李渊对抗。

李渊派李靖去打萧铣，这是一场以少打多的战争。

一听到李靖的人马受到萧铣的阻击，无法推进，李渊就莫名发怒，暗地里给硖州刺史许绍下了个手诏：杀掉他。

不用罪名，秘密处决。

可以看出，已经贵为皇帝的李渊，一直放不下对李靖的恨意。

许绍认为李靖是不世出的战将，所以不仅没有下毒手，而且为他请命，李靖这才逃过一劫。

没有证据表明李靖知道这个要命的密令。

他不说话,没有申辩,也没有表忠心什么的,只是很快就以率兵八百擒获五千俘虏的战绩,做出了回答。

李渊变得很高兴,在朝中说"使功不如使过",还给李靖下了手诏说"既往不咎,旧事吾久忘之矣"。

李靖没说话,第二年出奇谋,一举把萧铣灭了。

李渊论功封赏没得说,然后把李靖弄到了岭南,"赏"得更偏僻了。

3

李世民上位后,李靖历任兵部尚书、尚书右仆射等要职,成为朝廷重臣。但这些,也是表面功夫。

李靖能力太强,边境有什么乱子,领兵作战非他莫属。许以高官厚禄,仅是李世民抚慰和笼络李靖的手段。

李世民一副"你办事,我放心"的样子,其实骨子里和他父亲一样,对李靖极不放心。

贞观三年(629 年),李世民下诏派出几路大军讨伐东突厥,由李靖担任总指挥,而受他节制的几路大军首领,爵位大多都比李靖高。

这就是李世民的高招:李靖——不得不用之人,也是不得不防之人。

李靖没有说话,上了战场,又是捷报连连。第二年春天,俘虏了颉利可汗,取得了彻底胜利。

用太上皇李渊的话说,这是自刘邦遭遇白登之围以来,对抗外族的最伟大胜利。

在庆功会上,李渊自弹琵琶,李世民亲自起舞,场面和谐欢快。

作为前线总指挥的李靖,却享受不到这欢快的气氛。

综合史书记载,在李靖打胜仗前后,接连两任御史大夫都对他进行了弹劾，罪名是攻破颉利可汗牙帐后，纵容部下烧杀抢掠。

李世民出马了。他召见李靖进行谈话，把他斥责了一顿。

李靖没有申辩，连连点头谢罪。

然后，两人沉默了许久，李世民才说，前朝也有个名将史万岁，也曾大破突厥，然而隋文帝有功不赏，最后还把他暴杀于朝堂之上。

"朕则不然，录公之功，赦公之罪。"李世民最后说。

我不是隋文帝那样的人，对李靖你，有功要赏，有罪不罚。

看到没，李世民不但用史万岁的遭遇对李靖进行敲打，而且未加核实就强调李靖有罪，只是自己宽宏大量不追究罢了。

于是对李靖加官晋爵，以及给予实物奖赏。

过了没多久，李世民又找到李靖，对他说："此前御史大夫对你的弹劾是无中生有，我已经查明了，你不要往心里去。"

4

64岁那年，李靖以足疾行动不便为由，请求退休。

李世民欣然同意，没有挽留。紧接着对李靖又是一通名为褒扬、实为训诫的说教，说古往今来，身居富贵而能知足止步的人太少了，多数人才虽不堪或身体有病，还是不愿放弃职权。

第二年，吐谷浑入侵凉州。

李靖太能打了，唐太宗知道非起用李靖不可，赐给他一根拐杖。

李靖出征，果然大破吐谷浑，再一次用胜仗说话。

但他永远逃不过那个魔咒：每次大功告成，即有凶险随身。

这一次是盐泽道行军总管高甑生等人告他谋反。

李世民的处置方式颇有意思，据史书记载是"命法官按其事"，命令法官核实李靖谋反之事。好像巴不得找到李靖谋反的证据一样，可见他心里仍然相信李靖会谋反。

最终当然查无此事,高甑生等人因诬陷而被流放。

李靖仍旧没有说话,把自己关在家里,连亲戚都很少见,相当于自我软禁了。

后来,李世民让李靖教侯君集兵法。侯君集恨李靖不尽心传授,也诬告李靖谋反。

李靖为何屡遭同僚诬陷?

李靖确实是大唐第一名将,南、北、西三面军事危机都是他搞定的,可太能干了,容易招人嫉妒。

5

面对诬陷,面对质疑,李靖从不多说话,从不解释,只是用一次又一次的胜利,用一场又一场的胜仗,堵住了这些。

哪怕到了晚年,垂垂老矣,他仍然自信,刻意表现出积极效忠的态度。

贞观十八年(644年),李世民要征高句丽,故意试探李靖说:"你一生戎马征战,南平萧铣、辅公祏,北灭东突厥,西破吐谷浑,为我大唐立下不世之功,现在只有东边的高句丽尚未征服,你怎么看?"

李靖说话了,这是他一生中第二次,也是最后一次说这么多话。

他说:"臣往者凭藉天威,薄展微效,今残年朽骨,唯拟此行。陛下不弃,老臣病期瘳矣。"

他把此前的战功全部推到皇帝身上,然后表态征高句丽自己能随行,希望皇帝不要嫌弃自己年纪大,一身病。

这一年,他74岁。

皇帝当然没有同意。他只是试探一下,然后走了。

这下,年迈的李靖应该长舒一口气——皇帝对他彻底放心了。

胡林翼：被严重低估的晚清猛人

悲剧，从来不是孤立的。

咸丰十一年（1861年）八月的一天，湖北巡抚胡林翼骑马走在长江边上。

江面上，两艘洋人轮船高鸣汽笛，纵横驰骋，速度之快，让人吃惊。所经之处，中国渔船均被巨浪冲翻。

目睹这一幕，胡林翼"变色不语，勒马回营，中途呕血，几至坠马"。

时人薛福成在《庸庵笔记》中说，胡林翼本来久病在身，突然受到洋人轮船刺激，一口鲜血吐了出来。整个人差点从马上摔下来。

这下病情加重，到当月月底就离世了，年仅50岁。

1

胡林翼，出生于湖南益阳一个官宦之家。他的父亲胡达源曾以一甲第三名（俗称"探花"）进士及第，考完直接进入翰林院，授编修。

比起曾国藩、左宗棠这些普通家庭出身的孩子，胡林翼是个"京官二代"。

但这个背景，对胡林翼的影响有好有坏。

好的影响是，他打小在皇城根下成长，起点很高，眼界非凡。据说，他年少时就说过一句话："今天下之乱不在强敌，而在人心。"

五 "打工人"的自我修养

嘉庆二十四年（1819年），湖南近代人才的领军人物陶澍，将赴任川东兵备道，顺路回老家，在益阳拜谒乡贤，见到了陪在祖父身边的胡林翼。

史书说，陶澍对胡林翼"惊为伟器"，当场欣喜若狂地说："我找到一个好女婿了！"

当时，胡林翼年仅8岁。胡、陶两家就订下了娃娃亲。

因为出身好，胡林翼向来负才不羁、挥金如土，在当时的人看来，颇有纨绔子弟的习性。

他曾风流成性，流连于秦淮河畔，夜夜笙歌。

他的岳父陶澍知道后，却不以为意，坚信自己没看错人。陶澍说，此子是瑚琏之器，将来必成大事，年少纵情，不足深责。他现在不玩，国家用材之时，他就没有时间玩了。

胡林翼后来考中进士，做了江南乡试副考官。但在他主试的那一年，江南发生科举舞弊案，他受到降职处分。

这成了胡林翼的一个污点。

他父亲被这个"不走正道"的儿子气得够呛，不久撒手人寰。

1841年，胡林翼回乡丁忧守孝。那几年他幡然醒悟，潜心读书，逐渐从一个纨绔子弟，修炼成理学的圣徒。

这个路径，和曾国藩有几分相似。曾国藩年轻时，内心也充斥着各种世俗的欲念，后来通过"克己"的功夫，才修炼成表里如一的贤人。

没有人一出生就是圣贤，人性、品格的修炼，其路漫漫。

插句题外话，从胡林翼的转变，不得不佩服陶澍的确眼光独到。他亲自挑了一个女婿胡林翼，一个亲家左宗棠，均在两人名不见经传甚至还是小孩之时，就认定他们将来必成大器。果不其然。

2

若不是朋友们力劝胡林翼重新出山,晚清可能多了一个隐士,而少了一个名臣。

返乡蛰居,一住就是五年多。也只有历经繁华奢靡又苦练心性的胡林翼,才守得住这份清寂。

他甚至打起了退隐山林的主意。

但朋友们觉得可惜,国家遭遇千年未有之变局,正是需人之时,这样的人才却深居乡间,想想都觉得不应该。

朋友们凑了一笔钱,让胡林翼去捐官,重返政坛。

胡林翼本是科举正途出身,却因时运不济,需要花钱捐官复出,自己觉得十分不耻。于是,他主动选择到边远之地贵州为官,以区别于那些输金为官、汲汲于功名的人。

朋友们愣了,你怎么去一个大家都不愿去的地方?

胡林翼说:"我第一次做地方官,贫瘠之地或许可以保持清白之风,不辜负大家资助我复出的深情厚谊。"

胡林翼初到贵州,任安顺知府。

当时的贵州,盗贼如毛,寇乱渐萌,官员无所作为,百姓苦不堪言。

胡林翼到任后,第一件事就是打黑除恶。他亲自担任缉捕队长,短衣芒鞋,深入深山老林,打击盗匪。同时兴办保甲团练,招募了一支由他直接掌控的练勇武装。

这支数百人的武装,日后成为他出黔协助对抗太平军的资本。

在安顺,胡林翼恩威并施,多年匪患,宣告荡平。他很快赢得了人心,树立了极高的威信。

任职贵州七年间,胡林翼辗转多地,带领官兵与盗匪作战数百次,积累了丰富的带兵作战经验,并编成《胡氏兵法》。

以《胡氏兵法》为基础,到民国年间,蔡锷融合曾国藩、胡林翼的军事思想,编了《曾胡治兵语录》。

清朝的大臣们,慢慢地都知道遥远的贵州,出了一个会做官、会带兵的猛人。

3

胡林翼的机会,来了。

咸丰四年(1854年)初,太平军席卷而来,湖广总督吴文镕奏调胡林翼驰援湖北。胡林翼立即率六百多名黔兵,从千里之外出发。

尽管胡林翼抵达之时,吴文镕已经兵败自杀,导致这名风尘仆仆的猛人一时处境十分尴尬,但毋庸置疑,胡林翼一旦出了贵州,时代的舞台就为他搭建好了,只等他登台。

彼时,湘军初起。最终是曾国藩接纳了胡林翼。

曾国藩认为胡林翼"胆识过人,才大心细",极力向朝廷举荐。咸丰帝同意胡林翼率军随从曾国藩行动,从此曾、胡联手,湘军进入狂飙阶段。

加入湘军后,胡林翼以强势作风,对所部湘军进行了一系列影响深远的改造和重铸:一、吸纳以东北马队为代表的北岸军精英,形成协同作战的局面;二、面对太平军的堡垒战术,设计并实施了长壕围困的应对之策,把单纯的战场厮杀转化为人力与物力的比拼;三、一面招募老兵,另一面提拔行伍出身的将领,使得湘军更加务实和凶悍。

经过胡林翼重铸后的湘军,成为太平军在西线战场上最强悍的对手。

不仅如此,胡林翼胸有谋略,根据战局,制定了"以上制下,步步进逼"的战略。

历史证明，湘军正是遵循了这一战略思想，从武汉—九江—安庆—金陵，沿长江自上而下，一步步挤压并战胜了太平军。

这几大战役中，武汉战役、九江战役主要由胡林翼指挥；安庆战役起初由他和曾国藩共同指挥，后因肺病恶化才退居次位，但此战获胜后，曾国藩一再强调，首功当属胡林翼。只有金陵之战与胡林翼无关，因为那时他已病逝。

入湖北作战后，胡林翼就因将才难得，屡次获得升迁。仅一年多后，即咸丰五年（1855年）三月，就署理湖北巡抚，跻身封疆大吏之列。

升迁之快，无人能及。

胡林翼成为湘系集团中，第一位能够有效施政的疆吏大员。

在他之前，江忠源获任安徽巡抚，但来不及施政，就在战场上战死。而曾国藩的遭遇，更加微妙。

胡林翼的湖北巡抚之位，咸丰帝原来打算给曾国藩的。咸丰认为，曾国藩乃一介书生，竟然能够领军攻下武昌，建立奇功，很难得，应该给予官位。

但很快就有军机大臣进言："曾国藩回乡丁忧，犹如匹夫，在乡间振臂一呼，竟然有万余人响应，这恐非国家之福。"

咸丰顿时"黯然失色"，迅速收回成命，仅赐给曾国藩一个兵部侍郎的空衔。一直到咸丰十年（1860年），曾国藩才获得实权。

曾国藩受到的猜忌，亦是胡林翼需要面对的。

4

在胡林翼之前，连续四任湖北巡抚死于非命，不是战败自杀就是被军法处斩。

这究竟是偶然还是必然？胡林翼不得不认真思考一下。

虽是非常时期，但手握兵权、身居高位的汉人，始终让满族统治者心有犹疑。皇帝们的应对之道，就是在同城任用更高官品的满人，形成监视与制约。

满洲正白旗出身的官文，于是几乎同时被任命为钦差大臣兼湖广总督，与胡林翼一同进驻武昌城。

官文是一个典型的八旗混世官僚，仗着是咸丰的心腹，无所作为，而又为所欲为。胡林翼此时已初现名臣范儿，对这样的官员，非常看不惯，曾说官文"左右无一正人，无一谋士，其忌刻倾险，尽是内务府气习"。

两人刚上任时，关系十分紧张，势同水火。

胡林翼常常悲愤欲绝，甚至到了准备率部"一意东下，觅我死所"的地步。他多次愤而参奏官文搞腐败，但因后者背景强硬，不了了之。

官文为此曾向胡林翼示好，但胡林翼拒不相见。

后来，胡林翼突然意识到督抚两人这样下去，始终不是办法。他决定顾全大局，对官文实施权术。

他主动前往拜访官文，表示冰释前嫌，并送给官文每年三千两的盐务陋规。

为了与官文交好，凡有战功，胡林翼皆推让于官文。

官文"有功可居，有誉可邀，有钱可使"，心满意足，遂对胡林翼做出了回报：别人弹劾胡林翼，官文一概不署名，不但不署名，还为胡林翼辩护；胡林翼有事上奏折，都要拉上官文一起署名，官文从不回绝。

在湖北，督抚牵制的局面，最终变成了督抚合作的格局。

凡军政吏治，一切事务，都由胡林翼做主，官文只起到橡皮图章的作用。

从某种程度上来说,官文的满人旗籍身份,成了胡林翼的一把政治保护伞。

曾国藩起初嘲笑胡林翼处处讨好官文,有失大丈夫气节,后来才慨然赞叹,胡林翼能够"借其威重之名,行自己之志",是"柔弱胜刚强"。

胡林翼曾说,"吾辈不必世故太深,天下惟世故深误国事耳","当痛除此习,独行其志。阴阳怕懵懂,不必计及一切"。

这是说要以"懵懂"来对抗误国事的"世故"。但在具体的关系处理上,又不能"太懵懂"。胡林翼的高明与底线,正在于此。

搞定了官文,他才可以去做大事。

而在胡林翼病逝后,继任的两任湖北巡抚,均因未能处理好与官文的关系,而草草去职。这又是后话。

5

胡林翼抚鄂的数年间,多方改革,将"天下第一破烂鄂"治理成"天下第一富强省"。

他刚到湖北独当一面时,手上仅有分自曾国藩的两千五百兵力,此后,最高峰时兵力已逾六万。

清廷始终对曾国藩不放心,当初任命胡林翼出任湖北巡抚,也有钳制曾国藩的意图。

随着胡林翼在湖北做大,湘系集团内部实际上形成了"三驾马车"并驾齐驱的态势:湖北胡林翼;湖南左宗棠;江西曾国藩。

三人中,左宗棠是以湖南巡抚骆秉章幕僚的身份左右湘军;曾国藩则长期率军客寓江西,并无督抚之权,处境尴尬;只有胡林翼有权有职,名实相副。

这一时期，胡林翼的实力与声望，实际上已经超越了曾国藩。

但清廷想用胡林翼打击曾国藩，却用错了人。

胡林翼对曾国藩，可谓推心置腹，肝胆相照。

湖北在财政上崛起后，每年为湘军提供的军费，大约是湖南的三倍。胡林翼知道曾国藩客寓江西，倾食于人，总是按时给曾国藩拨去足额军饷。

咸丰七年（1857年），曾国藩因父亲去世回籍丁忧，但他希望清廷能够夺情，让他继续率军打仗。结果清廷不为所动，负气返乡的曾国藩被弃置了一年多。

这期间，胡林翼三番五次拉上官文，一起上奏请求起用曾国藩，说他"金石孤忠，可敬可念"。

咸丰十年（1860年），时任两江总督何桂清在江南大营被攻破后，远逃上海。这个至关重要的位置由谁接替，一时成了朝廷用人的焦点。

胡林翼当时是热门人选，但他拉上官文上奏，力荐曾国藩出任此职。

战局仍未明朗，清廷不想再任用何桂清之类的庸流之辈，只好先行赏曾国藩兵部尚书头衔，署两江总督。至此，曾国藩才算东山再起，否极泰来。

曾国藩上任后，胡林翼深知他喜欢用忍、用稳，于是送给他四个字——"包揽把持"，力劝曾国藩为了挽救天下安危，一定要置东南半壁江山于一手遮揽之下。

不仅如此，胡林翼还将自己部下精锐的两个营——霆营六千人和礼营两千人，拨归曾国藩。

如此大义，难怪胡林翼病逝后，曾国藩黯然神伤，回忆往事，说自己都是靠胡林翼"事事相顾，彼此一家"，才有今日的。从此以后，一起共事的人中，再无胡林翼这般"极合心者矣"。

众所周知，湘军三大灵魂人物中，左宗棠恃才傲物，性情偏激，和曾国藩搞不到一起。胡林翼经常居中调停，充当黏合剂，确保了湘军核心的稳定。

胡、左两家是世交，二人又是原两江总督陶澍的女婿和亲家，关系密切。胡林翼对左宗棠的性情始终不与计较，并多次举荐。

最危急的一次，左宗棠被人构陷，性命岌岌可危，胡林翼以私人关系，说服官文保全了左宗棠。

胡林翼病逝后，左宗棠异常痛心，在祭文中写道，自此以后，"孰拯我穷，孰救我褊？我忧何诉，我喜何告？我苦何怜，我死何吊"？

可以说，没有胡林翼，就没有后来如日中天的曾国藩，也没有后来收复新疆的左宗棠，更没有湘军内部团结一致的精气神。

后来出任过广东巡抚的郭嵩焘曾说："数十年来封疆大臣，治、行、才、望，莫获逮公。"

几十年来，论能力、品行、才干和威望，各省的督抚们，没有一个超过胡林翼的。

6

除了陶澍，谁曾想到，一个浪子回头的纨绔子弟，最终成为一个如此伟大的人物！

在湖北巡抚任上，胡林翼说过一句话："官是苦海，不努力不能保全地方，过努力则一身一心之苦累，不可言状。"

他本已脱离官场苦海，但后来重返官场，最后吐血而死，践行了他的信条。

复出为官后，他的清廉，举世难见。他在神明和祖宗墓前，都曾立誓做一个清官。

用他的话说，只有廉吏"可以保清白风，而不致负国"，反之，官员"不十分廉，不足以服众人之心"。

因此，他做官后，几乎未补贴家用。在给妻子的信中，他说："自从政以来未尝以一文寄家，家中苦况，何尝不知，惜不能助，且不可助。家中窘时，可以田为质，即罄产何足惜！"

官拜巡抚之后，手握一省财权，家人希望他多照顾本家人，胡林翼断然拒绝："我必无钱寄归也，莫望莫望。我非无钱，又并非巡抚之无钱。我有钱，须做流传百年之好事，或培植人才，或追崇先祖，断不至自谋家计也。"

不仅没往家中寄钱，在湘军困难之时，他反而把家中粮食用作军粮。他说，"吾辈做官，如仆之看家"，做官，就是做国家和百姓的仆人。

郭嵩焘说胡林翼"位居巡抚，将兵十年，于家无尺寸之积"，诚非虚言！

胡林翼临终前，还在遗嘱中强调，自己尚欠着谁谁谁的债，子孙应永世不忘，陆续还清。

而他生前，把自己的养廉银都用来买地，在家乡造箴言书院。因为财力不足，至死书院仍未竣工。他又在遗嘱中说："吾死，诸君赙吾，惟修书院，无赡吾家。"我死后，诸位给我的奠仪，就用来修书院，不必用于赡养我的家人。

后来，曾国藩等人将奠仪全部用在箴言书院的建设上，使得书院得以落成。

可惜，胡林翼走得太早，没能活到知天命之年。

他的早逝，也使得他的名字，过早地湮没在同时代名臣的光影之下。

与他同年出生的左宗棠，活到了74岁。年近六十，抬棺出征，平复新疆，创下不世功业。彭玉麟、李鸿章、张之洞，一个个皆享寿过七十，是是非非，晚年皆不易，但都在历史上留下浓墨重彩的一笔。曾国藩算是寿短的，亦年过六十。他们都在后来的洋务运动中，扮演了重要角色。

唯有胡林翼，清醒地意识到外国入侵才是心腹之祸，以至于受刺激吐血，加剧病情而逝，却再无机会在世界的洪流中翻腾。

悲矣！

五 "打工人"的自我修养

孙承宗：晚明一滴孤星英雄泪

天启元年（1621年），后金政权的努尔哈赤，趁着向来让他畏惧的"熊蛮子"熊廷弼遭弹劾郁闷还乡的空档期，在辽沈之战中，一举拿下明朝在辽东的两个重镇——沈阳和辽阳。

明军一路向西，退守到辽河以西。

努尔哈赤随即宣布，从老家赫图阿拉迁都，迁到辽阳。这是后金剑指中原的关键一步，表明了努尔哈赤征服天下的野心。

辽阳城东，代子河畔，努尔哈赤兴建宫殿城池，称为东京。

但仅仅四年后，努尔哈赤就决定舍弃新建立的东京，都城北迁到只有辽阳城一半大小的沈阳。

对于这次迁都的原因，当时对战的双方各有说法。

据《清太祖实录》载，努尔哈赤公开表示，迁都沈阳，是因为沈阳四通八达，西征大明，北征蒙古，南征朝鲜，均很便利。

不过，熟悉辽东地理的人，一眼就能看出努尔哈赤此话的破绽：作为出兵四战之地，辽阳的地理位置向来比沈阳更具优势，所以明朝当年一建立，就在辽阳设置辽东都指挥使司，使得辽阳在整个明朝都被称为"辽东首府"。

努尔哈赤违背地理常识的解释，肯定在有意掩饰什么。

在明朝人看来，努尔哈赤在掩饰他的害怕。

怕什么？

怕一个人。

曾任辽东副总兵的茅元仪，后来在《督师纪略》中说："当奴得辽阳，即择形势于代子河北，去旧城数里而城之，甚坚固，其珍异子女皆畜之。及公渐东，奴惧，遂毁其宫室而北徙于沈阳，止以五百人守代子城。奴自筑宫于沈阳瓮城，屡不就，又惧袭之，渐运珍异入老寨，而又营城于抚宁关塞外，渐思遁矣。"意思是，努尔哈赤毁弃精心营建的辽阳代子城，仅留五百人守城，原来是惧怕"公"的一路向东推进，甚至做好了随时逃回老寨赫图阿拉的准备。

这里的"公"，正是本文的主角——孙承宗。

天启二年（1622年），60岁的孙承宗在明朝边将乏人、连吃败仗的情况下，自请出关，督师辽东。他经略辽东的四年，恰好是努尔哈赤定都辽阳的四年。

四年间，孙承宗稳扎稳打，几乎收复了明朝在辽河以西的全部失地。努尔哈赤节节后退，不敢发起任何攻势，自发兵讨明以来，首次丧失了战事的主导权。

明军的防线向东推进了两百多里，挺进辽东腹地。

努尔哈赤清醒地意识到，位置更靠近明军防线的辽阳，随时可能被夺回去。这才是他最终决定北迁都城的真实原因。

孙承宗，以一人之力，为晚明大败局挽回一线生机。

令人痛惜的是，这位能让外敌闻风丧胆的老将，却被自己人攻击得体无完肤，只得于天启五年（1625年）离职还乡。

曙光乍现，而后，乌云又遮蔽了天空。

1

孙承宗大器晚成，万历三十二年（1604年）考中进士时，已经42岁，才算正式步入政坛。

在殿试中，他得到第二名，俗称"榜眼"。如今，在他的老家，河北高阳，当地人仍以"孙榜眼"来称呼这名晚明英雄。

他是文官出身，但后来以武将闻名，被史学家誉为明代仅有的三位能够出将入相的人物之一（另外两人是徐达与杨一清）。

这与他早年十分注重研读兵法有关。进入官场以前，他趁着赴大同任私塾教师的机会，孤身一人背剑徒步，登恒山，走飞狐峪，行程千里。沿途访问戍边将士，绘制防御地图。

在大同期间，他协助地方官员，平息了一场士兵哗变事件，彰显出不凡的才干。

进入官场后，孙承宗同样表现出老练的政治智慧。

晚明三大宫廷疑案之一的"梃击案"发生时，大学士吴道南咨询孙承宗的意见。孙承宗给了一个处理意见："事关东宫，不可不问；事关皇宫，不可深问。"暗示事件本身很复杂，处理宜点到为止。

党争是晚明政局逐渐败坏的原因之一。孙承宗一直被认为是东林党人，事实上，他在很多大事上的态度，是只问是非，不问党派。

他曾说，"附小人者为小人，附君子者未必为君子。吾辈当斩钉嚼铁，自立人间"，"不当偕人，亦不当为人偕"。

对东林党鱼龙混杂，小人伪装成君子，制造舆论裹挟士大夫的状况，孙承宗是颇为不屑的。他更加注重个人的独立判断和道德修为。

他公开力挺东林党，是在东林党最艰难的时候。

天启四年（1624年），东林党与阉党矛盾白热化，东林党领袖杨涟、左光斗等人被下狱。孙承宗当时为辽东督师，听闻消息，想赶回京城，当面向天启皇帝揭露魏忠贤的罪行。阉党十分恐慌，遂散布谣言，说孙承宗领兵数万将进京"清君侧"。

孙承宗抵达通州，圣旨下来，要他回关外去。营救杨、左的努力失败了。

不久，东林党三十五人遇难。孙承宗作《三十五忠诗》，在诗中公开表达："东林饶善士，予敢附东林。"坚定地站在处境危难的东林党一边。

东林党得势时，他并不攀附，甚至公开唱反调；但当东林党失势时，他却选择站在弱势一边，不惜牺牲自己的政治前途。

在孙承宗眼里，没有党争与意气之争，只有是非与气节。

天启五年（1625年），孙承宗从督师辽东的位子上被撤，就是因为得罪了阉党。阉党群起上疏弹劾他，居心险恶地将孙承宗比作历史上的王敦、李怀光。

当孙承宗面对恶意中伤，被迫解甲归田时，阉党以为他们赢了，其实输掉的是整个王朝。

2

时间回到天启二年（1622年）。广宁（今辽宁北镇）战役，明军又败给了后金。

时任辽东经略的王在晋消极退守，打算放弃辽西大片土地，直接在山海关外再筑一道重关。属下袁崇焕、沈棨、孙元化等人不同意，向朝廷报告。朝廷一时不能下决策。

孙承宗自告奋勇出关察看定夺。

经过实地考察，他当场与王在晋辩论，彻底否定了修筑重关的意见，提出必须坚守关外的宁远（今辽宁兴城）及觉华岛（兴城南面的海岛）。

回京后，孙承宗面奏皇帝，说明王在晋不堪重任，自请出关督师辽东。

自万历四十七年（1619年），萨尔浒之战战败后，明军与后金攻守转换，辽东战局就成为明朝边将的修罗场，不是战败自杀，就是被捕下狱，鲜有人能全身而退。

当时，朝中弥漫着一股贪生怕死的情绪，都不敢到关外任职。

熊廷弼被下狱后，辽东经略空缺。朝廷任命解经邦顶上，解经邦畏难推却，抵死力辞，遭到削籍处分。廷臣再推王在晋，王在晋也苦苦推辞，又怕步解经邦后尘，不得已才赴任。

了解了这个背景，我们才能感受到，此时此刻主动请缨出关的官员，该有一种怎样的气魄和担当。

孙承宗这年已经60岁。如此高龄，仍自请前往文臣武将视为"死地"的关外，更显难能可贵。

天启皇帝任命他为兵部尚书兼蓟辽总督。

上任伊始，孙承宗就向皇帝表明心迹："今天下事无一不难，而兵事更难。自非负十分精敏之才，兼几分痴骏之性，决不肯妄承于身。所谓痴骏者，习闻忠君爱国之说，不徇人情，不听私属，投之赂必告于朝，遗之书必闻于众。"

这是孙承宗的夫子自道，从42岁进入官场开始，他就很有主见，不结交权贵，也不培植私人势力，是明朝污浊官场中一股难得的清流。为此，他也十分担心，离开都城后，皇帝若听信谗言，自己在辽东的抱负将无法施展。所以他希望皇帝"以公忠忧国之心，励精敏有为之气"。事关军国大务，只有群策群力，一德一心，才能扭转辽东危局。

天启皇帝在给孙承宗的敕书中，呼应了孙承宗的诉求，说："朕所倚赖，亦惟卿一人。"并把孙承宗比作当下的诸葛亮和裴度，评价相当高。随后，赐尚方宝剑，亲自为孙承宗送行。

3

孙承宗仅带了两三个幕僚，抵达山海关，大刀阔斧开始整顿千疮百孔的防务。

他整顿军队，淘汰了胆小无能的将校数百人，裁减了冗兵一万七千余名。同时，提拔了袁崇焕、马世龙、祖大寿、赵率教等勇敢善战的猛将。

他做事雷厉风行。一日，召集将吏，问道："各位多次说巡视宁远，为何屡次延期？"众人回答："请督师决定日期。"孙承宗说："明日前往，如何？"众人惊愕不已。孙承宗又说，就这么定了。

次日出发，两天后就抵达宁远。

他决定把关外的防御中心设在宁远，命袁崇焕、满桂重新修筑宁远城。一年之后，城堞竣工，成为关外军事重镇。他又下令将西洋的红夷大炮运上城头。于是，宁远固若金汤。

他还实施"以辽人守辽土，以辽土养辽人"的政策，招募流离失所的辽民为兵，重建了一支能攻善战的劲旅辽军。这支辽军，在后来明与后金（清）之间延绵十数年的争战中，曾多次力挫八旗兵之雄锋，以明朝晚期一支最为精锐的军队而被载入史册。

而孙承宗最主要的功绩，是确定了从山海关到宁远到锦州的防御策略。这道防线，史称关宁锦防线。缔造关宁锦防线，成为明与后金（清）最重要也是最后一道防线。直到李自成灭了明朝，这道防线都没被清兵攻破过。

任何时代，事在人为。明末在与后金的争战中，辽东遇到一个有为敢为的督师，局面就能得到很好的改观。从之前的熊廷弼，到现在的孙承宗,再到后来的袁崇焕,这三人是晚明所有辽东督师中最有作为的。

他们有很多共同点,都曾两度督师辽东。在第一次任职辽东后,都曾含冤去职。去职后,大好局面又被坏掉,朝廷只好再请他们出来收拾残局。起落之间,印证了这三人的能力,也从一个侧面说明了辽东局势,是被自己人毁掉的。用后来的胜利者——大清皇帝乾隆的话说,明朝是"自毁长城"。

孙承宗用四年时间,实现了辽东局势的反转。后金不敢轻易进犯,努尔哈赤慑于孙承宗的威力,干脆舍弃新都城辽阳,北迁到了沈阳。

正当孙承宗准备发动进攻,进一步收复失地之际,朝廷内部却发生了变化。

魏忠贤把持朝政,以孙承宗督师辽东颇有成效,想拉拢他,于是派人犒劳守辽将士,赐孙承宗蟒服、银币。孙承宗得知消息,立马上奏说,中使(太监)干涉兵政,自古有戒。

中使出关后,孙承宗只陪他喝茶,一句话都不说。魏忠贤因此很不满。

加上孙承宗在东林党落难时,力挺东林党的做法,激起了阉党的疯狂报复。他们抓住孙承宗的部将马世龙的一次作战失利大做文章,弹劾、诬陷孙承宗"丧师数万、好马数千,关门且旦夕失守"。

天启皇帝违背了当初只倚赖孙承宗一人的承诺,连下诏书,命孙承宗回师听调。

孙承宗满腹忧愤,上疏请辞,解甲还乡。他在一首诗中,借岳飞当年的遭遇,隐喻自己的功亏一篑,不是溃败于敌人,而是溃败于朝廷上的诬陷。

入夜看荧惑,朝来朝议生。

谁将舌上剑,一割塞垣兵。

未抵黄龙府，先惊白马营。

岳家军尚在，胡骑漫雄行。

辞官回乡后，阉党仍不放过孙承宗，派缇骑日夜监视，想抓到他的把柄，给他治罪。孙承宗为官清白，阉党缇骑终无所获。

当时，各地督抚都在替魏忠贤修生祠，有人劝孙承宗在高阳也修一座，借此缓和与阉党的关系。但孙承宗说："此好事，公等自为之。"他宁折不屈，决不向阉党低头。

4

崇祯即位后，用三个月解决了魏忠贤，幸存的东林党人重返朝廷。按理说，此前被阉党构陷蒙冤乡居的孙承宗，该重新起用了吧？

并没有。

史载，此时兵部尚书不是别人，正是之前在守辽战略上与孙承宗意见不合的王在晋。王在晋为泄私愤，阻挠了孙承宗的复出。

孙承宗纵有大才，能够力挽战局，可是却无用武之地。

阉党也好，东林党也好，真应了孙承宗那句话：亲附小人的一定是小人，但亲附君子的未必是君子。

直到崇祯二年（1629年）十一月，八旗劲旅绕道打到了京城门口，制造了震惊京城的己巳之变，朝廷这才想起了老将孙承宗。

孙承宗仅率二十七骑，星夜赶往通州，调度各路勤王兵马。到崇祯三年（1630年）五月，接连收复永平、迁安、滦州、遵化四城，史称"永平大捷"，缓解了京城之危。

而其间崇祯追究己巳之变的责任人，将袁崇焕于崇祯二年（1629）十二月下狱。孙承宗力劝，国家正是用人之时，不能杀良将，没人听。

崇祯三年（1630年）八月，袁崇焕遭凌迟时，京城一片狂欢。孙承宗只能写诗说:"一缕痴肠看赐剑,几行血泪洒征衣。"

等到人们读懂孙承宗的时候,为时已晚。

而他自己,也陷入了熊廷弼式的悲剧中。当年,熊廷弼与王化贞在辽东产生经抚矛盾,导致战败,一个下狱处死,一个举家自杀。而今,经抚矛盾在孙承宗与辽东巡抚丘禾嘉身上重演。

丘禾嘉是兵部尚书梁廷栋安插在辽东战场的心腹,不能服众,却又大放狂言,说"阁部(指孙承宗)老矣,辽事我只手可办"。由此,在辽东形成两套指挥系统:一是孙承宗—马世龙—祖大寿等;一是梁廷栋—丘禾嘉—吴襄等。

孙承宗上疏,强调这种局面乃兵家大忌。崇祯似乎对此没有反应,或者说,这正是皇帝希望看到的互为牵制的局面。

皇权的本质是政治平衡术,遇上崇祯这样猜忌心重的皇帝,他更会把文臣武将互相制衡的统治术用到极致。哪怕外战失败,他也在所不惜。在他眼中,朝堂上的窃权者比关外的异族更可怕,更值得防范。

崇祯四年(1631年),后金兵围明军于大凌城,因孙承宗、丘禾嘉意见迟迟不能统一,延误战机,明军惨败。朝臣趁此机会,摇唇鼓舌,欲把早已完成京城解围的孙承宗撸下来。

69岁的孙承宗无奈,连上数十道疏,请求辞官。

这年年底,他终于告老还乡,彻底离开了日渐沉沦的辽东。对他来说,或许只能无限感慨:每因门户误封疆,总为筹边边未筹。

5

手提孤剑向边州,木叶萧萧又早秋。——这或许是孙承宗写下的最悲怆的两行诗。

在生命的最后七年里,他在高阳老家,门无宾朋,唯有一心读书,不废朝夕。

一个壮志未酬的英雄，暮年远离刀光剑影，却能远远听到家国沉沦的消息，这是怎样一种煎熬的心情。

陈田在《明诗纪事》中评价孙承宗，说："有此伟才，旋用旋罢，国欲不亡，不可得矣。"赞扬孙承宗，知其不可为而为之的勇气和魄力；贬斥明王朝自掘坟墓，宵小别无所长，只会剪除自己的英雄。

孙承宗肯定心有不甘，但他已经无能为力，只能把一腔热血与愤懑付与文字。高阳城隍庙，有他题写的一副对联。

上联是：问你生平所做何事，欺人懦，诈人财，坑人命，奸淫人妻女，占夺人田地。日积月累，是不是睁睁眼看，世上多少恶焰凶锋，曾饶过哪个？

下联是：来我这里有冤必报，破尔家，荡尔产，追尔魂，殄灭尔子孙，降发尔灾殃。鬼哭神号，怕不怕摸摸心头，从前百千机谋诡谲，还容你做么！

或许是希望那些败坏国事之徒，死后可以在此受审吧。

崇祯十一年（1638年），清军分两路进攻明朝。在清军未到高阳之前，友人劝孙承宗到保定避难，孙承宗让他闭嘴。

孙承宗组织家人和高阳城百姓，对清军的围城进行了顽强的抵抗，直到城中火药弹石皆尽。城破后，高阳城军民又与清军展开肉搏，终因寡不敌众而失败。

最终，76岁的孙承宗和他的十几个儿孙子侄，全部在这场家乡保卫战中殒命，十几个妇孺殉节而死。

孙承宗殉国六年后，明朝灭亡，清朝定都北京。

今时今日，如此悲情的老英雄，谁人犹记？

六

懂得掩饰锋芒,方得长久

六　懂得掩饰锋芒，方得长久

平定七国之乱的第一功臣，为何绝食而死

1

作为开国名将周勃的次子，周亚夫的出道成名，极富英雄浪漫主义色彩。

汉文帝后元六年（前158年），六万匈奴兵浩浩荡荡南下，烽火一路传到长安。

汉文帝针对京城防卫进行部属，命刘礼屯兵长安以东的灞上（今西安东郊）、徐厉屯兵长安以北的棘门（今咸阳市东北），而长安以西的细柳，则交给河内太守周亚夫。

进行一番周密布置后，皇帝自己也没闲着，带着大臣和护卫前往视察。灞上和棘门的守军听说皇帝亲临，大开营门迎接。

汉文帝一行车马从营门长驱直入，无人阻拦。将领们带着手下，都表现得毕恭毕敬，迎来送往，不失礼节。

看着将士们脸上笑嘻嘻的，汉文帝心里一点儿都不高兴。

眼下虽还有细柳的驻军未视察，但汉文帝觉得烦了，巴不得赶紧结束这无聊的工作。

然而，细柳营的将士们却让汉文帝眼前一亮。远远望去，营门的士兵身披铠甲，气宇轩昂，看到皇帝的大队车马走近，纹丝不动，异常

警觉。

宫里的护卫嚣张跋扈，一来就想硬闯。营门的守军立马拦住，手上紧握兵器，寸步不让。护卫们高声喊话："尔等快开门！我们是宫里的卫队，天子车辇马上就要到了。"

细柳营的将士们完全不把这话放在心上，回答道："军中只听将军的号令，不听天子之诏。"

汉文帝得知前进受阻，只好命人持节告知周亚夫。这时，营门方才放行。皇帝一行入营，守军叮嘱他们："军营中不得纵马驱驰。"

先是拦门，接着又是警告，若在一般皇帝看来，这种行为绝对是大逆不道。幸亏汉文帝是性情温和的一代明君，能体会周亚夫的良苦用心。一行人只好缓缓前行，到了中军营帐，终于见到周亚夫。

周亚夫全副武装，见了汉文帝，揖而不跪："臣身披甲胄在身，不便跪拜，请允许以军礼拜见。"

汉文帝心中一颤，一时竟放下威严，双手扶住车前横木，以示敬意。

出了细柳营，一路上汉文帝还在回味，不禁赞叹："周亚夫才是真正的将军啊！"

2

细柳营的会面，让汉文帝终生难忘。他给太子刘启，即汉景帝留下遗嘱："危急时刻，可把军队放心交给周亚夫统领。"

汉景帝前元三年（前154年）正月，由吴王刘濞领衔的吴楚七国之乱爆发。我们所熟悉的七国之乱，原本其实有九国参加，刘濞先后联系了胶西、楚、齐、淄川、胶东、济南、济北、赵等八国。

结果，齐王胆子小，早早悔约。济北王因为都城城墙倒塌，竟被国内官员挟持，以修筑城墙为由退出。

六 懂得掩饰锋芒，方得长久

当时诸侯王都对汉景帝积极推行削藩不满已久，参与七国之乱的多是削藩的"受害者"，如楚王刘戊因为太后守丧期间饮酒享乐，乱搞男女关系被治罪，削去东海郡，还有赵王刘遂犯法，胶西王刘卬参与卖爵，都被削地。

而吴王刘濞除了被削去会稽、豫章二郡之地，还与汉景帝有私仇。

当年，刘濞的长子刘贤入京，与尚未即位的刘启饮酒博弈，起了争执。刘启一怒之下，拿起棋盘殴打刘贤，失手将他打死。

于是吴、楚等七国以"诛晁错、清君侧"为由，发兵数十万，一路西进。

叛军打到梁国的棘壁（今河南永城西北）。此时，汉景帝已经听从袁盎之计冤杀晁错，想以此平息众怒，可刘濞拒不撤兵，自称"东帝"，誓与中央斗争到底。

3

这一年春天，汉景帝的日子过得很慌。七国叛军不愿罢兵，中央能否和他们正面交锋，他心中没底。

就在此时，汉景帝猛然想起父亲临终前推荐的周亚夫。

周亚夫终于等来建功立业的机会，被拜为太尉，统率三十六将出征，讨伐叛军。

出发前，周亚夫对景帝提出自己的作战计划："吴楚兵剽悍轻捷，不可贸然与之交锋。请陛下允许我暂时放弃梁国，不予救援。我军迂回到叛军侧后，断其粮道，待敌军消耗殆尽，可一战而胜之。"

成大事者，不拘小节，周亚夫的战略，不惜牺牲一隅以谋全局。随后，他率军出征，一路绕道，来到叛军东北方向的昌邑（今山东境内），占据深沟高垒，而将梁国让给叛军，任由其攻打，消耗其兵力。

与之相对，七国刚起兵时，刘濞手下一名年轻的桓将军曾向他建议，吴国多步兵，步兵利于平地作战。要避开城池，以最快的速度分兵攻下洛阳武库、敖仓粮库，攻占函谷关。如此，据险守关，就算拿不下关中，也可以二分天下。

刘濞却未采纳。

因此，叛军几乎倾尽全力攻打梁国。梁王刘武是汉景帝的同胞兄弟，正带兵拼死抵抗。他多次请求周亚夫出兵救援。周亚夫以大局为重，不予理睬，只派轻骑截断吴楚叛军后方的运粮水道。

刘武只好带着必死的决心，亲率精锐据守睢阳。城外周亚夫军不打算倾力支援，吴楚叛军却倾巢进攻。

从此之后，刘武对周亚夫恨之入骨。

战争进行了两个月，周亚夫的计谋终于起效。吴楚叛军军粮逐渐耗尽，后备补给跟不上，多次向周亚夫的主力部队挑战。

叛军频频侵扰，一夜，营中发生骚乱。深居大帐中的周亚夫早已听见动静，但仍从容淡定，躺着不动。不一会儿，营中将士情绪稳定下来，骚动自然平息，周亚夫早睡过去了。

又过了几天，叛军大举进攻军营东南，来势汹汹，周亚夫却调兵到军营西北去防御。后来，叛军主力果然偷袭西北，让周亚夫逮个正着。吴楚军这招声东击西，用得不太灵。

随着兵粮耗尽，叛军实在忍受不了了，只好悻悻然退兵。周亚夫等的就是这一时机，他立马出动精兵追击，大破叛军。

叛军作鸟兽散，刘濞及其部下四散逃亡。刘濞的人头被悬赏千金，不久死于越人之手。

吴楚七国之乱自爆发到平定，总共才历时三个月。周亚夫推为首功，当之无愧。

4

七国之乱后,周亚夫的政治生涯走向顶峰,两年后,出将入相,官至丞相。

回到朝中,周亚夫先后因几件事,与汉景帝产生矛盾,并最终走向悲剧。

汉景帝前元七年(前150年),汉景帝废栗太子刘荣,改立刘彻(即后来的汉武帝)为太子,以其生母王娡为皇后。

帝王家事,臣子本不该多过问,偏偏耿直的周亚夫在这件事上和汉景帝起了争执。他固执己见,栗太子没有过错啊,怎能轻易废黜?

周亚夫的谏言,挑拨起汉景帝心中的一根刺。从此以后,他和周亚夫渐行渐远。

这时候,梁王刘武还记着当年周亚夫见死不救的仇恨,每每进宫拜见窦太后,都要和她抱怨周亚夫的种种不是。窦太后也听了不少关于周亚夫的坏话。

恰好有一次,窦太后跟汉景帝建议,该给皇后的哥哥王信封个侯爵。汉景帝起初故作推辞,说:"太后的侄子和弟弟当初也未封侯,直到我即位后才受封。现在我封皇后哥哥为侯不太合适。"

窦太后坚持己见,说:"当年我哥哥在世时没有受封,直到他死后,才封了他儿子。这件事情,我到现在都深感遗憾。你现在都是皇帝了,可以便宜行事,赶紧封王信为侯吧。"

汉景帝心生一计,说:"我与丞相商议一下。"

经由与丞相商议通过,汉景帝恰好可以摆脱私自赏赐外戚的恶名。稍有政治头脑的人都知道,此时应该顺着汉景帝的意思办。周亚夫却对汉景帝甩出汉高祖刘邦的白马之盟:"非刘氏不得王,非有功不得侯。

不如约，天下共击之。王信身无寸功，不能封侯。"

汉景帝一时哑口无言。

5

王信封侯一事，周亚夫一句话就得罪了皇上、皇后和太后。

匈奴贵族唯徐卢等五人降汉。汉景帝心花怒放，想封个侯爵表示一下，以此鼓励更多匈奴人来归顺。

周亚夫抗议："这些人背叛自己的主子，我们还给他们赏赐，以后还如何惩戒我朝那些不守节的臣子！"

抗议无效，汉景帝这次丝毫没有理会周亚夫的意见，随后，坚持封唯徐卢等人为侯。

一个执拗任性，一个独断专行，君臣渐行渐远。景帝中元三年（前147年），周亚夫称病辞职，汉景帝免去了他的相位。

君臣失和，战功赫赫的周亚夫短短几年间，由人生巅峰跌落谷底。

周亚夫的耿直性格正犯了为臣者的大忌，这当然是他走向悲剧的原因之一，但不得不说，也有其家族的原因。

6

周亚夫的父亲，是开国功臣绛侯周勃。

周勃为人敦厚，出身寒微，年轻时靠编织蚕具讨生活，有时在别人婚丧嫁娶仪式上吹箫伴奏，挣外快。可他也是最早跟着刘邦打天下的人之一。

西汉初年形成"布衣将相之局"，周勃亦是其中翘楚，后来在诛灭诸吕时立下大功，汉文帝在位时曾任宰相。

就是这么一个老实巴交的人，晚年居然被诬告谋反。汉文帝将他交给廷尉处置。

周勃惶恐不安，说起话来舌头都打结了，不知道怎样应付审问。

狱吏看周勃好欺负，经常没给他好脸色，借机对他进行羞辱。周勃陷入窘境，只好拿出千金贿赂狱吏。

得人钱财，与人消灾，狱吏便在书牍背后写字暗示："可请公主做证。"

狱吏所指的公主，是汉文帝的女儿，嫁给周勃的长子周胜之为妻。

周勃这才开窍，想起来自己还跟皇室有点关系。于是，他把近些年得到的赏赐全部赠给汉文帝的舅舅薄昭，通过他找到了薄太后。

周勃是扳倒吕氏、扶持汉文帝上位的功臣，又和皇室是亲家，被文帝尊称为"长者"。薄太后得知他蒙冤下狱，登时大怒。

那日汉文帝临朝，薄太后抄起头巾就朝他扔去，骂道："绛侯当年兵权在手时都没谋反，现在年老了，身居小县城中，反倒能谋反吗！"

汉文帝赶紧赔罪，说已经查明真相，这就放周勃出狱，恢复其爵位。

周勃出狱后，连连苦笑："我曾带领百万将士，却不知道狱吏如此尊贵啊。"

周勃不是特例。文景之际，开国功臣集团出身的官僚频频出事。

史载，这一时期，朝中功臣子弟大都骄奢淫逸，所谓"子孙骄逸，忘其先祖之艰难，多陷法禁"。

除了因贪污腐败和政治风波而身败名裂的，还有的功臣因子孙早夭而无人继承爵位。到汉武帝时期，朝中显贵大都不是出自开国功臣集团。

周亚夫出自汉初布衣将相世家，自然不愿家族就此沉沦。

如前文所述，在皇后兄长封侯和匈奴降臣封侯两件事上，周亚夫都站在汉景帝的对立面，据理力争。

并非因为他无偏无党，而是他作为开国功臣集团的最后荣光，对朝中新贵的抗争。

7

周亚夫的政治生涯和其父何其相似。

汉景帝本打算让周亚夫辅佐少主,想试探他的脾气是否改了。罢相之后,有一回周亚夫受邀入宫,参加汉景帝的"饭局"。

周亚夫入座后,定睛一看,这桌上摆着的是一整块肉。美味佳肴在眼前,旁边却没任何餐具。

周亚夫毕竟是曾经封侯拜相的老功臣,见汉景帝这般请客,当场就不乐意了,命令掌管宴席的尚席取筷子来。

汉景帝看着周亚夫,笑说:"难道这还不能满足你吗?"

周亚夫心中愤恨,敢怒不敢言,只好脱帽跪下谢罪。景帝让他起来,他二话没说,背直挺着,大步流星往外走。

汉景帝看着昔日功臣远去的背影,喃喃道:"看他那闷闷不乐的样子,如此桀骜不驯之人,怎能辅佐年少之主呢?"

那时,太子刘彻年纪尚幼。汉景帝担心,自己若有朝一日撒手人寰,周亚夫必定是个祸害。

从那天起,周亚夫的结局便已注定。

汉景帝很快找机会对他举起屠刀。

周亚夫上了年纪,身体状况也不好。他儿子买了五百副盔甲盾牌,预先准备,作为陪葬的明器。

可是,周家公子是一纨绔子弟,对雇工极为苛刻,甚至还拖欠工资。雇工们便把周家私自购买甲盾的事情告知朝廷。

当时,私藏兵器是重罪。

汉景帝马上命人捉拿周亚夫前来审问。周亚夫声称对此事毫不知情,悲愤之下,他本要自刎,却被夫人阻拦,于是被逮捕下狱。

六　懂得掩饰锋芒，方得长久

汉景帝的意思已然十分明白，廷尉知道该如何处置，他便责问周亚夫："君侯这是要谋反吗？"

周亚夫愤怒地辩解："这不过是儿子给我买的葬器，怎么说是谋反？"

随后，廷尉用一句让人毛骨悚然的话，作为周亚夫的催命咒："君侯纵使不在阳间谋反，死后恐怕也会在黄泉之下造反吧。"

周亚夫深知，汉景帝是不给自己留一条生路了。汉景帝后元元年（前143年），万念俱灰的周亚夫绝食五日，呕血而死。

谢安：一生风流，难逃猜忌

预感自己时日无多的枭雄桓温，决定要干一件轰轰烈烈的大事。

此前，曾经率领东晋军队灭亡成汉、三度北伐的桓温，却在枋头之战中惨遭前燕大将慕容垂痛击。他本来希望借助北伐立威，如今闷闷不乐。后来，他对手下说，如果不能流芳百世，那么就宁可遗臭万年。

这个惊世骇俗的想法不久付诸行动。枋头之战失败两年后，东晋太和六年（371年）十一月，桓温带兵入朝，强行废掉了晋废帝（海西公）司马奕，另立司马昱，是为简文帝。

处处受到桓温牵制的简文帝，在位仅仅八个月就忧愤而亡。临终前，他给桓温留下诏书说："桓公如果觉得本朝气数已尽，那么朕逊位让贤就是。"

简文帝死后，年仅11岁的太子司马曜即位，是为东晋孝武帝，几个月后，宁康元年（373年）二月，桓温再次带兵进入京城建康。

东晋满朝惶恐，因为当时建康城中流言四起，说桓温准备血洗朝中大臣，进行改朝换代。朝中无人敢去见桓温，最后吏部尚书谢安、侍中王坦之前往迎接桓温。桓温故意布列军阵接见各位朝臣。作为东晋朝中一等士族、太原王氏的代表，执政的王坦之被吓得浑身湿透，连上书言事的手板都拿反了。来自陈郡谢氏、向来被视为次等士族的谢安，却从容就座，然后环顾桓温故意布下的军阵说："我听说诸侯有道，守在四邻，明公何必连在墙壁后面都要埋伏士兵？"

一看到简文帝流眼泪就惊慌失措的桓温被谢安问得不知如何回答，只好苦笑说："我也是迫不得已！"

于是，桓温命令手下撤去另外埋伏的士兵，与谢安开怀畅饮。如此几天后，带着大军进京的桓温竟然碍不下脸面，自己带着大军撤回了驻地姑孰（今安徽当涂）。

时间不等人，已经62岁的桓温逐渐病入膏肓。临死前，他仍然想像曹丕和司马炎一样先来个"授九锡"，然后再行篡位加冕。

桓温多次派人催促，但执政的谢安和王坦之故意推延。谢安干脆以负责撰文的吏部侍郎袁宏文笔不好、需要多次修改为由进行推脱阻挡。

野心有余、魄力不足的桓温实在等不及了，在最后一次退出建康城五个月后，病逝于姑孰军中。

枭雄桓温，竟然活生生被耗死了。

1

说起来，耗死桓温的谢安，原本与桓温家族颇有渊源。

谢安4岁时，桓温的父亲桓彝就赞叹说，"此儿风神秀彻，后当不减王东海"。王东海，指的是西晋时期的东海太守王承，史称"渡江名臣王导、卫玠、周顗、庾亮之徒皆出其下，为中兴第一"。

4岁就被称为神童的谢安，出自陈郡谢氏，当时在以门第论高低的魏晋时代，陈郡谢氏，只是一个低等士族而已。

在三国时代，谢安的曾祖父、陈郡谢氏的始祖谢缵只是曹魏一个小小的五品"典农中郎将"，谢安的祖父谢衡，则是一位西晋的大儒；到了谢安的父亲谢裒时期，谢裒与自己的哥哥谢鲲一度都是琅琊王氏权臣王敦的幕府门客。

所以，即使后来谢安的父亲谢裒晋升至吏部尚书、太常卿等高级官职，但当谢裒想向蜀汉名相诸葛亮的族亲，在东吴、曹魏和西晋都家族显赫的诸葛恢为双方子女求婚联姻时，诸葛恢直接拒绝说，陈郡谢氏是个什么东西，"不能复与谢裒儿婚"。

在魏晋时人看来，门第高低，是一个人出身的根本，所以，后来敢于抗拒权臣桓温的谢安，年轻时还只是一个世家大族的小跟班而已。

在东晋人看来，跟随晋元帝司马睿过江，协助建立东晋王朝、号称"王与马共天下"的琅琊王氏，是当时当之无愧的第一士族，东晋建国之初，琅琊王氏的王导实际把持了行政权，而王导的堂哥王敦则把持了军权，王敦在后来甚至发动叛乱、率兵攻入建康，以致晋元帝司马睿最终忧愤而亡。

琅琊王氏在王敦之乱后有所衰落，随后，作为晋明帝司马绍的国舅，颍川庾氏的庾亮家族开始崛起，但由于庾亮逼反苏峻导致苏峻之乱，加上北伐失败，颍川庾氏的势力被迫退出东晋中央，随后，庾亮、庾翼兄弟先后坐镇荆州十一年，成为雄霸一方、掌握军权的门阀士族。

庾亮、庾翼兄弟病逝后，晋明帝司马绍的女婿，来自谯国桓氏的桓温取而代之出镇荆州。在荆州期间，桓温西伐四川消灭了成汉政权，又兼并了高平郗氏的军队，三次率兵北伐，一度进攻到长安和洛阳边缘，取得了辉煌的军事战绩，但在第三次北伐经历枋头之战的惨败后，桓温功业受挫，改而加紧篡位，但在陈郡谢氏、琅琊王氏等士族的联手抵制下，桓温最终未能得逞。

而从西晋建兴五年（317年）司马睿称帝建立东晋，到东晋宁康元年（373年）权臣桓温病死军中，短短五十六年间，东晋政权先后被琅琊王氏、颍川庾氏、谯国桓氏等世家大族把持控制，以致司马家族的皇权经常处于号令不施的尴尬境地。

而在士族内部，门第也分为高等士族和低等士族，因此，来自陈郡谢氏，家族成员被高等士族拒婚，甚至被斥落为"新出门户"的谢安明白，即使神童盖世，他也只是一个次等士族的家族成员，如此而已。

所以，谢安需要往上走。

2

在公开抗拒桓温的二十年前，东晋永和九年（353年），谢安跟随着出身琅琊王氏的王羲之，来到了浙江会稽山上，参加兰亭雅集。

因为王羲之的一篇《兰亭序》，这一年注定将是一个载入史册的年份，在这场暮春时节的盛会中，来自东晋第一名门士族琅琊王氏的王羲之，与同游的一帮士族亲友们一起开怀畅饮，后来，在《兰亭序》中王羲之写道："是日也，天朗气清，惠风和畅。仰观宇宙之大，俯察品类之盛，所以游目骋怀，足以极视听之娱，信可乐也。"

文中的所谓"品类"，指的其实就是与会的各位士族代表，只是这些"品类"在王羲之看来，包括来自陈郡谢氏的谢安在内，都是他琅琊王氏的跟班罢了。

谢安有自知之明，但他也有胆量。

有一次，谢安与孙绰、王羲之等人乘船出海，风浪越来越大，大家都想要返航靠岸，但谢安却神情自若，"貌闲意悦"，船夫也有意思，一直摇船前进，风浪愈发汹涌，小船颠簸不止，同行的王羲之等人被吓得面目惨白，"皆喧动不坐"，一直到这时，谢安才不紧不慢地说，既然大家害怕，那就回去吧。

于是众人高叫说："回去！回去！"

此次海上遇险，事后众人都说谢安"足以镇安朝野"，以至于后来王羲之跟士族刘尹说，"故当共推安石（谢安的字）"，刘尹也说，谢安隐居会稽东山，"若安石东山志立，当与天下共推之"。

作为一名低等士族的青年代表，谢安明白，他参与王羲之的聚会结交显贵，出海遇险悠游从容，甚至经常带着妓女在他隐居的会稽东山赋诗作文，这既是一种政治手段，也是一种所谓彰显名士风流、博求名誉、待价而沽的手段。

有一次，谢安邀请友人前往临安山中，他坐在一间石头房子里，面对深谷、闭目遐想，然后叹息说："如此境界，与伯夷相差又有多远呢？"

伯夷，指的是商朝末年隐居首阳山的孤竹国君之子。

当时，谢安患有鼻炎，说话吟诗的声音都不够清亮，但时人却美其名曰"洛生咏"，意思是谢安的声音，代表着西晋首都洛阳的正统读音，因此时人竟然以捏着鼻子学习谢安读书吟诗为时髦。

在魏晋时代九品中正制盛行，选拔人才按照主观标准分为三六九等，那时善于隐居作秀，又时常参与士族高层聚会博求名誉的谢安，在东晋士族互相吹捧的风气中，加上自身确有才华，以致后来有了"东山不出，如苍生何"的说法，意思是说，谢安如果不出仕做官，那么天下苍生可怎么办哪！

谢安当然是有想法的，他只是在等待机会。

起初，东晋的司徒府希望征辟谢安为"佐著作郎"，谢安推托生病不去；扬州刺史庾冰因为谢安有重名，屡次命令州郡县官去征召谢安，谢安不得已当了个把月小官，又急忙返回东山隐居；随后，东晋吏部尚书范汪举荐他担任吏部郎，他也不去。

如此一来，朝中有人自然看不惯了，说谢安屡次拒绝征召出仕，性格乖僻，应该终生监视，不得录用，对此，谢安"晏然不屑"。

六　懂得掩饰锋芒，方得长久

3

在谢安看来，他隐居山中只是待价而沽，并非所谓性情乖僻，只是一直等不到他心仪的职位而已。

但形势比人强，随着陈郡谢氏家族陷入困境，谢安，终于不得不出仕了。

东晋升平三年（359年），谢安的弟弟谢万以西中郎将、豫州刺史的身份，随同北中郎将郗昙兵分两路，北伐前燕，没想到谢万统兵无方，手中部队竟然在没有遇敌的情况下自行溃败，以致豫州治下的许昌、颍川、谯郡、沛郡等郡县尽皆陷落，谢万甚至单骑狼狈逃还，被废为庶人。

陈郡谢氏原本就是东晋朝中的低等士族，如今家族成员竟然如此不堪，眼看家族有因此败亡的危险，为了振兴家族名誉，谢安不得不考虑出山。

谢万兵败豫州第二年，谢安应征西大将军桓温的邀请担任他帐下的司马。原因是，桓温的父亲桓彝早年就与陈郡谢氏有交往，而谢安的长兄谢奕也曾经在桓温军中任职。更为重要的是，以桓温为代表的谯国桓氏，是当时整个东晋朝中最有实力的士族代表。桓温本人甚至率军攻灭了割据四川的成汉政权，并一度北伐进攻至长安周边，军威之盛为当时东晋之最，势头甚至盖过了琅琊王氏。

可以说，投身桓温的幕府，就有了强硬的政治靠山。

于是，谢安从新亭出发，许多友人都赶来送行，御史中丞高崧调侃谢安说："朝廷多次征召，你都高卧东山隐居不出，所以舆论才说'东山不出，如苍生何'，如今你终于肯出山当官了，不知道苍生又应该如君何？"

沽名钓誉的谢安为了维持家族权势，不得不投靠政治大佬谯国桓氏，当时的人一眼看清，对此，尽管桓温对谢安礼敬有加，但桓温的手下有时并不客气。

有一次，有人送给桓温一种名为"远志"的药草，这种药草很奇怪，根部叫作"远志"，叶子部分却称为"小草"，桓温有点困惑，于是拿起药草问谢安说："远志又叫小草，这同一种东西，怎么会有两种叫法呢？"

此时，桓温的参军郝隆也在座，只听郝隆一语双关地说："隐居不出就叫远志，出了地面其实就是小草。"

郝隆的意思，是讽刺谢安此前沽名钓誉多次拒绝征召，如今因为家族陷入困境被迫投靠桓温，却只能在军中当个文职的司马小官，如此仰人鼻息，只是一棵小草。

桓温作为幕主很会做人，打哈哈说，郝参军这样解释也挺有意思。

谢安却深有愧色。在进入桓温幕府一年后，东晋升平五年（361年），谢安的弟弟谢万病逝，谢安于是借口奔丧，请假离开了桓温。在谢安看来，他在政治上投诚于谯国桓氏的表态已经做够了，有了政治强人桓温的信任和加持，他在东晋朝中的仕途也势必一帆风顺，另外，谢安也隐隐看出桓温的政治野心是篡夺司马家族的政权，因此他需要及早脱身，为自己谋求万全之策。

谢安回到建康后，逐渐凭借自身才干，做到了吏部尚书的高职，在当时东晋朝廷看来，谢安是名士，而在桓温看来，曾经做过自己手下的谢安显然是自己人，有了内外的双层加持，谢安在建康混得风生水起。

而在东晋太和六年（371年）桓温带兵入朝废掉晋废帝（海西公）司马奕，改立的简文帝司马昱刚即位八个月就忧愤而亡的背景下，当时东晋朝廷已经风雨飘摇，所幸在以谢安为首的整个东晋士族的集体抵制下，野心有余、魄力不足的桓温也不敢再进一步，最终，桓温被谢安等人周旋抵制，活活熬死于姑孰军中。

或许一直到病逝前，桓温才会真正明白，谢安这棵"小草"，原来真的是"远志"。

4

桓温死后仅仅两个月，谢安就被东晋朝廷晋升为尚书仆射，加后将军，并与尚书令王彪之一起执掌朝政。

谯国桓氏则在桓温死后，推出桓温的弟弟桓冲接任镇守荆襄，桓冲跟他的兄长桓温一样有能力，却没有野心，更以东晋大局为重，桓冲甚至主动让出已经被谯国桓氏控制的江北扬州地区。

当时，前秦历经多年征战，最终于东晋太元元年（376年）统一北方，面对自从永嘉之乱以来北方从未有过的政治强权，桓冲明白，东晋朝野上下只有团结一致，才能对抗北方的前秦，否则，长期陷入士族内讧或者威胁司马家族皇权，必将导致东晋政权的覆灭，东晋的皇族与士族，都没有好果子吃。

桓温死后，东晋出现了一个内部和谐的稳定局面，但在对外方面，已经统一北方的前秦，则开始不断南下冲击东晋。

面对前秦军队的不断南侵，东晋孝武帝亲自下诏寻求良将抵御北方，对此，身为宰相的谢安毫不避嫌地推荐其长兄谢奕之子谢玄出任将领。

对于谢安的举亲不避嫌，就连谢安的政敌、中书侍郎郗超也感慨地说："谢安敢于冒触犯众怒的危险举荐亲侄子，确实是英明的；谢玄一定不会辜负他叔叔的推荐，因为他确实是难得的人才。"

谢玄在被举荐前，只是征西司马兼南郡相，相当于太守级别，但在谢安的举荐下，东晋朝廷最终决定晋升谢玄担任建武将军、兖州刺史，并领广陵相，监督江北军事。谢玄上任后，立马在江北的津口（镇江）到晋陵（常州）一带募兵训练，并征集了刘牢之与何谦、诸葛侃、高衡、刘轨、田洛及孙无终等猛将入伍，组成了一支骁勇善战的北府兵，日后，由谢玄和陈郡谢氏家族组建的这支军队，将影响到东晋的兴衰灭亡和整个南北朝的发展。

北府兵组建后，就在东晋太元四年（379年）的江北淮南之战中，以五万兵力大破前秦的十四万大军，显示了北府兵的强大战斗力。

作为前秦的国君，苻坚显然认为，淮南之战只是一个小挫折，不足言道。太元八年（383年），前秦决定裹挟统一北方的余威，征集百万大军南下攻灭东晋，以求一统天下。

眼见前秦大军不断南下，镇守荆襄地区的桓冲放弃旧恶，主动率领十万大军向长江上游的前秦大军发起攻击，以求减轻长江下游建康的防守压力。桓冲甚至主动提出，将派出三千兵力协助防守建康，以拱卫东晋朝廷。

但谢安却一口回绝，只是回信说，希望将军镇守好荆襄地区，自己将在江北回击前秦大军。

对此，桓冲义愤填膺地说："谢安虽然有政治才干，却没有将才，如今大敌将至，他却到处游玩，军事上也只是派遣一些少年抵御，并且军队人数还这么少，天下大势看来已定，我们就要集体沦落于敌人之手了。"

当时，不仅是桓冲忧心忡忡，就连陈郡谢氏内部的才干、北府兵的统领谢玄也万分焦急，他在率领八万北府兵出击秦军前，特地向谢安请教战略，谢安却绝口不提军事，还带着他一起到野外郊游、大会宾客，展示自己的名士风度。

谢安或许是对谢玄绝对信任，又或许是对自己的安排也没有把握，唯有寄希望于谢玄能独力承担。

谢玄在万般无奈中奔赴前线，他毅然担负起了东晋朝廷的生死存亡重任。

最终，在淝水之战中，谢玄指挥八万北府兵大破前秦的二十多万先锋大军，前秦大败，此后北方又再次陷入四分五裂，而东晋军队则趁机北上，将国土重新推进到了黄河南岸，为后来刘宋的建立和强盛奠定了根基。

淝水之战胜利的消息传来时，谢安正在与客人下棋，在看了一眼捷报后，谢安又若无其事地继续下棋。

倒是客人后来沉不住气了，追问谢安战况到底如何。

谢安这时才淡淡地说："小儿辈已经破贼！"

以风度著称的谢安强行抑制着心中的狂喜。在送走客人后，他狂奔进屋，竟然将木屐的屐齿折断了都没有感觉。

作为魏晋风度的代表，他是淝水之战的压舱石，他和他的陈郡谢氏家族，声誉也在淝水之战后达到巅峰。

5

但向来以阴谋诡计横行著称的司马家族，对谢安和陈郡谢氏并不放心。又或者说，作为皇族，司马家族其实对整个士族都不放心。

想当初，东晋元帝司马睿完全是倚赖着琅琊王氏兄弟王导、王敦的拥护才得以上位的，登基时，自己没兵没权的司马睿很不自信，甚至邀请王导一起同坐御床，共同接受百官朝贺，王导百般拒绝，并且说："如果太阳也和地下万物一样，那么老百姓该到哪里沐浴光辉呢？"司马睿才打消了主意。

晋元帝司马睿称帝不到五年，东晋永昌元年（322年），掌握军权的王敦就兴兵攻入建康，以致司马睿郁郁而终。当时，面对兴兵攻入建康的王敦叛军，司马睿甚至不得已地说："你想当皇帝就说嘛，我退位便是，还当我的琅琊王去，又何苦为难苍生百姓呢？"

而类似的话，简文帝司马昱也曾经对兴兵攻入建康的权臣桓温说过，简文帝司马昱甚至哀求桓温不要滥杀朝中大臣，他还对桓温说："如果你觉得本朝气数已尽，那么朕逊位让贤就是。"

所以，前有琅琊王氏的王敦、后有谯国桓氏的桓温，手拥兵权先后作乱，司马家族惊慌恐惧，再也不希望在东晋朝中出现一个强权士族了。

此前，中原王朝在秦汉时期实现了皇权的高度集中，但是西晋开始的分封制，以及随之而来的八王之乱、永嘉之乱，使得渡江南迁的东晋政权从一开始就先天不足，不得不依赖北方和江南的士族建国。这也使得东晋的司马家族从一开始，就不得不与士族结盟，方才可以维持帝位。而眼下，东晋孝武帝认为，趁着淝水之战驱除北方强敌的有利时机，重新树立司马皇权的机会到了。

东晋咸安二年（372年），当时年仅11岁的晋孝武帝司马曜在权臣桓温的监视下登基。次年桓温死后，嫂子崇德太后又临朝听政，大权继续旁落。在真正成年掌权以前，晋孝武帝内心都是非常困惑痛苦的，以致有一次他在建康皇宫中喝酒，看到一颗流星掠过时，竟然举起酒杯向流星敬酒，自言自语说："流星啊流星，敬你一杯酒。古往今来的帝王都跟你一样，转瞬即逝。人人都喊我万岁，可万岁天子世上哪里有呢？"

左右的人听后都潸然泪下。

所以，当淝水之战晋军大胜时，已经22岁的晋孝武帝司马曜，显然不甘心皇权再度旁落，而致使司马家族沦为世家大族的傀儡和附庸。

六　懂得掩饰锋芒，方得长久

在此情况下，他启用自己的弟弟司马道子执政，并处处排挤谢安。

为了避祸，并无野心的谢安决定以北伐的名义离开建康，并将政权全部交给司马道子。

于是，谢安被命都督扬州、江州等十五州军事，并出镇广陵，着手进军中原。为了让晋孝武帝和司马家族放心，谢安还让人在南方的始宁建造了一座庄园，将家小全部搬到庄园里去居住，以表示自己将在平定北方后，举家搬迁过回隐居生活。

这当然只是一种表态，目的，则是为了让皇权放心，让司马家族放心。

在生命的最后一年，东晋太元十年（385年），66岁的谢安因为重病被迫返回建康，当马车进入乌衣巷边的西州门时，谢安突然怅然地说："以前桓温在世擅权的时候，我经常害怕不能生还。有一天突然梦到我自己乘坐在桓温的车子上，经过十六里，然后看到一只白鸡，梦突然就醒了。现在回想起来，其实乘坐桓温的车子，就是取代他的职位。十六里，从那时算起刚好十六年，白鸡主酉，今年太岁在酉，我恐怕活不了多久了。"

不久，谢安病逝。

而自从两年前谢安主持淝水之战胜利后，司马皇族出于忌惮和功高盖主的想法，一直不愿意论功赏赐谢安。直到此时，晋孝武帝才下令，追赠谢安为庐陵公。

随着谢安的去世，一直担心遭司马皇族加害的谢玄等陈郡谢氏的青年将领，也自动停止了北伐的脚步，而自从永嘉之乱以来，南方千载难逢的北伐良机，至此也在司马皇族与士族的斗争倾轧中烟消云散。

谢安去世三年后，在淝水之战中建功立业的谢玄也在忧虑惶恐中去世，年仅46岁。

失去了陈郡谢氏等士族的内部制衡，桓温的儿子桓玄也日渐坐大。到了东晋元兴二年（403年），桓玄学习他父亲桓温，威逼晋安帝禅位，这一次，桓玄迈出了篡权的步伐，自立国号为楚，改元"永始"。

而在司马皇族与世家大族斗争倾轧不休的风雨中，代表寒门庶族的刘裕，最终凭借着当初谢安、谢玄等人建立的北府兵，打败桓玄趁势崛起。东晋元熙二年（420年），刘裕最终代晋自立，建立刘宋。

那时，谢安已经去世整整三十五年了。

独孤信：以一己之力撑起家族崛起

他，叫独孤信。

今天我们来讲讲独孤家族，一段惊心动魄、后发制人的家族往事。

1

独孤信原名独孤如愿，史书说他"风度弘雅，有奇谋大略"。寥寥数字，说明此人不仅长得帅，还有本事。

独孤信是鲜卑化的匈奴人，其父是一个部落的酋长。在北方少数民族汉化的历史背景中，这样的出身很普通。

而这个家族的崛起，全凭独孤信一己之力。

北魏末年爆发六镇之乱，这次叛乱因北魏迁都洛阳后，边镇鲜卑将领待遇不如洛阳鲜卑贵族，地位下降，矛盾激发而起。后来成为北魏崩溃、东西混战的导火索。

对独孤信而言，六镇之乱则是他成名的开始。

战乱中，独孤信与武川军官贺拔度拔和贺拔岳等人，斩杀了起义军将领卫可孤，一战成名。他由此率领家族挺进中原。

其间，他曾加入葛荣的队伍，成为其部下。葛荣失败后，他又转投尔朱荣。

在东征西战中，一路升到武威将军，出任荆州官员，颇有声望。

南北朝乱世中，有些将领多次易主。独孤信起初也是随风摇摆，站到强者一边。他参与镇压过起义军，也参加过起义军，最后又归附官府。

然而，在北魏孝武帝不甘被权臣高欢操纵，一路西逃之后，独孤信竟然舍家弃子，单骑追随，他的忠义一时传为美谈。

孝武帝寄人篱下，也颇多感慨，说"世乱识忠良"。于是，封独孤信为浮阳郡公。

孝武帝从洛阳出走，本意是想用大将军、雍州刺史宇文泰牵制高欢。但宇文泰却非常人，他是乱世枭雄，之所以接纳孝武帝，不过是想挟天子以令诸侯。

二人渐生嫌隙，北魏永熙三年闰十二月，即535年2月，宇文泰干脆弑杀孝武帝，另立孝文帝之孙元宝炬为帝，建立"西魏"。在此之前，高欢也已扶植傀儡，建立了"东魏"。北魏遂一分为二。

独孤信的幸运在于，宇文泰是他的发小，从小玩到大。因此，他备受西魏实际掌权者宇文泰的信任，并未因追随孝武帝而受到牵连。

相反，在西魏建立后，独孤信继续彰显战功，一路加官晋爵。

他曾被授予大都督、荆州刺史等职，率兵收复被东魏占据的荆州，其间因寡不敌众，在南梁躲了三年。西魏大统三年（537年）才回到长安，他自认有损国威，上书请求治罪。结果，不仅没事，还升任骠骑大将军。

后来，他升任陇右十州大都督、秦州刺史。

史书说，独孤信到秦州后，公事无积压。他以礼义教化百姓，劝农耕田养蚕，数年之中，公私皆富贵，流民愿附者数万家。宇文泰以其"信名遐迩"，故赐名为"信"，这就是独孤信名字的由来。

关于这名美男的一个著名的传说，也是发生在秦州刺史任上。

史书记载，一日，独孤信外出打猎，回城时天色已晚，因为骑马赶路,没有注意到帽子歪向一边。谁知道第二天,全城的人都学他的样子侧戴帽子。"侧帽风流"由此而来,可见当时的人对他的崇拜到了何种地步。

2

宇文泰把持西魏政局的二十二年间,建立府兵制,设置八柱国。古代有名的军功贵族集团——关陇集团,在他手上完成集聚,基本成形。

西魏大统十四年(548年),独孤信进位为柱国大将军,成为"八柱国"之一。也就是说,大概经过独孤信二十四年的打拼,独孤家族已成为西魏最显赫的八大家族之一。

据考证,"柱国"为春秋战国时楚国所设立,意为军队的高级统帅。宇文泰掌权西魏时重新设立,在府兵的顶端设置柱国。

在西魏大统十六年(550年)以前,柱国大将军这一称号共封给八人,分别是宇文泰、元欣、李虎、李弼、于谨、独孤信、赵贵、侯莫陈崇,时称"八柱国"。

其中,宇文泰总领诸军,元欣为西魏皇族,兵权受到限制,余下六人每人统领两名大将军,即是府兵中的"十二大将军"。

关陇集团即是以这八柱国、十二大将军为基础形成的政治、文化家族网络。根据陈寅恪先生的说法,此集团有两大特征:融治关陇各民族之有武力才智者,比如八柱国家族成员;此集团中的人"入则为相,出则为将,自无文武分途之事"。

从西魏到北周、隋、唐,这几个朝代的皇室、后族大多出自这些家族:宇文泰的子孙为北周皇族,"八柱国"之一李虎的子孙为唐朝皇族,"十二大将军"之一杨忠的子孙为隋朝皇族。

后族中最大的赢家,则非独孤信家族莫属:独孤信的长女,嫁给了宇文泰的庶长子宇文毓；四女，许配给了李虎的儿子李昞；小女儿独孤伽罗，嫁给了杨忠的儿子杨坚。

不过，在独孤信生前，这几门亲事只是当时正常的关陇集团内部联姻。

这种政治联姻，从独孤信本人就开始了。史载，独孤信有三个妻妾，共育有七子七女。其中两个妻子是进入中原后娶的，有一个是崔氏，即独孤伽罗的生母，出自中古大族清河崔氏。

独孤信通过累积战功，终成西魏"八柱国"之一，才有了与汉族大姓清河崔氏联姻的政治资本。

到独孤信的下一代，联姻世家大族比如弘农杨氏、陇西李氏等，已是家常便饭了。

独孤信晚年见到杨忠的儿子杨坚，一见之下，就决定将小女儿独孤伽罗许配给他。当时，独孤伽罗才14岁，杨坚17岁。

史书对这门婚事没多说，仅说独孤信见杨坚"有奇表"，即相貌非凡，就把婚事定了。后来的历史证明，独孤信看人还是很准的。

定下这门婚事不久，独孤信就被赐死。后面的历史，他看不到了。

3

独孤信之死，暴露了关陇集团内部联姻合作的另一面：权斗政争。

到了晚年，宇文泰要取代西魏自立，已是分分钟的事，但像曹操一样，他想把"临门一脚"留给自己的儿子。

他纠结的是，要选哪个儿子当接班人。

宇文泰心中的人选，不是庶长子宇文毓，而是年纪尚幼的嫡子宇文觉。他曾跟亲信密语，说想立嫡子为接班人，但怕"大司马有疑"。

大司马，即独孤信，时为三公之一，且是宇文毓的岳父，风头无两。

六 懂得掩饰锋芒，方得长久

宇文泰死后，侄子宇文护接过权力大棒，拥立宇文觉取代西魏，建立北周。

随之，关陇集团内部最高层的"八柱国"矛盾公开化：一方为河内郡开国公独孤信，以及南阳郡开国公赵贵；一方为常山郡开国公于谨，及其所支持的宇文护。

这是关陇集团内部的第一次高层政争，最终以一种有节制的处置收场。史载，宇文护鉴于独孤信"名望素重，不欲显其罪过，逼令自尽于家"。

56岁的独孤信自杀身亡。独孤家族遭受到重大而致命的政治挫折。

独孤信的儿子们，此前父贵子显，依靠父功封爵，论能力却都一般。在家族的至暗时刻，维持独孤家族权势的，不是他的儿子们，而是他的女儿们。

先说他的大女儿。

宇文护后来废黜宇文觉，迎立宇文毓为王，独孤氏夫贵妻荣，成为王后。只是当上王后仅三个月后，独孤氏就病逝了。宇文毓登基为帝后，追封独孤氏为敬皇后。因宇文毓死后谥号为明皇帝，独孤氏遂被加谥为明敬皇后。

再说他的四女儿。

四女儿当时嫁给李虎的儿子李昞，算是门当户对。后来，李昞被封为柱国大将军、唐国公，与独孤氏生了个儿子，名叫李渊。正是他们的这个孩子，后来开创了大唐基业。李渊当上皇帝，建立大唐帝国时，父母早已不在人世，遂追封父亲李昞为元皇帝，母亲独孤氏为元贞皇后。

最后说说独孤信的小女儿，隋朝开国皇后——独孤伽罗。她也是独孤信几个女儿中唯一留下名字的。

独孤信果然没选错女婿，杨坚后来取代北周，建立隋朝，成就霸业，独孤伽罗遂为皇后。史载，当上皇帝的杨坚专宠皇后一人，让六宫虚设。当时朝中称杨坚、独孤伽罗为"二圣"。

但这一切，并非像世俗所说的，是基于杨坚对独孤伽罗的爱，而是另有隐情。

4

独孤家族在北周初年遭独孤信被赐死、明敬皇后早逝两次打击，在皇室已经失去奥援，门庭一度冷落。

此时，嫁入弘农杨氏的独孤伽罗也只能谦卑自守，与时进退。

相较于独孤家族的衰微，孤独伽罗的家公、西魏"十二大将军"之一的杨忠，则在北周初年的权斗中保住了弘农杨氏的势力。

杨忠临死前，嘱咐儿子杨坚不要介入北周皇室的政治斗争。

杨坚继承父亲的爵位后，听从父亲的遗言，在权臣宇文护与武帝宇文邕斗得你死我活之际，超然事外。

北周天和七年（572年）三月，宇文邕在宫中杀掉宇文护，开始亲政。

同年，宇文邕立长子宇文赟为皇太子，第二年纳杨坚与独孤伽罗所生长女杨氏为皇太子妃。

至此，弘农杨氏跟当年孤独家族一样，通过联姻皇族，扩大了家族的政治势力。而独孤家族则依靠孤独伽罗这名乱世奇女子，埋下了复兴的种子。

事情是这样的：

宇文赟继位后，生性越发乖戾暴虐，难以捉摸。北周大象元年（579年），他一反成制，相继册立了三个皇后，第二年又在诸皇后的封号中都加上"大"字，随后又立尉迟炽繁为大皇后，与杨氏并立为"五

六 懂得掩饰锋芒，方得长久

后"。随后，又要赐死杨氏，逼她自杀。

一般人认为，宇文赟疯了，才会做出这一系列疯狂举动；但杨坚和独孤伽罗深知，他们的女婿宇文赟没有疯，他是想以这些非常手段来削弱弘农杨氏的权势。

自宇文邕上位以来，弘农杨氏权势的上升，已经危及皇权，宇文赟因此必须除去震主之臣。

五后并立、赐死杨皇后，不过是宇文赟在"敲山震虎"。

史载，在弘农杨氏家族命运系于千钧一发之际，独孤伽罗毅然闯入皇宫，反复向宇文赟求情，叩头直到血流不止，终于使她的长女免于被赐死的命运，也使得她的夫家免于被株连的厄运。

后代史学家说，独孤伽罗此举，中止了宇文赟削弱乃至铲除弘农杨氏的计划，使杨坚及其家族保全权势，并在次年实现了周、隋禅代的历史大变局。

也就是说，杨坚的崛起，隋朝的建立，离不开独孤伽罗的功劳。

这正是杨坚称帝后宠爱乃至惧怕独孤伽罗的真正原因。

隋朝建立后，独孤伽罗在后宫与朝野中举重若轻的地位，使得独孤家族在经历独孤信被赐死的低沉后，又重回高门大族的行列。

独孤罗是独孤信的大儿子，在妹夫杨坚当上隋朝开国皇帝后，命运迎来反转。

当年独孤信抛妻弃子单骑追随北魏孝武帝西逃，尚在襁褓中的独孤罗被遗弃在了高欢那里。高欢一直将其囚禁在监狱里，直到独孤信去世。后来，据说独孤罗曾流落民间为乞丐，七妹独孤伽罗救了他，并开启了他全新的人生。

杨坚立国后，追赠岳父独孤信为太师、上柱国、冀州刺史，封赵国公。孤独罗遂继承其父赵国公的爵位。他的几个弟弟，也都一一被封爵，自不在话下。

这是独孤家族最辉煌的时刻。

等到独孤信的外孙李渊取代另一个外孙杨广，建立大唐帝国后，独孤家族因为是李渊的母族，而继续受到优待。

但相较于这个家族最辉煌的时候，毕竟已成衰落之势。

纵观历史，隋代北周、唐代隋，这两次历史大变局都在关陇集团的姻亲圈内部进行。独孤家族借此实现家族复兴，实力不倒，不得不佩服当年独孤信借助联姻完成了错综复杂的权势布局。

唐朝以后，独孤家族最终与大部分世家大族一起，消散在了历史的烟云中。

鳌拜：皇权的牺牲品

鳌拜最后一次进宫面圣时，也许没想到，他的权势会在一日之间化为乌有。

这是康熙八年（1669年）五月，16岁的康熙皇帝为权臣鳌拜准备了一场特别的"节目"。

此前，康熙精心挑选了一些年轻力壮的侍卫天天练习满洲的"布库戏"（摔跤）。朝臣皆以为这是皇帝的兴趣爱好，也就没有放在心上。

在决定除掉鳌拜之后，这位少年天子以下棋为由，召一等侍卫索额图（索尼之子）入宫谋划数日。

康熙问这班日夜操练的侍卫："你们都是朕的股肱之臣，可究竟是敬畏朕，还是畏惧鳌拜？"

众人答道："独畏皇上！"为了康熙皇帝，摔跤少年同仇敌忾。

这日，鳌拜一入宫，康熙当场宣布他的罪行，十几名少年侍卫闻声而出，将鳌拜撂倒擒住，不给他任何抵抗的机会。

一代权臣，就这样被抓了。

1

在传统印象中，鳌拜似乎是一个专横跋扈的权臣，吓得满朝文武直哆嗦，康熙也拿他没辙，才只能用计谋将其擒获。其实不然。

而且，四大臣辅政制度，本身就是加强皇权的产物。

顺治十八年（1661年），顺治皇帝在扑朔迷离的传闻中去世，年仅8岁的皇子玄烨即位。

在顺治遗诏以及孝庄太后的支持下，索尼、苏克萨哈、遏必隆与鳌拜四人被推为顾命大臣。

这四个人中，索尼出自正黄旗，遏必隆、鳌拜为镶黄旗，苏克萨哈是正白旗，他们归属于八旗中皇帝亲自执掌的上三旗，都是异姓功臣子弟，没有一个是宗室，对皇位没有威胁。

在清初动荡的背景下，顺治与孝庄如此安排，其实有深刻的原因。

当初皇太极死时，清朝统治者陷入权力之争。虽然皇太极与孝庄的儿子福临（即顺治帝）登上了帝位，但皇太极的十四弟多尔衮以及长子豪格也是皇位有力的争夺者，都有自己的党羽。

尤其是多尔衮，他在顺治即位后以摄政王身份掌握军政大权，离皇帝就差一个名分，已经严重威胁皇权。

因此，顺治亲政后，立刻将他这位已经去世的叔父摄政王定为"谋逆"，多尔衮的多位亲信大臣被杀，一派政治势力灰飞烟灭。

在朝廷的惊天变局中，四大臣平步青云，他们无一例外，都是多尔衮的反对者。

其中，苏克萨哈所属的正白旗原归多尔衮统领，他在多尔衮死后转而投靠皇帝，因告发多尔衮"谋逆"有功得到破格提拔。之后，与两黄旗合称为上三旗的正白旗被顺治收归己用。

原本就跟多尔衮对着干的索尼、遏必隆与鳌拜，之前都曾遭受打压，甚至被贬黜为民，顺治亲政后就把他们都召了回来。

顺治与孝庄重用这四人，明显是为了清除多尔衮势力的影响，也是为了避免出现第二个多尔衮。

六 懂得掩饰锋芒，方得长久

与此同时，随着老一辈诸王相继离世，下五旗力量锐减，余下诸王、贝勒势单力薄，不敢与上三旗抗衡。

当四大臣受命辅政后，他们特意向八旗中的王公大臣表示："如今主上遗诏，命我们四人辅佐幼主。可国家政务一向都是宗室协理，我们几个异姓臣子何德何能，还是应该与诸王、贝勒共同担此重任。"

宗室大臣们谁都不敢当出头鸟，纷纷表示，先帝深知你们四位大臣的忠心，才委以重任，遗诏旨意甚明，不敢干预。

于是，四大臣在孝庄太后的亲自主持下正式就职。

从康熙即位到鳌拜下台的这八年，是四大臣辅政时期。四大臣辅佐年幼的康熙听理政事，当时的鳌拜还是康熙的得力助手。

康熙后来经常回忆这段政治生涯最初的时光，他说，那时候年纪小，有辅政大臣陪同他听政，常常会忽视一些言论。日子久了后，康熙在他们的辅佐下提升了执政能力，知道了哪些政策关乎民生，就会跟辅臣说："此内有关系民命者，尤不可不慎。"

在沧桑寂寥的紫禁城中，教会玄烨如何当好一个皇帝的，除了他的祖母孝庄文皇后，就是上述四大臣。

2

在四位辅政大臣中，鳌拜名列最末，人却最猛。他是清朝开国名将，从年轻起就提着脑袋为爱新觉罗家东征西讨，可谓劳苦功高。

崇德二年（1637年），骁勇善战的鳌拜随皇太极攻打明朝边防重地皮岛，清军久攻不下，损失惨重。军情危急之时，年轻的鳌拜自愿担任先锋杀上岛去，并立下军令状，说："誓必克岛而回。"

在鳌拜的冲锋陷阵下，八旗精锐登岛成功，终于攻克这一军事重镇。此战鳌拜拿下首功，被赐号"巴图鲁"（满语"勇士"的意思），这正是文艺作品中鳌拜被称为"满洲第一勇士"的由来。

清军入关后,鳌拜先后随军与李自成大顺军、张献忠大西军交战,再次立下大功。

在一些史书中,张献忠是中了清军的箭而死的,可清军主帅豪格在给朝廷的奏报中,如此写道:"鳌拜等奋击,大败之,斩张献忠于阵。复分兵破贼营一百三十余处,四川悉平。"

鳌拜又一次立下首功凯旋,开始走上人生巅峰。

顺治亲政后,为嘉奖鳌拜的军功,让他位列公爵,授领侍卫内大臣(官居一品)。半生戎马的鳌拜终于进入清朝统治阶层的核心,并在之后跻身顾命大臣。

但在辅政的八年时间里,鳌拜逐渐成为康熙最忌惮的权臣。

鳌拜的强势崛起,与四大臣中的另外三人不无关系。

四大臣居首的索尼是四朝元老,辅政时已经61岁。据史书记载,他常年疾病缠身,随着年老体衰,已经逐渐退居二线。

苏克萨哈原来隶属于多尔衮的正白旗,出身比较敏感,经常被另外三人孤立,这也是延续满洲八旗长期以来的内部争斗。苏克萨哈与鳌拜是儿女亲家,却也是死对头,两人议事时经常闹矛盾,资历最老的索尼也不喜欢他。

遏必隆这个人生性懦弱,懂得明哲保身之道,与鳌拜同为镶黄旗。

四人各怀鬼胎,遂导致名列四大臣之末的鳌拜,权势反而最重。

本质上,四大臣都是勋贵,代表满洲军事贵族的利益,他们出于清朝统治者狭隘的民族观,延续了"首崇满洲""重满轻汉"的政策。

另外,为了安抚人心、稳固统治,鳌拜等在辅政时期也做过一些好事。

鳌拜等认为:"民生之安危,由于吏治之清浊,吏治之清浊,全在

六　懂得掩饰锋芒，方得长久

督抚。"

为此，鳌拜等着手整顿吏治，严查地方上的劣政，对现任督抚进行奖惩，仅康熙元年（1662年）就处置了三名地方督抚，一人解任，一人以原官致仕，一人降级调用。

康熙五年（1666年），鳌拜等还想出了一套整肃地方吏治的监察措施："四大臣欲每省差大臣二员，设立衙门于督抚之旁，以廉督抚。"

这一极具先进性的改革措施，在当时因方法不妥而没有施行，但也表明四大臣整顿吏治的决心。

自晚明以来，上到京城，下到地方，官府昏暗腐败，四方连年战乱，民间不堪其苦。清初，八旗兵入关后更是实施了一系列恶政，如剃发、逃人、圈地、迁海等，在给民众带来苦难的同时，也加深了民族矛盾。

鳌拜等辅政大臣面对这场民生凋敝的大考，采取了一系列拯救社会经济的措施。

历代王朝立国之初，大都会实行"轻徭薄赋"，清朝也不例外。

除了开辟荒地三年起科的优惠政策，清朝还多次蠲免赋税。据《清圣祖实录》的不完全统计，康熙即位后八年，各类蠲免共一百七十四次，涉及十六个省，七百多个府州县卫。

康熙三年（1664年），山西太原所属十二州县旱灾严重，地方官到第二年才申报，并按照平时规定征收了当年的赋税。康熙当时年仅11岁，鳌拜等四大臣建议，严惩地方官"察报迟延"之罪，并批准蠲免次年的赋税，开仓赈济灾民。

第二年，山东济南等六府也发生了严重的旱灾，鳌拜等再次蠲免赋税。

过了几天，鳌拜等担心，地方官吏利用蠲免赋税的机会欺上瞒下，中饱私囊，"使小民不沾实惠"，于是再次下令，规定对犯有此罪的官员从重治罪，绝不轻饶。

他们还下令，地方官前往察看灾情时不得大张旗鼓，"随带人役，务极减少，一切执事，尽行撤去"，就是说，没必要带太多人员，把灾情控制好才是当务之急。

除此之外，康熙朝著名的"更名田"，也是康熙七年（1668年），鳌拜等辅政时期颁布的德政。

鳌拜对大清是有不少贡献的，至少在辅政的这八年中，他与其他三大臣为康熙亲政起到了承前启后的作用。

3

权力，扭曲了鳌拜的心。

起初，鳌拜与其他三人共掌国政，后来却日益骄横，到康熙14岁亲政时，鳌拜已经在朝中树立党羽，垄断中央各部，独揽大权，动不动就在皇帝面前吆喝群臣。

康熙五年（1666年），鳌拜与另一个辅政大臣苏克萨哈的矛盾，演变成了一场祸国殃民、打击异己的政治运动。

当时，鳌拜以本旗镶黄旗的土地被正白旗所占为由，执意要更换圈地。

所谓圈地，是清军入关后夺占民间耕地的苛政，曾导致成千上万农民流离失所，八旗之间为争夺圈定的土地也常互生龃龉。

鳌拜提出换地，是用镶黄旗的坏地，换取正白旗的好地，且互换后土地不足，还要"别圈民地补之"，实际上是一次大规模圈地。

这一举措导致"旗地待换，民地待圈，皆抛弃不耕，荒凉极目"，数十万农民被迫迁徙，破产失业，被夺占的土地一片荒芜，天下百姓对此怨声载道。

四大臣中的索尼、遏必隆与他同属黄旗，对鳌拜的蛮横手段也就姑息纵容。可负责此事的工部尚书兼管户部的苏纳海是正白旗人，他站到了苏克萨哈一边，跟鳌拜叫板。

苏纳海与直隶总督朱昌祚、巡抚王登联实地勘察后，发现鳌拜这一更换圈地，害苦了京东数百里的百姓，便上书表示反对，恳请停止更换圈地。

鳌拜大怒，跟康熙说，这三个人做事迟误，应该处死。

少年康熙已日渐成熟，他得知真相后，没有同意鳌拜的请求。鳌拜一意孤行，直接绕过皇帝，矫诏将反对换地的三位大臣处死。

第二年，康熙开始亲政了，鳌拜却不依不饶，继续打压苏克萨哈。

面对鳌拜的步步紧逼，苏克萨哈请求退休，自称愿为先帝守陵。鳌拜却颠倒黑白，以"不愿归政""有异志"等罪名诬陷苏克萨哈，拟将其凌迟处死、族诛。

这场斗争，已经到了丧心病狂的地步。

康熙帝坚持不同意诛杀苏克萨哈。

鳌拜态度蛮横，每天在朝堂上捋起袖子，露出粗壮的手臂，当着康熙的面连续数日上奏。之后，鳌拜再次矫诏，将苏克萨哈一家冤杀。

为何康熙亲政后，鳌拜还敢公然抗旨，诛杀大臣？

一是康熙举行亲政大典后，辅政制度并未成为历史，辅臣之位仍排在亲王、大学士之上，鳌拜仍有批理奏疏之权；二是在数年的辅政中，鳌拜已经形成了自己的党羽，当时中央军政要职中，鳌拜一党不下二十余人，牢牢掌控着话语权。

同年，老臣索尼病死，四大臣中只剩下鳌拜与遏必隆，鳌拜的权势到达顶峰。

难道鳌拜已经成为第二个多尔衮？

其实，鳌拜看似是最大的赢家，却注定是输家。

4

有一个故事说，鳌拜有图谋不轨的野心。他托病不朝，要求皇帝亲自前往探望。

康熙带着多名御前侍卫到了鳌拜府上，入其寝室嘘寒问暖。这时，侍卫们忽然发现鳌拜脸色大变，急忙上前，掀开被子一看，里面藏了一把刀。

康熙为了缓解尴尬，笑说："刀不离身，乃满洲故俗，不足异也。"随后，他在步步惊心之中全身而退，躲过了鳌拜的刺杀。

此事史书没有记载，只收录于清代文人笔记《啸亭杂录》中，真伪莫辨。

最可能的是，鳌拜根本就没有谋反之心。当年多尔衮摄政时，鳌拜因忠于故主皇太极与幼主顺治，多次反对多尔衮，因此遭受残酷打击，差点连命都丢了。这是满洲勇士的忠义之心。

另外，四大臣辅政制度，本就是顺治与孝庄采取的临时措施，在君主专制发展到顶峰的清朝，皇帝赋予大臣的权力，随时都可以如数收回。

康熙为擒住鳌拜训练了多名摔跤好手，做足了准备，可真正清洗鳌拜集团时，不费吹灰之力。

康熙八年（1669年），鳌拜下狱后，朝中大臣经过审理，列其罪状三十条，判处死刑。其罪状几乎都与八旗贵族之间的斗争有关，关于结党擅权的有二十三条，却无贪污受贿，也没说他有图谋篡位的野心。

鳌拜沦为阶下囚后，没有反抗，他在受审时说："皇上旨意，有何

六 懂得掩饰锋芒，方得长久

辩正？"

此时，鳌拜年已六旬，朝中繁重的政事，比军旅生涯更加催人老。当康熙来狱中探视他时，他给皇帝看了自己多年来四处征战留下的伤疤，其中有一道是年轻时为搭救皇太极受的伤。

这次见面打动了康熙。他看在鳌拜建立的功勋上，没有下诏将他处死，而是将其革职羁押。

同年，鳌拜死于禁所，其党羽遭到罢黜，仅是朝中文武官员就不下二十余人。唯唯诺诺的遏必隆也被列罪十二条，夺世爵，论死罪，但康熙念他是顾命大臣，也让他免于一死。

至此，康熙亲政才不过两年，处置的朝中大臣却比鳌拜辅政八年都多。从此以后，皇帝身边再没有出现一个让他担惊受怕的权臣，只有越来越多的奴才。

康熙并没有忘记鳌拜。晚年，他召集诸王、贝勒，追忆年幼时四大臣辅政的时光，说："我朝从征效力大臣中，莫过于鳌拜巴图鲁者……鳌拜功劳显著，应给世职。"

这番话似乎说明，当年擒鳌拜只是不得已之举。但是，皇帝岂能承认自己抓错人呢？

直到雍正帝即位后，朝廷才为鳌拜平反，认为他是清朝的有功之臣。雍正下诏，赐鳌拜祭葬之礼，追复其一等公爵位，子孙世袭罔替。

所谓的康熙智擒鳌拜，并没有那么传奇。看似一手遮天的权臣鳌拜，也不过是皇权的牺牲品。

皇帝收回了他的权力，仅此而已。

七

民族脊梁：有能力，更要有风骨

范仲淹：文能写红一座楼，武能镇住一个国

北宋诗人梅尧臣写过一首《啄木》诗，以及一篇《灵乌赋》，写的是两种鸟类：啄木鸟和乌鸦。写完了，他把这两篇奇怪的诗文寄给了范仲淹。

此时大约是宋仁宗景祐三年（1036年），范仲淹刚刚被贬谪，从京城开封被贬到了鄱阳湖畔的饶州。境遇十分凄苦，据说一路经过十几个州，都没人出来接待他。

梅尧臣的诗文，是出于朋友的叮咛和劝慰。在《啄木》诗中，他劝范仲淹不要像啄木鸟一样，啄了林中虫，却招来杀身之祸，面对贪官污吏不要过于耿直。在《灵乌赋》中，也是说范仲淹在朝中屡次直言，都被当作乌鸦不祥的叫声，劝他应学报喜之鸟，而不要像乌鸦那样报凶讯而"招唾骂于邑闾"，希望他从此拴紧舌头，锁住嘴唇，除了随意吃喝外，不要多事。

读到梅尧臣的文字，范仲淹内心暖暖的，但对他的劝告却不以为然。他很快回了一篇同题的《灵乌赋》给梅尧臣，在赋中，他斩钉截铁地说，不管人们如何厌恶乌鸦的哑哑之声，自己将始终坚持一生的信条：宁鸣而死，不默而生。

1

勇气，是范仲淹生命的底色。可以说，他的一生，都被体内一股热

气推着往前走，不管刀山火海，宁死都不回头。

27岁中进士之后，范仲淹有十几年时间在地方上任小官，积攒口碑。他在地方做了很多实事，但视野并不局限于一县一州，时常就全国性的时政问题发表观点。他对当时的国家政策深感不满。绝大部分人，纵然心有不满，私底下发发牢骚就算了，公开场合还是配合着称颂大宋威武。范仲淹则不会私下妄议朝政，有问题直接公开讨论。在母丧丁忧期间，他向朝廷上了万言书，奏请改革吏治，裁汰冗员，安抚将帅。

晏殊和王曾看到范仲淹的万言书针砭时弊，字字见血，于是极力向宋仁宗推荐这个奇人。

范仲淹随后应诏入京，任秘阁校理，负责皇家图书典籍的校勘和整理。

入京次年，范仲淹就敏锐地提出，宋仁宗早已成年，垂帘听政的刘太后应该还大权于皇帝。

晏殊得知范仲淹上疏，大惊失色，批评他过于轻率，范仲淹据理力争。第二年，范仲淹请求离京为官。

刘太后死后，宋仁宗亲政，怀念范仲淹当初为自己"仗义执言"，觉得他是自己人，遂下诏调他回京。

然而，皇帝想错了。范仲淹根本不是谁的人，在他的字典里，没有"站队"，只有"站对"，站在对的一边。

这一次，宋仁宗要废掉郭皇后，范仲淹站出来上疏反对，皇后没什么大错，为什么说废就废呢？

然后，他得到了一个字：贬！

两年后，范仲淹又回来了，知开封府。这一次，他将矛头对准了宰相吕夷简。他向宋仁宗进献《百官图》，指名道姓，直斥吕夷简任人唯私，升迁不公。

吕夷简老谋深算：要让范仲淹消停，除非让他消失。

于是，范仲淹又一次被贬，来到了鄱阳湖畔的饶州。

一个人在一生中，哪怕有一次鼓起勇气，都不是一件容易的事。范仲淹一而再，再而三，愈挫愈勇，七八年间，竟遭多次贬逐，没有坚定的信仰是坚持不下来的。

所以，面对梅尧臣的劝慰，他说出了自己的人生信条：宁鸣而死，不默而生。

绝大部分读书人，初入官场总有一股锐不可当的勇气，以及一颗辅佐君王的事业心，但在渐渐熟悉官场规则后，就会慢慢磨平了棱角，变得圆滑世故。范仲淹的可贵之处在于，他在官场沉浮数十载，逆境多于顺境，贬谪盖过升迁，但他始终保持初心，保持锐气，保持勇气。即便随着年龄增长，他也未曾变得世故。40岁的他，仍然有20岁的勇气；50岁的他，同样如此；60岁的他，还是如此。人会老，勇气却不曾衰竭。

后来，范仲淹重回朝廷，宋仁宗让他主动跟吕夷简道歉，消除隔阂。他说："臣向论盖国家事，于夷简无憾也。"说自己撑人向来对公不对私，没有错，不道歉。

范仲淹曾说，做官"公罪不可无，私罪不可有"。即做官必须坚持原则，不怕得罪上级和皇帝，不怕受罪，而个人操守则务求清白，决不能贪赃枉法，授人把柄。做到这两点，俯仰无愧，勇气自然就来了。

2

理想，是范仲淹人生的底牌。即使身处迷茫、黑暗与痛苦，他都能保持前行，因为他留了最大的一张底牌。

范仲淹的命并不好。用时髦的话来说，命运给了他一手烂牌，他却打得比所有人都好。他2岁丧父，母亲带着他改嫁朱家。很长一段时间内，他并不知道自己的身世。在中举做官之前，他的名字一直叫朱说。

某次，他劝朱家兄弟不要挥霍浪费，结果人家撑他："我自用朱家钱，关你什么事？"他一脸惊愕，终于了解到自己是江苏人，不是山东人。

他发奋读书，想通过科举改变命运。而历史也给了他这样的贫寒儒生一个机会，宋代的科举制度打破了阶层限制，不再由贵族把持。有一句诗描写当时的现实，叫"满朝朱紫贵，尽是读书人"。读书，给了庶民向上流动的机遇，这种光荣与梦想，也不断刺激着他们的进取之心。

范仲淹曾搬到寺庙中苦读，后来又到应天府（今河南商丘）求学。这期间，许多人从他身上，看到了颜回的影子。他生活清苦，却不改其乐。每天煮粥，待粥凝固后，用刀划成四块，早晚伴着腌菜，各吃两块，就算填饱肚子了。他昼夜苦读，夜里上下眼皮打架打得厉害，于是用冷水洗脸，提神，接着读。

当地官员听说了他的事迹，特地派人给他送吃送喝，以示鼓励。范仲淹一概谢绝，说今天尝到美食，以后对着白粥腌菜就吃不下了。

他在做人生规划时，早早就敲定了两条路子：第一志愿当良相，第二志愿做良医。这两种人生设想，都是以忧国忧民为出发点。不是治国家之病，就是治人民之病。

据说宋真宗有一次路过应天府，观者如堵，唯有范仲淹不为所动，继续躲在书院里看书。有一个同学很疑惑地问他："大家都去看皇帝本人，你怎么不去呢？"

范仲淹头也不抬，回了一句："今后见皇帝的机会多着呢！"

别人说这话，可能是吹牛，但范仲淹说这话，是真牛。27岁那年，他考中进士，在殿试环节，见到了皇帝。

范仲淹入官后，执着上疏，针砭时弊，力陈改革。迎接他的是，一次次的贬黜，一次比一次惨。对理想的执着，在现实中碰壁，哪怕头破血流，至死不曾后悔。就是这样一个人，政敌多于朋友，朋友多于知己，却在日复一日的自我砥砺中，赢得了历史的尊重。

有理想的人自带光芒。《宋史》评价范仲淹，说他"每感激论天下事，奋不顾身，一时士大夫矫厉尚风节，自仲淹倡之"。一个能影响时代风气的人，尽管在当时失败了，但在后人眼里，又何尝不是成功了？

3

能力，是范仲淹一生的底气。能力越大，责任越大——范仲淹终其一生，都在践行这句话。

范仲淹早年是一个沉默寡言的人，给人的印象是踏实内向。没有人会料到，步入仕途后，他的人生完全转向，成了国家最出名的"话痨"。

金末元初一代文宗元好问这样评价范仲淹："在布衣为名士，在州县为能吏，在边境为名将，在朝廷则又孔子之所谓大臣者，求之千百年间，盖不一二见，非但为一代宗臣而已。"

无论什么身份职位，范仲淹都能做到极致。

康定元年（1040年）前后，西夏进犯北宋边境，消息传至京师，朝野震惊。宋仁宗无奈，遂起用众望所归的范仲淹，升他为龙图阁直学士，让他与韩琦一起任陕西经略安抚副使。

范仲淹到位后，兼任延州（今延安）一把手，军政打理得相当到位。西夏人原本集兵延州城下，见此都不敢打延州的主意了，说"今小范老子腹中自有数万兵甲，不比大范老子可欺也"。小范指范仲淹，大范指镇守延州的前任、吃了败仗的范雍。

范仲淹在防守边塞的战争中，"号令明白，爱抚士卒"，采取正确的策略，经常取胜，军威大振，连宋仁宗都不得不称赞说："若仲淹出援，吾无忧矣。"

庆历三年（1043年），宋仁宗决心改革，第一个人事任命，就是把范仲淹调回中央，授枢密副使后拜为参知政事（副宰相）。在皇帝心中，范仲淹是非常合适的改革领袖。范仲淹一生的理想，担当良相的追求，此刻得以实现。他抓住机遇，提出了十项改革方针。拿既得利益者开刀，澄清吏治。

此时，范仲淹的周围聚拢了一批人，韩琦、富弼、欧阳修等等，史称"同官尽才俊"。范仲淹则是由这些才俊之士组成的政治集团领袖。

范仲淹对贪污腐败、尸位素餐的官员毫不客气，每次看到针对这些官员的调查报告，大笔一挥就把这些官员拿下。富弼说，一笔勾了他容易，可你知道他的全家都在哭吗？范仲淹毫不心软，回答说，一家哭总比一路（路，宋代地方行政单位，相当于现在的省）哭要好。

"庆历新政"刚一年多，就以范仲淹等改革者被逐出京城而宣告夭折。这是范仲淹一生中最郁闷的时刻。

改革失败后两年，庆历六年（1046年），58岁的范仲淹在贬所邓州，写下闻名天下的《岳阳楼记》，表达了"不以物喜，不以己悲""先天下之忧而忧，后天下之乐而乐"的毕生追求。

然而自始至终，没有人因为改革失败而质疑范仲淹的能力。人们只是惋惜，如果"庆历新政"成功了，就不会有后来的"靖康之耻"，可惜啊！

朱熹说，范仲淹"自做秀才时便以天下为己任，无一事不理会过。一旦仁宗大用之，便做出许多事业"。这一评价，代表了历代对范仲淹能力的肯定。范仲淹称得上是宋代第一位有远见卓识的改革家。

4

同是改革者，王安石、张居正等人身后毁誉参半，而范仲淹则是"名节无疵"，堪称完人，为什么？

韩琦对他的评价很能说明问题："雄文奇谋，大忠伟节，充塞宇宙，照耀日月。前不愧于古人，后可师于来哲。"

宋太祖赵匡胤以唐朝牛李党争造成许多后患为鉴，曾下诏书说：凡是及第的举人，严禁称主考官为恩师、老师，也不许自称为门生。宋代最高统治者最害怕的，不是官员搞贪污、不作为，而是大臣之间结合成派系或朋党，威胁皇权。宋仁宗也多次下诏指示朝官"戒朋党"。这实际上成了宋初以来的一条铁律，一道底线。所以，范仲淹斥责吕夷简培植党羽、任人唯亲时，吕夷简反诬他"勾结朋党、离间君臣"，其用心之险恶，可见一斑。

连宋仁宗都不忍直接定罪，而是给了范仲淹一个澄清和解释的机会，他想听范仲淹怎么说，就故意问："过去小人多为朋党，君子难道也结党吗？"

那么，范仲淹是怎么回答的？

他回答说："我在边防的时候，见到能打仗、会打仗的人聚在一起，自称一党，怯懦的人也自为一党。在朝廷上，正、邪两党也是一样。陛下只要用心体察，就可以分辨忠奸。假如结党做好事，那对国家有什么害处呢？"

范仲淹一生见贤思齐，不断以往哲先贤的思想、品德和功绩勉励自己。他曾说，"学默默以存志，将乾乾而希圣，庶几进退之间，保君子之中正"，表达了要像先圣一样，在得失进退间，不失其高尚的情操。所以他始终以洁身自好和为国事功要求自己，企望在现实世界中成就最高的道德理想。

在个人生活方面,他做了高官以后,家里生活依然如贫贱时一般俭朴,史书说他的家人"不识富贵之乐"。但对他人急难却竭尽全力给予帮助,从不考虑自己有无家用。他还在苏州办义庄,兴义学,影响了宋代士大夫热衷义庄、义学的风气。

范仲淹将要退休时,他的门徒建议他在洛阳修建住宅,以安度晚年。他听后,语重心长地对弟子们说:"每晚就寝时,我都要合计自己一天的俸禄和一天所做的事。如果二者相当,就能够打着鼾声熟睡。如果不是这样,心里就不安,闭目也睡不着。第二天一定要做事补回来,使所作所为对得起朝廷的俸禄。"他接着说,"如今我之所以打算退休,就是因我年老体衰,精力有限,能为他人做事一天比一天少,对不起百姓,对不起俸禄。这时营造安乐窝,岂又能安乐?"

这番话,不是圣人说不出来。

道德,在许多人眼里,是做人的标杆。有道德,说明已经到了很高的境界;而道德,在范仲淹那里,只是做人的底线。他一辈子都不会逾越底线,去做任何无德之事。

文天祥：大宋最后的风骨

1

人生许多事，明知不可为，为何仍要为之？

南宋德祐元年（1275年），南宋临安城里，朝野上下乱成一团。面对节节推进的元朝大军，南宋各级官员，纷纷抛下年幼的宋恭帝赵㬎弃职逃命，已经66岁的太皇太后谢道清，为此在临安朝中张榜痛斥公开逃窜的各级官员："我朝三百多年，对士大夫以礼相待。现在我与新君遭蒙多难，你们这些大小臣子，不见一人出来救国。我们有什么对不起大家？你们内臣叛官离去，地方守令舍印弃城……你们平日读圣贤书，都把自己比作良臣，怎么到了这时候就撒手不管了呢，你们有何脸面面对世人，死后又有什么颜面见先帝呢？"

大宋崩溃在即，对于许多人来说，那些史书上"疾风知劲草，板荡识诚臣"的训导，早已被恐惧所笼罩，以状元出身的宰相留梦炎为首，文臣武将们纷纷弃官逃命。南宋，这个自靖康之变以来就南渡偏安的政权，眼下已摇摇欲坠。

危难时刻，另外一位状元出身的官员，挺身而出。

那是南宋宝祐四年（1256年）以21岁之身就荣膺状元的文天祥。眼下，这位40岁的昔日状元，正担任赣州知府。

文天祥刚硬正直，但也不是保守的官员，他"性豪华，平生自奉甚厚，声伎满前"，是个懂得生活享受的人。但当朝廷遭遇危难，各级官员纷纷出逃之时，他却痛哭流涕，变卖家产，毁家纾难，宁可让自己过上最苦的日子也要"尽以家资为军费"，倾尽所有，打元兵去。

在南宋危亡时刻，他散尽家财，东拼西凑，甚至联结了赣州境内的少数民族，终于集合起一支一万多人的队伍向临安进发勤王，对此有朋友劝阻他说："元兵三路直逼临安，而你却带着一万多人的乌合之众去以卵击石，这跟赶着一群羊入虎口有什么区别？"

这位状元出身的地方官员，对此回答说："我又何尝不知，但朝廷危难，眼下征召天下勤王，却没有一人一马响应入关，这让我深深痛恨，所以不自量力，用自己的行动表示，希望天下忠臣义士能够行动起来。"

尽管南宋皇族和朝廷要员看他只是个低级的地方官员，那些畏死逃避的同僚也只当他是个孤军冒进的"傻大憨"，但他早已抱定必死之心，要与社稷共存亡。在江苏虞桥，他临时组织、毫无作战经验的勤王义军，被凶悍且久经战阵的元兵屠戮殆尽，他率领残兵退保余杭。南宋德祐二年（1276年），在危难之中，他被风雨飘摇的南宋朝廷任命为临安知府，协助拱卫京师。

元朝大军逼近临安城外的皋亭山，在敌兵震慑前，比文天祥先十二年考中状元的左丞相留梦炎开溜了，然后右丞相陈宜中也脚底抹油了。

临安城内的凤凰山皇城中，此时已几乎无人来朝，只有这位憨直的状元知府和少数一些官员，还毕恭毕敬伺立在老迈的太皇太后谢道清以及宋恭帝赵㬎左右。无人可用的太皇太后谢道清只得颁发懿旨，任命文天祥为右丞相兼枢密使，全权负责与城外元军主帅伯颜的谈判事宜。

当王朝即将覆灭，南宋皇族们放眼望去，才发现那些他们寄予厚望的权贵高官，都纷纷仓皇逃命；而那几个他们压根不当回事的低级官员，却始终坚守岗位，甚至不惜远道千里勤王。

那些当初共富贵的人都逃跑了，剩下那些他们看不入眼的人，却选择了与他们同生死、共患难。

2

在中国一千三百多年的科举史上，一共产生过五六百位文状元，其中有四十多人由状元而官至宰相，即为状元宰相。在文天祥之前，上一个当宰相的状元是留梦炎。

眼下，状元宰相留梦炎已经弃官潜逃，另外一位宰相陈宜中也撇下年幼的小皇帝和老迈的太皇太后跑了，剩下一个烂摊子等着赵家人自己收拾。

就在这个时候，文天祥挺身而出。

临安城的陷落，只是时间早晚的问题。身为元军统帅兼宰相的伯颜对此志在必得，可他没想到的是，那位在南宋危亡之际出任宰相的文天祥竟然敢跟他抗争辩论。

恼怒之中，伯颜命令将文天祥拘押起来。被拘押的这一天，是德祐二年（1276年）正月二十四日。

十一天后，二月初五，已经走投无路的南宋小朝廷，最终在临安向元军投降。与一百四十九年前经历靖康之耻而灭亡的北宋一样，南宋，也已接近穷途末路。眼看大厦将倾，可仍有人在力撑危局。

为了拱卫赵宋帝国最后的血脉，协助名将李庭芝一起抗击元兵的进士陆秀夫，在南宋朝廷于临安投降元朝之前，秘密护送着赵宋皇族最后的血脉：8岁的赵昰和5岁的赵昺，出走福州。

临安之降后三个月，南宋德祐二年（1276年）五月，陆秀夫和赶来护驾的张世杰一起，在福州拥立赵昰登基，是为宋端宗。此后，被元军押解北上的文天祥，也在途中逃脱南下，历经九死一生辗转来到福州，并被任命为右丞相知枢密院事。

尽管叛降元朝的文臣武将众多，但在南宋最后的时日，仍然有人在用卑微却高贵的生命，誓死捍卫着这个他们热爱的朝廷：从坚守淮东的姜才、李庭芝到坚守重庆的张钰，以及团结在福州小朝廷周围的文天祥、陆秀夫、张世杰——这些散落在南宋各个角落，仍然在坚持战斗的文臣武将，早已将生死置之度外，因为他们早已决定，要用自己的鲜血，为大宋谱写出最后的光辉。

3

与当初在江西赣州组织兵马勤王一样，从元兵手中逃脱的文天祥再次出发，从南宋景炎元年（1276年）七月到祥光元年（1278年）十一月，他先后组织义兵，一度收复了被元兵占领的江西赣州、吉州、徇州等地，然而在永丰，他再次遭遇败绩，妻妾子女都被元兵俘虏；而在进军广东潮州的过程中，他的军队又开始流行瘟疫，并夺走了他仅剩的一个儿子。

他已然一无所有，却仍然在坚持战斗。

他率领着最后的残兵一路转战，最终在退到广东海丰时，被元将张弘范的部队突然袭击。猝不及防的文天祥最终被捕，仓促之中，他吞下龙脑试图自杀，没想到自杀失败。

这是他第一次自杀。

元将张弘范要他跪拜，他坚持不拜，张弘范又要求他写信劝降陆秀夫和张世杰等人，没想到文天祥却说："我无法保卫自己的父母，又怎么可能教别人背叛自己的父母？"他宁死不降，在被元军押解前往追击宋军时，他写下了千古闻名的《过零丁洋》：

辛苦遭逢起一经，干戈寥落四周星。

山河破碎风飘絮，身世浮沉雨打萍。

惶恐滩头说惶恐，零丁洋里叹零丁。

人生自古谁无死？留取丹心照汗青。

在广东崖山，南宋的最后一战也最终到来。

南宋景炎三年（1278年），赵昰在流亡的途中病逝，随后陆秀夫和张世杰又拥立7岁的赵昺为帝继续抗战。不久，南宋祥兴二年（1279年）二月，陆秀夫和张世杰率领着残余的十多万南宋军民，与元兵展开了最后的战斗。

宋军最终惨败。面对重重包围的元兵，不愿屈服投降的陆秀夫，毅然决然背着8岁的宋帝昺投海自尽。在得知陆秀夫和宋帝昺跳海自尽的消息后，张世杰仰天长啸、泪流满面地说："我为赵氏尽心尽力，一君亡，又立一君，如今又亡矣，不知天意为何。"最终在飓风中，张世杰也跳入滚滚波涛之中，追随那个他为之奉献所有的王朝而去。

在整个崖山之战中，南宋最后残存的十多万军民，或在战斗中壮烈牺牲，或不甘受辱投海自尽，至此，南宋彻底毁灭于崖山的怒海波涛之中。

4

当时，被扣押在元兵船中的文天祥全程见证了崖山之战的惨烈。南宋灭亡后，张弘范在广东崖山刻上了"镇国大将军张弘范灭宋于此"的碑文，并让人再次押来文天祥，对他说："宋廷已经灭亡了，丞相您对宋廷的忠孝已经倾尽全力了。如果你能用对待宋廷的忠心，来对待当今的圣上（忽必烈），那么一定还可以当上宰相！"

对此，文天祥泪流满面地说："朝廷有难不能救，为人臣者死有余辜，又怎么能够背叛朝廷，不与之同生共死呢？"一席话，说得张弘范也动了恻隐之心，他命人护送文天祥北上大都（北京）见忽必烈。

文天祥再次自杀求死，在路途中，他绝食八日，没想到仍然不死。于是他放弃绝食，决定与元朝人周旋到底，最终以求一死，为大宋殉葬。

许多年后，常常有人说，文天祥为何不再次自杀？其实，一求速死固然痛快，但这种把牢底坐穿，始终坚贞如一的信念，却比"引刀成一快"来得更为艰难。

在元大都，忽必烈让9岁的宋恭帝赵㬎出面劝降文天祥，当看到宋恭帝一身蒙古人装扮出现在牢狱中时，文天祥立马跪在宋恭帝前泪流满面，他说："臣不能保大宋，致使陛下有今日，深愧。圣驾请回，圣驾请回！"

当时宋恭帝已经懂事，在文天祥面前也痛哭失声。

在牢狱中，元朝人又将文天祥的妻子欧阳氏和两个女儿柳娘、环娘罚没为奴，并且让他的女儿柳娘写信给他，并提示他说，只要他愿意投降，他的家人马上可以恢复自由身，他本人也可享受荣华富贵，但文天祥执意不肯，在回复自己妹妹的信中，文天祥写道："收柳女信，痛割肠胃。人谁无妻儿骨肉之情？但今日事到这里，于义当死，乃是命也。奈何？奈何！……可令柳女、环女做好人，爹爹管不得。泪下哽咽哽咽。"

为了逼迫文天祥投降，慑服亡宋子民，元朝宰相孛罗甚至亲自提审文天祥，文天祥坚持不肯下跪，强硬地说："天下事有兴有衰。国亡受戮，历代皆有。我为宋尽忠，只愿早死！"

5

从南宋祥兴元年（1278年）被俘，到祥兴二年（1279年）目睹崖山之战南宋的毁灭,中间两次自杀,始终坚持不屈的文天祥,最终在被关押四年后迎来了忽必烈的再次提审。当时,忽必烈仍然重视这位南宋的状元宰相,便问他说:"你有什么愿望?"

文天祥显得非常淡然,只是说:"我文天祥受大宋的恩惠,官为宰相,安能投降二主?愿赐我一死就满足了!"

最终,他被引出就刑。临刑前,他特地要求,向着南方大宋的方向跪拜,然后大声地对围观的元朝官吏士卒说:"我心愿已了!"

他从容就义。

他死后几天,妻子欧阳氏为他收尸,在他的衣带中发现了他的遗言:"孔曰成仁,孟曰取义,惟其义尽,所以仁至。读圣贤书,所学何事?而今而后,庶几无愧。"

对此,近代史学家蔡东藩评价说:正如诸葛亮明知不可为,却仍然坚持北伐一样,文天祥等人明知南宋大势已去,却仍然坚持救亡图存,"六合全覆而争之一隅,城守不能而争之海岛,明知无益事,翻作有情痴"。

因为即使明知失败,也要败得忠肝义胆、轰轰烈烈,对不对?

大明第一硬骨头之死

1

建文四年（1402年），中国历史上的关键年份。

六月，南京城，乱如麻。方孝孺静坐家中，等待被捕的一刻。

城内布满通缉令，举国正在追捕上榜的二十九个"奸臣"，排名前五的是：太常侍卿黄子澄，兵部尚书齐泰，礼部尚书陈迪，文学博士方孝孺，御史大夫练子宁。

方孝孺第一个被捕。准确地说，他是被"靖难之役"的胜利者朱棣派人"请"去的。

三年前，朱棣在北京起兵，以"清君侧"的名义，反对侄子建文帝的削藩政策。发兵前，他的军师姚广孝跪地嘱托，说南京城破之日，方孝孺一定不肯投降，希望不要杀他。

"杀孝孺，天下读书种子绝矣！"姚广孝意味深长地说。

朱棣打下南京城后，方孝孺果然不逃，也不降。

下狱后，朱棣再三请人去劝降，方孝孺始终不从。

等到朱棣准备登极时，为了借重方孝孺在天下士人中的名气，便要他起草登位诏书。

方孝孺身穿孝服，大哭上殿，见朱棣。

七 民族脊梁：有能力，更要有风骨

史书记下了两人的对话。

朱棣："先生请不要悲伤，我不过是效法周公辅佐周成王。"

方孝孺："那成王现在哪里？"

朱棣："他（指建文帝朱允炆）自焚死了。"

方孝孺："成王不在了，为何不立成王之子为帝？"

朱棣："国赖长君（意为朱允炆之子年幼，不适合掌国）。"

方孝孺："为何不立成王之弟？"

朱棣："这是我们的家事，请先生不要过度操心。"

说完，命左右上纸笔。

朱棣："登极诏书，非先生起草不可。"

方孝孺写了几个字，随即掷笔于地，且哭且骂："死就死，诏书不可写。"

朱棣："难道你不怕诛九族？"

方孝孺："便诛十族奈我何！"

朱棣彻底被激怒，当场命人用刀割裂方孝孺的嘴巴，从脸颊割到耳朵。

野史记载，方孝孺的族人、朋友、门生，一个个在他面前被处死，他都不为所动。

轮到他的弟弟方孝友，他终于流下眼泪，弟弟反过来劝他："阿兄何必泪潸潸，取义成仁在此间。"

整整杀了七天，一共杀了八百七十三人（一说八百四十七人）。

最后轮到方孝孺本人。他慨然赴死，并写了一首绝命词：

天降乱离兮，孰知其由？

奸臣得计兮，谋国用犹。

忠臣发愤兮，血泪交流。

以此殉君兮，抑又何求？

呜呼哀哉，庶不我尤！

死时，年仅46岁。

这是中国历史上株连最广的一次残杀。方孝孺此后成为"骨鲠之士"的代名词，成为明朝最硬的"硬骨头"。

但是，关于他的死，几百年来的争议，才刚刚开始。

2

方孝孺死后，他的硬汉之名，盖过他的学问之名。但事实上，他在世时，学问才是他成名的基础。

他是明初重要的思想家、文学家，年轻时师从"开国文臣之首"的宋濂，并成为宋濂最得意的门生。宋濂常把他比喻为"孤凤凰"。

朱棣的军师姚广孝称方孝孺为"读书种子"，后世理解为方孝孺只会读书，其实不然。

当时的"读书种子"所指的精神内核，不仅在于读书、学问一流，更重要的在于学以用世，以道事君，代表儒家的入世追求。所以《明史》说，方孝孺"恒以明王道、致太平为己任"。

简单说吧，方孝孺是"横渠四句"——为天地立心，为生民立命，为往圣继绝学，为万世开太平——的坚定践行者。

朱元璋在世时，曾两度召见方孝孺，称赞他为"异才""壮士"。

但方孝孺的政治改革理念，与朱元璋建立的政治体制截然对立，这是方孝孺在朱元璋统治时期空有文名不见其用的根本原因。

方孝孺的老师宋濂，在明朝开国后，基本已被闲置，后来还受"胡惟庸案"牵连，被贬谪而死。在朱元璋看来，宋濂倡导的仁政治国理念，已经过时了。

七 民族脊梁：有能力，更要有风骨

方孝孺的政治主张与其师相近，倡导"仁德治世"。他提出"格君"之说，要把人君规训成道德与智慧并重的圣贤之主。

换句话说，朱元璋要的是"霸道"，方孝孺讲的是"王道"。政治分歧的结果，是方孝孺坐了十多年"冷板凳"。

洪武三十一年（1398年），朱元璋去世时，42岁的方孝孺已在汉中府学教授任上干了六年，心中满是郁闷。他在那年的立春，写诗抒发不得志的惆怅：

万事悠悠白发生，强颜阅尽静中声。

效忠无计归无路，深愧渊明与孔明。

然后，这个想学诸葛亮的中年书生，终于等到了天降大任。

3

继任的建文帝朱允炆，召见并起用方孝孺，授为翰林侍讲，第二年调做侍讲学士。

官品不高，但位置重要，有大把机会把他的治国理念灌输给新皇帝。

朱允炆但凡读书有疑问，就把方孝孺请来求解。遇到国事，难以定夺，也会请人去咨询方孝孺。鉴于皇帝的信任和恩遇，方孝孺在建文朝的地位，相当于国师。

君臣二人在治国理念上高度一致，朝中几乎所有重要文书，都由方孝孺草拟。某种程度上，方孝孺成了新皇帝的代言人。这是方孝孺觉得可以大展拳脚的基础。

在方孝孺的推动下，朱允炆决心厉行仁政，进行政治革新。

在朱棣起兵发动"靖难之役"的四年时间里，方孝孺与他的忠实信徒朱允炆，对按照周制改革朝政显示出极大的热情。他们整日在研究如何复古，修建省躬殿，给城门改名字，还计划恢复井田制……

应对如火如荼的军情，从来不是他们的第一要务。

等到朱棣的军队渡过长江，直逼南京，朱允炆才从恢复周制的梦中醒过来。

史载，"帝忧惧，或劝帝他幸，图兴复。孝孺力请守京城以待援兵，即事不济，当死社稷"。

当时，朱棣孤军从朝廷军队的夹缝中，冲到了南京城下，实际控制的地盘其实很小，大半个中国还在朝廷的号令之下。如果朱允炆弃城而去，完全可以号令天下军队反攻朱棣，所以臣下纷纷劝他出走，图谋东山再起。

但是，方孝孺竟然劝朱允炆"死社稷"，真是迂腐到家了。

错失最后一次翻盘的机会，朱允炆把自己弄失踪了，已然于事无补。而朱棣直接宣布了这名年轻皇帝的死讯，接过帝国权柄。

可以说，是方孝孺的政治幼稚病，害惨了朱允炆。

4

方孝孺被逮捕入狱后，表现出了孟子所说的大丈夫气概，拒绝与篡位的燕王朱棣合作，从而招致"诛十族"的血腥杀戮。

后世评论者认为，朱棣的血腥杀戮是方孝孺激怒了他的结果。说这话的人，实在太不了解朱棣了。

朱棣武装夺取皇位后，只能以酷烈的手段来证明他的合法性。这些手段包括在肉体上消灭朱允炆的死忠，在宣传上抹黑建文朝，以及销毁反对派的言论、著作等等。

偏偏方孝孺是个硬骨头。

朱棣对其屠戮十族、焚毁著作，目标就是要消除方孝孺在士林中的影响，震慑其他士人承认当前的政治事实。

整个永乐朝，谈论方孝孺都是犯禁的，除非按照官方口径，把方孝孺当成乞怜摇尾的奸臣进行批判。

直到朱棣死后，明仁宗朱高炽继位，这种政治语境才有所改变。朱高炽多次评论说，方孝孺、齐泰等人"俱是忠臣"。

这之后，士大夫才敢争取为方孝孺平反。

平反的历程很漫长。到万历十三年（1585年），明朝皇帝才首次以官方形式为方孝孺平反，此时距离方孝孺殉难，已经过去了一百八十三年。

5

方孝孺学问好，人品好，有骨气，这是数百年来公认的事实。他被誉为"程朱复出""有明之学祖""当世文章第一人"等等。

这些，是任谁也无法抹杀掉的。哪怕是朱棣大权在握时，可以组织写作班子丑化、诋毁方孝孺，但是，朱棣死后，历史评价的天平仍会趋向事实一边。

不过，我们在肯定方孝孺的精神的同时，也应该对历史人物做一番全面的剖析，不能以精神涵盖一切。

在实际的政治生活中，方孝孺的能力、魄力和识见，存在很明显的"短板"，远不如后世的张居正。

张居正的手腕和权谋，虽然被人诟病，但这恰是其得以推动朝廷改革的原因。而方孝孺，虽有改革天下的理想，无奈过于爱惜羽毛，最后以误国收场。

后世推崇方孝孺，也仅限于道德、学问层面的肯定。他成了大明的一个道德模范。

他死了,明朝才算亡了

张煌言(号苍水)最后一次回到家乡宁波,是以一名被俘罪犯的身份。父老乡亲听到消息,纷纷出城观看,希望看看这名坚持抗清近二十年的孤胆英雄最后的模样。

浙江提督张杰此前为了抓捕张煌言费尽心机,此刻他在衙署里"接见"张煌言,第一句话就是"等你很久了"。张煌言神色从容,立马接话说:"父死不能葬,国亡不能救,死有余罪。今日之事,速死而已!"

从清顺治二年(1645年)参加浙东的抗清运动开始,近二十年里,他从未怕过死,他一直在等待死亡,等一个恰当的时候。

现在,是时候了。

1

张煌言被捕,根子在五年前就埋下了。

那是清顺治十六年(1659年)的夏天,他与郑成功联合北征,逆长江而上,一直打一直打,直到打下芜湖。这是多年来张煌言数次攻打长江最大的一次胜利。他后来回忆这一仗的凶险,说是"两岸炮声如雷,弹如雨……骨飞而肉舞"。

血腥的场面,因为胜利,而被他写出了音乐般的欢快。

这一刻的张煌言,一度以为光复故国有望。临近的州府,一看他的势头，也纷纷改旗易帜，最高峰时，长江两岸有三十余座城池处在他的掌控之下。

然而，胜利来得快，去得更快。张煌言的三千水军能够拿下这么多城池，得益于郑成功的主力部队在南京城外牵制住了清军主力。郑成功被胜利冲昏了头脑，认为打下南京如囊中探物，因此迟迟不发兵攻城，一次次延误战机。等到清军援兵赶到，郑成功却打不过了，不得已仓促退兵，留下张煌言孤悬长江中游，前无进路，后无退路。

此时清军重占长江，上下游音信断绝。张煌言请一僧人密藏书信，经小路急送郑成功大营，信中苦劝郑成功千万别撤退，天下事尚可图。信还未送到，郑成功已将沿岸数百里舟师以及驻军撤了，全军逃返福建。

深感绝望的张煌言在清军夹击下，退入崇山峻岭间打游击。经过残酷的搏斗，他的军队牺牲的牺牲，溃散的溃散，最终仅剩一个随从携印陪着他突围，在善良民众的掩护下，一路往东，徒步两千余里，退回了海上。

这次失败之后，张煌言再难发起有力的进攻。他的被捕，只是时间问题了。

2

不过，先于张煌言被抓的，是他的至亲。得知张煌言生还浙东的消息后，总督郎廷佐派兵抄没了他在宁波的老家，拘禁了他的妻子董氏和唯一的儿子张万祺，企图用人质逼迫张煌言投降。

张煌言不为所动。十几年的抗清生涯，早练就了他的"铁石心肠"：至亲可以怀念，但不可以成为谈判的条件。

他的妻子董氏知道自己嫁了一个什么人，知道聚少离多，但没想到会聚得这么少。他们的第一个儿子出生后，张煌言就离家抗清去了。直到三年后，他终于满身风尘出现在家门口。可来不及诉说思念，张煌言就说他是来辞别的，钱塘江防线已破，他要随鲁王到海上征战了。

为了缓解妻子的不安，张煌言和董氏打了个赌：投掷骰子，让老天决定他是走是留。或许只有这样，也才能减少张煌言的愧疚，是天意要他走的，不是他自己想走的。

总之，那天之后，他终生再未与妻儿见面。

清顺治九年（1652年），他的父亲张圭章去世。

张煌言幼年丧母，少年时代就随父亲外出，他的人生观基本是父亲影响和塑造的结果。得知父亲离世的消息，他悲痛万分，但是，仍然没有回家奔丧。

张煌言被捕前两年，隐居在舟山附近的一座荒岛上。一个部将要他纳妾，并把战死的将领陈木叔的女儿献给他，张煌言严词拒绝："小姑娘是忠臣之后，怎么可以遭受如此对待？何况我的妻子为我身陷大牢，我怎么可以如此对待她？"

离家十几年，他能做的就是独自面对漫漫长夜，以此弥补对妻子的亏欠。

清廷官员在与张煌言交战的近二十年间，无数次对他进行诱降或劝降均告失败。这不难理解，一个连抛妻弃子都在所不惜的硬汉，又怎会对敌人许诺的荣华富贵动心呢？他对各种劝降信都不屑一顾，回信也总说自己是"明室孤臣，有死无贰"。

但事实上，清顺治元年（1644年）清军入关时，25岁的张煌言仅是一个举人，而非明朝的官员。

明亡之后，一些士人精英选择了投奔新主，一些人选择了抗争，一些人选择了隐居。每个人都经受了生死的道德拷问，而张煌言则成了忠于明朝的那个人。他一定要选择抗清，不抗争毋宁死。

七　民族脊梁：有能力，更要有风骨

一个清廷官员给他写信劝降，张煌言毫不客气地回信："不孝未便以文文山自况，执事正不必以留梦炎辈自居耳！"意思是，我自己不方便说我想做文天祥，但你也不用让天下人都知道你想做留梦炎吧。

张煌言与那些醉心利禄、腐败透顶的南明官吏有天壤之别，他眼里只有忠义，没有其他。

文天祥最后从容就义，实现了青史留名。张煌言肯定也会走上这条路，只是迟早的问题。

3

这一天，不久便来了。两名伪装的僧人，抓到了出岛换米的随从，浙江提督张杰因而获悉张煌言藏身的小岛。

康熙三年（1664年）七月十七日，趁着夜色，一队清军从山后突入张煌言的住处。当时去逮捕张煌言的一个士兵后来回忆说，张煌言的床下都是书，旁边有一副棺材，床头悬着一柄利剑，张煌言想去取剑，不幸被床帐绊倒了，所以来不及自杀。

三天后，他被带到宁波城，一生中最后一次返回故乡，以一个被俘罪犯的身份。

又十天，劝降失败的张杰，派人把张煌言押送杭州。在杭州的监狱内，张煌言绝食相抗，仍旧不降。后来体恤狱卒会被上头处罚，勉强以水果维持生命。

杭州民众买通狱卒，以一见张煌言为荣，或请张题诗留念，那些日子里，张煌言从一个带剑的诗人，变成了一个写书法的囚徒，在监狱里恣情挥毫，忙得不亦乐乎。

写的是什么？一张一张，写的都是文天祥的《正气歌》！

九月初七，张煌言被押赴刑场，看到太阳照在凤凰山头，他吼了一声：好山色!

行刑官问他还有什么遗言。他随口吟出了早已打好腹稿的四句短诗："我年适五九（指45岁），复逢九月七。大厦已不支，成仁万事毕。"

现场文书当即用笔记录了下来。

行刑的时刻到了。张煌言拒绝下跪，昂首挺胸，就义于刀下。对他而言，一个张煌言死了，又一个"文天祥"活了。

此前数日，他的妻儿已在镇江被害。没有人告诉他这个悲伤的消息。

数年后，一个没有留下名字的史家，一字一字地写下："煌言死而明亡。"

一个朝代，从它被宣布灭亡起，整整残喘了二十年。张煌言，是这二十年最后的孤胆英雄，最后那个坚毅而悲伤的句号。

七　民族脊梁：有能力，更要有风骨

最后一个状元：人越老，骨头越硬

睡觉前，刘春霖跟家人约好，明早一起去中山公园。

他自己熄了灯，上床睡觉。

第二天早晨，刘春霖没有起床。家人进房一看，才知道他已在睡梦中离开了人世。

这一天是1942年1月18日。刘春霖生于同治十一年（1872年），终年71岁。

五天后，北京一家报纸报道了刘春霖的死讯。人们这才知道，中国最后一个状元走了。

1

刘春霖出生在直隶肃宁县，家境贫寒。父亲原是农民，后为了养活刘春霖及其兄长，到保定府衙门当差，母亲在知府家当仆人。刘春霖兄弟俩被寄养在伯父家。

在晚清，贫寒子弟通过读书改变命运的路已经很窄。科举进入"资本时代"，赢家大多来自有资本投入教育的大家族。

但刘春霖是个例外。

这个穷人家的孩子无师自通，能写一手好字，读书记性超好，过目成诵。十来岁时，他把自己写的春联拿到当地集市上卖，被抢购一空。

人们说他是"神童"。

刘春霖和哥哥要考秀才。按规定,每个县的秀才名额是固定的,分到肃宁县的名额很少。刘春霖兄弟太优秀,招来嫉妒,一些考生为了排挤他们,买通了肃宁县廪生胡光签。胡光签负责出面游说其他廪生(老秀才),说刘春霖父母是皂隶和仆人,出身不好,他们兄弟不能参加考试,如果允许他们兄弟考试,全县的考生就要罢考。

清朝的科举制度要求,童生考秀才,需要有廪生担保才能考。

胡光签一活动,没有廪生愿意为刘春霖兄弟担保,导致两人没资格考试。

后来,肃宁县一个姓解的老廪生听说了这件事,颇为义愤,毅然出面为刘春霖兄弟担保。这样,刘春霖兄弟终于可以参加考试了,双双考中秀才。这一年是光绪十三年(1887年),刘春霖16岁。

中了秀才后,刘春霖进入保定莲池书院学习。

保定莲池书院是直隶最高学府,时任院长吴汝纶是著名的文学家和教育家,后来还出任京师大学堂总教习。吴汝纶执掌莲池书院十余年,思想开明,锐意改革,不仅教传统学问,还大量引进西式课程,将书院办成领先全国的新式学堂。

在这里,刘春霖除了学习经史子集,还学了《万国史要》《世界文明史》《海上权力史》《植物教科书》《几何》《西医内科全书》《天演论》等科目。书院有英语、日语教员,还有慕名而来的外国留学生,刘春霖由此打下了他的西学基础。

这种教育背景,决定了刘春霖将成长为一名有别于传统士大夫的近代知识分子。

刘春霖在保定莲池书院学习了整整十年。其间,他的父母相继病逝。

光绪二十八年(1902年),刘春霖参加乡试,考中举人。

七　民族脊梁：有能力，更要有风骨

光绪三十年（1904年），慈禧太后七十大寿，特增加一次会试，时称"甲辰恩科"。各省的举人齐集京城，33岁的刘春霖最终脱颖而出，获一甲第一名，成为状元。

第二年，清政府宣布"停止科举"，盛行了千余年的科举制度戛然落幕。而科举制的废除，让刘春霖成了中国历史上最后一名状元。后来，他自嘲，说自己是"第一人中最后人"。

时代的机缘巧合，使得刘春霖的人生与"末代状元"的名号紧紧连在一起。

2

殿试结果张榜后，顺天府尹给一甲三人——状元刘春霖、榜眼朱汝珍和探花商衍鎏戴上金花，披上红绸，领着他们开始"骑马夸街"。

仪式结束后，刘春霖被送回他居住的直隶会馆。在那里，所有居京的直隶名人、亲友等，已设了宴席在等他一起庆祝。

直到深夜，人才散去。

刘春霖一夜成名，从此成为名流。

传闻当年的状元应该是广东人朱汝珍，但慈禧在最终定夺时，一来由于痛恨康有为、梁启超，对广东人素无好感；二来朱汝珍的名字谐音"诛汝珍"，让她想到几年前被她投井诛杀的珍妃，所以她对这名状元带来的不祥兆头感到忐忑。

将目光下移到第二名刘春霖后，她的心情才豁然开朗——春霖，春风化雨，普降甘霖，多么吉祥的意头，多么契合当下大旱的背景中朝野对雨水的渴望；而他的籍贯直隶肃宁，肃靖安宁，又多么符合王朝末世背景下统治者心中的政治理想。因此，刘春霖被提到第一名，钦定为状元。

传闻当然不靠谱。真实的情况是，与其说刘春霖"命好"，不如说他书法好。他的小楷在当时是一绝，而科举殿试重视书法甚于文章内容，这为刘春霖夺魁奠定了基础。在此之前，他还曾因为字写得好，间接为慈禧抄过佛经。得中状元后，刘春霖的友人拿了他的书法到上海印行售卖，被一抢而空。

刘春霖的殿试策论答卷，在他生前也公开出版了。从他的答卷内容来看，也深度契合了当时朝廷亟须进行制度改革的诉求。他在里面讲要保存国粹，也讲要学习西学，振兴中国商业，整顿军队和吏治，等等，中西合璧，视野开阔，确实是清末新政所需要的新式人才。

光绪三十年（1904年），状元刘春霖成为翰林院修撰。

不久后，清政府为推行政治改革，选派一批精英赴日本留学。刘春霖与其同科进士谭延闿、沈钧儒、商衍鎏、王揖唐等人，一起进东京法政大学学习。

刘春霖在日本接受了君主立宪思想。光绪三十三年（1907年）学成回国后，他成为清末立宪运动中最活跃的一员。

3

元统元年（1909年），刘春霖当选顺直咨议局（相当于省议会）议员。

宣统二年（1910年），刘春霖当选资政院（相当于国会）议员。

他有末代状元的功名，又是日本法政大学的毕业生，对中西文化和政治理论都有很深的造诣，无论在资政院演说还是辩论，都常常引来满场欢呼。

这一年，湖南巡抚杨文鼎未经省咨议局决议而发行国债，资政院认为此种做法违背了立宪精神，应当处分。然而，军机大臣操纵并发布上谕称，此事纯属疏漏，不必追究。

如此，从各省咨议局到资政院，就成了摆设。

刘春霖对此十分恼怒，在资政院会议上斥责说："我推想军机大臣的本意是借此事试探资政院，想看看资政院的权力是不是可以侵犯，资政院的法理是不是可以违背。如果这次我们不质问，就相当于默认了这种行为。默认之后，恐怕以后这种侵权违法的事就止不住了。"

有些议员提醒他："你反应这么强烈，会不会让军机大臣心里不爽啊？"

刘春霖一听更来气了："我们资政院必要求着军机大臣心里舒服，还成个什么资政院呢？……现在议决的案军机大臣就不照行，将来无论再提出何等议案，一定是无效的，就是将来军机大臣侵权违法，也不过以疏漏二字了之。"

他坚持要资政院传唤军机大臣来答辩，就此事解释道歉。

不仅撑军机大臣，刘春霖连最高当权者都撑。

同年，摄政王载沣颁布朱谕，要求资政院不要干预内阁和军机大臣的人选问题。

刘春霖十分激动，坚决指出摄政王的做法"与预备立宪的时代不相符合"，"于立宪精神很相背驰，将来立宪政体很不牢固，仍恐要变成专制的"。

他请摄政王收回成命，否则"全体辞职亦无不可"。

可惜，整个清末，像刘春霖这样有勇气为程序正义较真的人，实在太少太少了。有些议员，只知道攀附权贵，沦为朝廷的附庸。

刘春霖很看不起这些人。他公开斥责这些同事，"会场之上发出议论，不敢公然反对，每每用调停主义；出了会场之外，昏夜叩权贵之门"。

他说，一个议员这样"奴颜婢膝"，两个议员这样，三个议员这样……军机大臣就会拿势力压倒他，拿利禄羁縻他，资政院就会被彻底轻视。

当年，在那场让他一举成名的殿试中，刘春霖就表达过，有直言敢谏之人，是国家之幸。

他一直如此实践着。他希望影响更多人，但他应该失望了。

4

1912年，大清亡了。刘春霖灰心失意，一度隐居不出。

他是末代状元，又写得一手好字，求字者络绎不绝。他定了润格，有偿书写，不愁生计。

20世纪30年代，华北的实权人物宋哲元曾请刘春霖为他讲学，两人建立了良好的关系。但刘春霖别无所求，只是建议宋哲元创办一所学校，用于教育青年。宋哲元接受了他的意见，出资创办明轩中学（宋哲元字明轩）。刘春霖很高兴，欣然出任学校董事，并私人捐赠了一批图书，帮学校建起图书馆。

中状元两年后，他的原配夫人不幸去世，很多人想给他提亲，包括皇亲贵胄。贵族裕庚有意将次女容龄嫁与刘春霖续弦。当时，容龄与姐姐德龄在宫中当女官，深得慈禧喜爱。刘春霖的老师、北洋大臣杨士骧负责说媒，但刘春霖多次婉拒，说自己出身寒家，不敢高攀。此婚事只好不了了之。

此事传出去，人们笑刘春霖太愚笨，连将婚姻裙带作为升官阶梯的道理都不懂。刘春霖笑着解释："人有巧拙，拙者我之短，亦即我之长。倘随俗俯仰，恐用力愈多，见功愈寡。"

任何时代都不缺精明人，但"守拙"却是刘春霖一生的信条。

后来，刘春霖续娶了沧州张氏之女。过门后，张夫人说："我跟你，不是看中你的功名，是钦佩你的人品。"

在清末立宪期间，有一天，同乡金选三告诉刘春霖，当年害他们兄弟俩不能考秀才的胡光签，现在年老多病，生活艰难，遭报应了哦。

刘春霖听完没说什么。不久，金选三要回乡探亲，刘春霖拿出一些银圆，托他带给胡光签。

胡光签收到银子后，深为感动，对之前的所作所为极其悔恨。但刘春霖听完金选三转述胡光签的感激和自责后，却淡然说道，这是当时的环境所致，自己从不记恨于他。

到了1914年，民国大总统袁世凯派人请刘春霖出山，任大总统府内史（秘书）。刘春霖答应了。刘春霖中状元后，袁世凯曾奏请清廷让刘春霖襄理新政，但慈禧不批。不过刘春霖感念于心，一直视袁世凯为恩师。

大总统府内史，实际上是一个闲差。袁世凯的真实用意，可能是网罗前清遗老，为他接下来的称帝做准备。后来，在各省各界组织所谓"请愿团"劝进的过程中，刘春霖作为直隶省的代表跟着劝进。

1917年，张勋复辟。由于康有为盛情相邀，刘春霖穿上前清官服，跟着众遗老朝拜了溥仪。热闹了几天，就失败散去。刘春霖后来对自己参与此事十分悔恨。

这两件事，成为刘春霖留在历史上的"污点"。但历史学者对刘春霖的做法，更多表达了"同情之理解"。

史学家分析，刘春霖在袁世凯称帝中的表现，主要出于知遇之恩的报答。在张勋复辟中的表现，则是对那个让他成就功名的朝代仍然抱有很深的情感。再加上民国政治的乱局，并未能将中国引向治世，让他更加怀念从前。

在民国政府，刘春霖还曾任中央农事试验场负责人、直隶高等学堂学监、直隶省教育厅厅长等职。

1928年左右,57岁的刘春霖辞官,从此彻底告别政坛。

5

1931年,日本帝国主义侵占了东北。

这一年,家人准备给他做六十大寿,刘春霖阻止说,现在国不安宁,民不聊生,咱们一家人玩一天就行,不迎客庆祝了。

然而,随着生日临近,沧州、保定的亲戚都提前来京给他祝贺。他的儿子刘海云只好请了京剧团在家表演。但刘春霖却很难高兴得起来,他写诗说:"忧国忍能看彩戏,为传雪已兆丰年。"

像杜甫"忧国愿丰年"一样,刘春霖在人生大喜的日子里忧心忡忡,唯有祈愿国泰民安。

那一年,他写下了《六十自述》,回顾他的人生。"平生志不在温饱","不崇高第崇高行",在时代大变局中,他一直保持了家国情怀。

他是中国科举时代最后一个状元,蓦然回望,在他60岁时,也仅有他这个末代状元仅存于世。这让他无比悲凉:"第一人中最后人,只今四海剩孤身。"

他老了,社会担当却不减当年。

1933年,黄河决口,河北遭灾。刘春霖利用自己在社会上的地位,联合发起成立了"河北移民协会",组织募捐和移民。在包头附近建立了"河北新村",两次共移民三百三十多户,一千一百多人。沿途费用都由刘春霖自己承担。

他老了,骨头却越来越硬。

1934年,伪满洲国总理郑孝胥拉拢刘春霖共同辅佐溥仪,许以教育部长一职。刘春霖断然拒绝,并宣布与溥仪决裂:"君非昔日之君,

七　民族脊梁：有能力，更要有风骨

臣亦非昔日之臣。"

1937年，"七七事变"后，北平失守在即。同乡好友金选三假称自己病重，将刘春霖骗到天津，并在英租界为他找好了安全住处。

刘春霖住了一阵子，惊闻北平沦陷，潸然泪下。他对金选三说："父老惨遭蹂躏，我当了逃兵，真是愧对先祖之教导。"他毅然辞别金选三，回到了沦陷中的北平。

后来，大汉奸王克敏、王揖唐等人在北平组成"华北政务委员会"傀儡政权。

王揖唐与刘春霖是同科进士，又同在日本留学，平日颇有些交情。为了装点门面，王揖唐亲自带着礼物去请刘春霖出任伪职，刘春霖当即表示："宁做华丐，不当汉奸！"誓不依附日本侵略者，并怒斥王揖唐等汉奸是"筋骨软的东西"，此后闭门谢客。

据说王揖唐恼羞成怒，鼓动日本兵将刘春霖一家赶出家门。刘春霖一度流落街头，后在社会舆论干预下，刘春霖才被允许领回个人财物，回家居住。

尽管人生最后几年，与家国同落难，刘春霖生活很潦倒，但他保持了民族气节，铮铮铁骨，照耀青史。

1942年1月，71岁的刘春霖去世。

中国最后一个状元走了。

参考文献

一、基本史料

[1][战国]吕不韦等:《吕氏春秋》,中华书局,2011.

[2][汉]刘向集录:《战国策》,上海古籍出版社,1998.

[3][汉]司马迁:《史记》,中华书局,2006.

[4][汉]班固:《汉书》,中华书局,2007.

[5][晋]陈寿:《三国志》,中华书局,2006.

[6][梁]沈约:《宋书》,中华书局,1974.

[7][梁]萧子显:《南齐书》,中华书局,1996.

[8][唐]李百药:《北齐书》,中华书局,1972.

[9][唐]令狐德棻:《周书》,中华书局,1971.

[10][唐]李延寿:《南史》,中华书局,1975.

[11][唐]李延寿:《北史》,中华书局,1974.

[12][唐]姚思廉:《陈书》,中华书局,1972.

[13][唐]郑处诲等:《明皇杂录·东观奏记》,中华书局,1994.

[14][唐]许嵩:《建康实录》,中华书局,1986.

[15][后晋]刘昫:《旧唐书》,中华书局,1975.

[16][宋]孙光宪:《北梦琐言》,中华书局,2002.

[17][宋]薛居正:《旧五代史》,中华书局,1976.

[18][宋]欧阳修、宋祁:《新五代史》,中华书局,1974.

[19][宋]欧阳修、宋祁:《新唐书》,中华书局,1975.

[20][宋]司马光:《资治通鉴》,中华书局,2009.

[21][宋]李焘:《续资治通鉴长编》,中华书局,2004.

[22][元]脱脱等:《宋史》,中华书局,1985.

[23][明]宋濂等:《元史》,中华书局,1976.

[24][明]何乔远:《名山藏》,福建人民出版社,2010.

[25][明]谈迁:《国榷》,中华书局,2005.

[26][清]计六奇:《明季北略》,中华书局,2012.

[27][清]谷应泰:《明史纪事本末》,中华书局,2015.

[28][清]张廷玉等:《明史》,中华书局,1974.

[29][清]梁玉绳:《史记志疑》,中华书局,1981.

[30][清]张集馨:《道咸宦海见闻录》,中华书局,1981.

[31]余嘉锡:《世说新语笺疏》,中华书局,2011.

[32]徐珂:《清稗类钞》,中华书局,2010.

[33]赵尔巽:《清史稿》,中华书局,1998.

[34]溥仪:《我的前半生》,群众出版社,2007.

二、著作

[1]钱穆:《国史大纲》,商务印书馆,2010.

[2]杨宽:《战国史》,上海人民出版社,2016.

[3]钱穆:《秦汉史》,生活·读书·新知三联书店,2005.

[4]翦伯赞:《秦汉史》,北京大学出版社,1999.

[5]吕思勉:《秦汉史》,上海古籍出版社,2005.

[6] 郭志坤:《秦始皇大传》,上海人民出版社,2013.

[7] 王立群:《千古一帝秦始皇》,大象出版社,2016.

[8] 李开元:《秦谜:重新发现秦始皇》,中信出版集团,2017.

[9] 辛德勇:《生死秦始皇》,中华书局,2019.

[10] 朱永嘉:《刘邦与项羽》,陕西人民出版社,2020.

[11] 张大可、徐日辉:《韩信萧何张良评传》,南京大学出版社,2007.

[12] 徐业龙:《韩信评传》,齐鲁书社,2008.

[13] 张大可、徐日辉:《张良萧何韩信评传》,南京大学出版社,2007.

[14] 李开元:《楚亡:从项羽到韩信》,生活·读书·新知三联书店,2015.

[15] 曹书杰:《萧氏家族传:一门九相》,华中科技大学出版社,2017.

[16] 辛德勇:《制造汉武帝》,生活·读书·新知三联书店,2015.

[17] 姜鹏:《汉武帝的三张面孔》,华东师范大学出版社,2012.

[18] 易中天:《汉武的帝国》,浙江文艺出版社,2014.

[19] 庄春波:《汉武帝评传》,南京大学出版社,2001.

[20] 张荣芳、黄淼章:《南越国史》,广东人民出版社,1995.

[21] 岳南:《越国之殇》,商务印书馆,2012.

[22] 吕思勉:《三国史话》,中华书局,2009.

[23] 陈迩冬:《闲话三分》,上海书店出版社,2007.

[24] 易中天:《品三国》,上海文艺出版社,2018.

[25] 张作耀:《刘备传》,人民出版社,2004.

[26] 方北辰:《刘备:"常败"的英雄》,北京大学出版社,2013.

[27] 易中天:《魏晋风度》,浙江文艺出版社,2016.

[28] 陈书良:《六朝人物》,天地出版社,2018.

[29] 田余庆:《秦汉魏晋史探微》,中华书局,2011.

[30] 田余庆:《东晋门阀政治》,北京大学出版社,2012.

[31] 唐长孺:《魏晋南北朝史论丛》,中华书局,2011.

[32] 吕思勉:《两晋南北朝史》,上海古籍出版社,2005.

[33] 周一良:《魏晋南北朝史札记》,中华书局,2015.

[34] 万绳楠:《陈寅恪魏晋南北朝史讲演录》,贵州人民出版社,2007.

[35] 阎步克:《波峰与波谷:秦汉魏晋南北朝的政治文明》,北京大学出版社,2017.

[36] 陈寅恪:《隋唐制度渊源略论稿·唐代政治史述论稿》,生活·读书·新知三联书店,2001.

[37] 黄永年:《六至九世纪中国政治史》,上海书店出版社,2004.

[38] 王小甫:《隋唐五代史》,中信出版集团,2017.

[39] 杜文玉:《唐代宫廷史》,百花文艺出版社,2010.

[40] 赵剑敏:《大唐玄宗时代》,上海人民出版社,2007.

[41] 黄楼:《唐宣宗大中政局研究》,天津古籍出版社,2012.

[42] 吕思勉:《隋唐五代史》,上海古籍出版社,2005.

[43] 邓广铭:《宋史十讲》,中华书局,2008.

[44] 余大钧:《一代天骄成吉思汗:传记与研究》,内蒙古人民出版社,2002.

[45] 王天有、高寿仙:《明史:多重性格的时代》,中信出版集团,2017.

[46] 樊树志:《明史讲稿》,中华书局,2012.

[47] 王天有:《明朝十六帝》,故宫出版社,2010.

[48] 张宏杰:《大明王朝的七张面孔》,广东人民出版社,2016.

[49] 傅小凡:《大明疑案》,电子工业出版社,2015.

[50] 王春南、赵映林:《宋濂方孝孺评传》,南京大学出版社,1998.

[51] 赵中男:《宣德皇帝大传》,中国社会出版社,2008.

[52] 方志远:《王阳明评传》,中国社会出版社,2010.

[53] 樊树志:《万历传》,人民出版社,2001.

[54] 孟森:《明清史讲义》,商务印书馆,2011.

[55] 孟森:《明清史论著集刊》,中华书局,2006.

[56] 孟森:《清代史实六考》,故宫出版社,2012.

[57] 商鸿逵:《明清史论著合集》,北京大学出版社,1988.

[58] 郑天挺:《清史探微》,商务印书馆,2014.

[59] 萧一山:《清代通史》,华东师范大学出版社,2006.

[60] 阎崇年:《正说清朝十二帝》,中华书局,2004.

[61] 冯尔康:《雍正传》,人民出版社,2014.

[62] 杨启樵:《揭开雍正皇帝隐秘的面纱》,上海书店出版社,2011.

[63] 史松:《雍正研究》,辽宁民族出版社,2009.

[64] 杜家骥:《嘉庆事典》,紫禁城出版社,2010.

[65] 徐中约:《中国近代史》,世界图书出版公司,2008.

[66] 蒋廷黻:《中国近代史》,上海古籍出版社,2001.

[67] 茅海建:《苦命天子:咸丰皇帝奕詝》,生活·读书·新知三联书店,2006.

[68] 喻大华:《咸丰皇帝》,中国民主法制出版社,2010.

[69] 刘忆江:《胡林翼评传》,河北大学出版社,2009.

[70] 梁绍辉:《曾国藩评传》,南京大学出版社,1999.

[71] 王庆祥:《名家说清史:宣统皇帝》,故宫出版社,2016.

[72] 侯宜杰:《历史的转折处》,南方日报出版社,2013.

[73] 郑逸梅:《郑逸梅选集》,黑龙江人民出版社,1991.

[74] 庄士敦著,富强译:《紫禁城的黄昏》,上海三联书店,2020.

[75] 崔瑞德、鲁惟一编:《剑桥中国秦汉史》,中国社会科学出版社,1992.

[76] 崔瑞德编:《剑桥中国隋唐史》,中国社会科学出版社,1990.

[77] 傅海波、崔瑞德编:《剑桥中国辽西夏金元史》,中国社会科学出版社,1998.

[78] 费正清、刘广京编:《剑桥中国晚清史》,中国社会科学出版社,2006.

[79] 谷川道雄著,李济沧译:《隋唐帝国形成史论》,上海古籍出版社,2011.

[80] 贾志扬著,赵冬梅译:《天潢贵胄:宋代宗室史》,江苏人民出版社,2005.

[81] 司徒琳著,李荣庆等译:《南明史:1644—1662》,上海人民出版社,2017.

[82] 魏斐德著,陈苏镇等译:《洪业:清朝开国史》,江苏人民出版社,2008.

[83] 罗友枝著,周卫平译:《最后的皇族:清代宫廷社会史》,上海人民出版社,2020.

三、论文

[1] 王子今:《秦二世胡亥童年故事及相关问题》,《人文杂志》2010年第4期。

[2] 张学成:《韩信"谋反"真相再探》,《中州学刊》2016年第8期。

[3] 麦英豪:《赵佗与南越国——关于赵佗入越几个问题的思考》,《广州文博》2010年。

[4] 何海龙:《边缘之拓治——秦汉时期岭南地区的开发》,厦门大

学博士学位论文，2007年。

　　[5] 刘正纲:《赵佗的死亡时间及其寿命新探》，《岭南文史》2013年第4期。

　　[6] 谭浩:《周亚夫与汉初功臣集团的没落》，《湖南师范大学社会科学学报》2001年第S2期。

　　[7] 田余庆:《论轮台诏》，《历史研究》1984年第2期。

　　[8] 宋超:《"霍氏之祸，萌于骖乘"发微：宣帝与霍氏家族关系探讨》，《史学月刊》2000年第5期。

　　[9] 杨生民:《汉宣帝时"霸王道杂之"与"纯任德教"之争考论》，《文史哲》2004年第6期。

　　[10] 徐兴无:《石渠阁会议与汉代经学的变局》，《古典文献研究》2003年。

　　[11] 王文涛:《社会救助视角下的汉宣帝中兴》，《苏州大学学报（哲学社会科学版）》2017年第2期。

　　[12] 朱绍侯:《刘秀与他的功臣》，《中国史研究》1995年第4期。

　　[13] 谭绪缵:《试析曹操不敢代汉称帝之因》，《湖南师范大学社会科学学报》1988年第5期。

　　[14] 谭良啸、张祎:《"涪城欢宴"——刘备从仁德与欺诈纠结中解脱的标志》，《湖北文理学院学报》2019年第1期。

　　[15] 刘森垚:《论历代的刘备崇祀——以官方崇祀为中心》，《西华师范大学学报（哲学社会科学版）》2016年第5期。

　　[16] 王仲荦:《试论淝水之战为什么南胜北败与苻秦败亡后的北方局势》，《文史哲》1955年第12期。

　　[17] 朱绍侯:《苻坚与淝水之战》，《中原文化研究》2018年第4期。

　　[18] 冯君实:《评慕容垂》，《松辽学刊（社会科学版）》1986年第

2 期。

[19] 李海叶:《拓跋鲜卑与慕容氏的关系及北魏初年的政治变乱》,《内蒙古师范大学学报（哲学社会科学版）》2008 年第 5 期。

[20] 陶贤都:《高欢父子霸府述论》,《青岛大学师范学院学报》2006 年第 1 期。

[21] 薛海波:《北齐灭亡原因新论》,《东北师大学报（哲学社会科学版）》2017 年第 6 期。

[22] 李文才:《试评北齐文宣帝高洋之器识与才具》,《江汉论坛》2011 年第 9 期。

[23] 杨翠微:《论宇文泰建立府兵制——鲜卑部落制与汉化及军权的初步中央集权化的结合》,《中国文化研究》1998 年春之卷。

[24] 张维训:《宇文泰建立政权的社会经济等分析——宇文泰述论》,《中国社会经济史研究》1998 年第 4 期。

[25] 朱子彦:《论陈霸先的功业与历史地位》,《历史教学问题》2014 年第 5 期。

[26] 王光照:《隋文献独孤皇后与开皇世政治》,《中国史研究》1998 年第 4 期。

[27] 钟焓:《失败的僭伪者与成功的开国之君——以三位北族人物传奇性事迹为中心》,《历史研究》2012 年第 4 期。

[28] 张卫东:《唐宣宗"大中政治"述评》,《华中师范大学学报（人文社会科学版）》2007 年第 4 期。

[29] 张宏周、白贤:《小议唐宣宗》,《广西大学学报（哲学社会科学版）》2007 年增刊。

[30] 张其凡:《五代政权递嬗之考察——兼评周世宗的整军》,《华南师范大学学报（社会科学版）》1985 年第 1 期。

[31] 李晓:《王朴、周世宗、宋太祖统一战略比较》,《烟台大学学报(哲学社会科学版)》1992年第1期。

[32] 杨翠微:《论章献明肃刘太后》,《面向二十一世纪:中外文化的冲突与融合学术研讨会论文集》,1998年。

[33] 张明华:《论北宋女性政治的蜕变》,《河南大学学报(社会科学版)》2002年第1期。

[34] 王伟、刘喜涛:《从明清两代方孝孺评价看士人与政府的博弈》,《求索》2011年第8期。

[35] 赵伟:《以道事君:方孝孺与明初士大夫政治文化》,《东方论坛》2011年第1期。

[36] 梁曼容:《明代藩王研究》,东北师范大学博士学位论文,2016年。

[37] 陈文源:《明宣德弃守安南始末考述》,《暨南史学》第4辑,2005年。

[38] 朱鸿:《论明宣宗的另面样貌》,《明清论丛》第1辑,1999年。

[39] 刘玉琪:《顺治的人生结局之谜》,《文史博览》2016年第1期。

[40] 商鸿逵:《关于康熙捉鳌拜》,《历史教学》1979年第4期。

[41] 周远廉、赵世瑜:《论鳌拜辅政》,《民族研究》1984年第6期。

[42] 乔治忠、侯德仁:《<清世祖实录>的纂修及康熙初期的政治斗争》,《清史研究》2000年第4期。

[43] 杨珍:《康熙朝鳌拜罪案辨析》,《历史档案》2016年第3期。

[44] 李国荣:《陈德刺嘉庆》,《紫禁城》2008年第8期。

[45] 崔岷:《密奏与京控——嘉庆帝的言路及其疏通努力》,《暨南学报(哲学社会科学版)》2017年第10期。

[46] 董丛林:《胡林翼与湘系势力的崛起》,《近代史研究》1987年第4期。

[47] 洪均:《论胡林翼重铸湘军——以武昌攻防战（1855—1856）为中心》,《江汉论坛》2018年第10期。

[48] 王清平、王德彰:《第一人中最后人》,《文史精华》1996年第7、8期。

[49] 罗华庆:《略论清末资政院议员》,《历史研究》1992年第6期。

[50] 杨猛:《试析末科状元刘春霖的政治观》,《集宁师范学院学报》2014年第4期。